# El Cuento Hispánico

## A Graded Literary Anthology

### SÉPTIMA EDICIÓN

EDITED BY

**EDWARD J. MULLEN,** UNIVERSITY OF MISSOURI, COLUMBIA

**JOHN F. GARGANIGO,** WASHINGTON UNIVERSITY

Boston  Burr Ridge, IL  Dubuque, IA  Madison, WI  Ne
San Francisco  St. Louis  Bangkok  Bogotá  Caracas  Kua
Lisbon  London  Madrid  Mexico City  Milan  Montreal  N
Santiago  Seoul  Singapore  Sydney  Taipei  Toront

The McGraw·Hill Companies

McGraw-Hill Higher Education

This is an EBI book.

Published by McGraw-Hill Higher Education, an operating unit of The McGraw-Hill Companies, Inc. 1221 Avenue of the Americas, New York, NY, 10020. Copyright © 2008 by The McGraw-Hill Companies. All rights reserved. No part of this publication may be reproduced or distributed in any form or by any means, or stored in a database or retrieval system, without the prior written consent of The McGraw-Hill Companies, Inc., including, but not limited to, network or other electronic storage or transmission, or broadcast for distance learning.

This book is printed on acid-free paper.

1 2 3 4 5 6 7 8 9 DOC/DOC 9 8 7

ISBN: 978-0-07-351311-9
MHID: 0-07-351311-3

Publisher: William R. Glass
Sponsoring Editor: Katherine K. Crouch
Development Editor: Pennie Nichols
Executive Marketing Manager: Nick Agnew
Senior Production Editor: Anne Fuzellier
Designer: Violeta Díaz
Production Supervisor: Richard DeVitto
Photo Researcher: Jennifer Blankenship
Compositor: Newgen-Austin
Printer: R.R. Donnelley & Sons

**Literary Permissions:** "Genesis" by Marco Denevi, Ediciones Corregidor. "El eclipse" by Augusto Monterroso reprinted with permission of International Editors. "La casa en Mango Street" from LA CASA EN MANGO STREET. Copyright © 1984 by Sandra Cisneros. Published by Vintage Español, a division of Random House Inc. Translation copyright © 1994 by Elena Poniatowska. Reprinted by permission of Susan Bergholz Literary Services, New York. All rights reserved. "El árbol de oro," "Rafael," and 'El arrepentido' from EL ARREPENTIDO Y OTRAS NARRACIONES © Ana María Matute, 1961. Reprinted with permission of Ediciones Destino, S.A., Barcelona. "Continuidad de los parques," "Casa tomada," and "La noche boca arriba" by Julio Cortázar. Copyright © Julio Cortázar, 1956, and Heirs of Julio Cortázar. "Emma Zunz," "Las ruinas circulares," and "El Sur" by Jorge Luis Borges. Copyright © 1995 by Maria Kodama, first printed in FICCIONES and ANTOLOGIA PERSONAL, respectively. Reprinted with the permission of The Wylie Agency, Inc. "Los mejor calzados" reprinted with permission of the author, Luisa Valenzuela. "La indiferencia de Eva" by Soledad Puértolas. Copyright © 1988 Soledad Puértolas. "Las lavanderas" reprinted with permission of the author, Elena Poniatowska. "El ahogado más hermoso del mundo" by Gabriel García Márquez. Reprinted with permission of Agencia Literaria Carmen Balcells, S. A.
**Photo Credits: Page 3:** © Beryl Goldberg; **11:** © Peter Menzel / Stock, Boston, LLC; **19:** © Digital Vision Ltd. / SuperStock; **24:** © United Nations Photo Library; **30:** © Russell Lee / Corbis; **40:** Hispanic Society of America / R.M. Anderson Collection; **48:** Hispanic Society of America / R.M. Anderson Collection; **54:** © José Fuste Raga/zefa/Corbis; **64:** © John Lund / Corbis; **72:** © Jack Kurtz / The Image Works; **82:** © Jose Fuste Raga / Corbis; **92:** © Spencer Grant / Stock, Boston, LLC; **98:** © Wolfgang Kaehler / Corbis; **108:** Angel Hurtado, Organization of American States; **120:** Angel Hurtado, Organization of American States; **128:** © Paul Almasy / Corbis; **136:** © Michael Dwyer / Stock, Boston, LLC; **147:** © AP / Wide World Photos; **153:** © Mike Mazzaschi / Stock, Boston, LLC; **163:** © Bettmann / Corbis; **169:** © Pablo Corral V / Corbise

**Library of Congress Cataloging-in-Publication Data**

El cuento hispánico: a graded literary anthology / edited by Edward J. Mullen, John F. Garganigo. — 7. ed.
p. cm.
ISBN 0-07-351311-3
1. Spanish language—Readers—Short Stories, Spanish American. 2. Spanish language—Readers—Short Stories, Spanish. 3. Short stories, Spanish American. 4. Short stories, Spanish. I. Mullen, Edward J., 1942 – II. Garganigo, John F., 1937 –
PC 4117.C866 2007
468.6'421—dc22 2006039484

**www.mhhe.com**

# Contents

## EL CUENTO HISPÁNICO • SÉPTIMA EDICIÓN

## PRIMER PASO

## SEGUNDO PASO

5944

# TERCER PASO

# Preface

***El cuento hispánico:*** *A Graded Literary Anthology,* Seventh Edition, is designed for intermediate college Spanish reading courses. This book gives students a collection of first-rate Spanish-language short stories with which to expand their reading skills and their knowledge of Hispanic culture as portrayed in these works. Although literary excellence was the primary criterion in selecting stories, an effort was also made to choose tales that can be read in one sitting.

## ORGANIZATION OF THE TEXT

To ease the transition from the edited materials normally taught at the first-year level, **El cuento hispánico** is divided into three parts: **Primer paso, Segundo paso,** and **Tercer paso.** The first part contains five brief stories that provide a bridge between the elementary level of first-year readers and the more complex, sophisticated tone of unedited creative works. For this first step in reading, stories that are accessible to low-intermediate students were chosen. They are easy to understand and offer students the opportunity to gain confidence in reading and to review some of the grammar points they may have forgotten. The exercise materials that accompany the stories in the **Primer paso** are designed to review the basic tools necessary for reading: verb forms, vocabulary recognition, and high-frequency idiomatic expressions.

The **Segundo** and **Tercer pasos** are primarily literary in nature; here the intrinsic artistic merit of each piece was the most important factor in its selection. In order to provide students with a degree of continuity, the **Segundo paso** presents three stories by each of four major twentieth-century Hispanic writers: Ana María Matute, Horacio Quiroga, Julio Cortázar, and Jorge Luis Borges. The **Tercer paso** offers a selection of twentieth-century Hispanic fiction at its best. Included are four exciting stories by Luisa Valenzuela, Soledad Puértolas, Elena Poniatowska, and Gabriel García Márquez. Whereas the exercises in the **Primer paso** are language-based, those in the **Segundo** and **Tercer pasos** are more directed toward literary analysis.

Each story is prefaced by an introduction that will help students understand the story as they read it and guide them toward an analysis of the story as a work of literature. Extensive pre- and postreading activities—grouped under the headings **Antes de leer** and **Después de leer,** respectively—also accompany each story.

# Antes de leer.

Students should complete the activities in this section before reading the stories; the activities help students better understand the stories and equip them with the skills that will enable them to read later selections in the book.

- **Palabras importantes y modismos:** Lists of idiomatic expressions and key verbs found in each story. Studying these words before reading will help students understand the story that follows. Some of the words and expressions appear again in later stories.
- **Repaso de verbos:** Grammar-based activities (in the **Primer paso** only) that allow students to review many of the verb forms they studied in previous Spanish classes.
- **Estrategias para leer:** Prereading activities that present topics such as cognate recognition, contextual guessing, and anticipating content (in the **Primer paso**) and ways to recognize literary devices (in the **Segundo paso**).
- **Contexto cultural:** This prereading feature provides details that will help students understand the unique cultural and/or historical context in which the story was written.

# Después de leer.

The exercises in this section complement each specific reading and therefore differ from story to story.

- **Cuestionario:** Comprehension questions, following every story in the text, gauge whether students understand the content of the story.
- **Estudio de palabras:** Vocabulary exercises specific to the content of the reading give students another opportunity to practice the words and expressions studied in **Palabras importantes y modismos.**
- **Consideraciones:** These questions (in the **Segundo** and **Tercer pasos**) are aimed specifically at developing critical thinking skills, while offering further practice in building reading skills and opportunities to check reading comprehension.
- **Análisis del texto:** Higher-level questions require students to go beyond the surface of the story and search for theme, meaning, symbols, and so forth.
- **En grupos:** Group activity questions that actively engage students in problem-solving situations.
- **Bibliografía:** Lists of sources and suggestions for additional reading (in the **Segundo** and **Tercer pasos**).

# NEW TO THE SEVENTH EDITION

- The **Primer paso** now includes a new story by Marco Denevi.
- The introductions to the authors and stories that precede each selection are now entirely in Spanish, a change made at the recommendation of the reviewers.
- New partner/group activities have been added to the **En grupos** section to facilitate and encourage group interaction and to help develop problem-solving skills.
- New stories by Horacio Quiroga, Ana María Matute, Elena Poniatowska, and Luisa Valenzuela have been added to the **Segundo** and **Tercer pasos.**
- Source and reference materials listed in the **Bibliografía** were revised and updated. Where appropriate, references to audiovisual materials have been added.
- A brief glossary of literary terms, with definitions in English, appears as an appendix to the book.

# ACKNOWLEDGMENTS

For the preparation of the Seventh Edition, instructors using the text throughout the country were asked to comment on the exercise materials, the overall organization of the text, and the success of the stories in the classroom. We are very much indebted to those concerned instructors for, in effect, the content of this text is a direct result of their assistance. The appearance of their names here does not necessarily constitute an endorsement of the text or its approach.

Norma A. Arizpe, Texas A&M University

Mildred Basker-Seigel, Boston University

Sarah M. Misemer, Texas A&M University

Timothy J. Mitchell, Texas A&M University

Salvatore Poeta, Villanova University

Elizabeth Polli, Dartmouth College

Acknowledgment is also due Jenny Zelaya and Raúl A. Galoppe for their assistance in preparing exercise materials for this edition. Finally, we wish to express our gratitude to the editorial staff at McGraw-Hill, in particular to William Glass, who was responsible for suggesting a number of fundamental changes that make this a still better text. We would also like to thank Pennie Nichols, our development editor, for her thoughtful and careful attention to the manuscript. Likewise, we thank Laura Chastain for providing cultural and linguistic suggestions.

*Edward J. Mullen*
*John F. Garganigo*

# To the Student

The stories in **El cuento hispánico,** Seventh Edition, were selected for two purposes: (1) to introduce you to some of the best short stories in the Spanish-speaking world and (2) to help you improve your reading skills in Spanish. We recommend the following techniques for reading in a foreign language, which can be quite a challenge.

## HINTS ON READING IN A FOREIGN LANGUAGE

1. Do not be discouraged when you first begin reading the selections in this anthology. You are *not* reading English; do not expect to read this material as rapidly as you would if it were written in your native language. In time, you will be reading faster and with greater ease.

2. Give the story a *quick* first reading to get a general idea of what happens in it. Do not keep turning to the vocabulary at the end of the book during this initial reading, but do remember to use the notes at the bottom of the page to help you understand what you are reading.

3. Take a quick look at the **Cuestionario** section that follows the story. This section contains questions about what happens in the story; looking at these questions *now* will give you an idea of what to look for when you read the story a second time.

4. Take a break from the assignment and do something else for a while.

5. Reread the story, this time more slowly. If you can understand the plot, resist the temptation to look up all the words you do not know. You might occasionally write the definition of a few words in the margin, but in general you should try to avoid this practice.

6. If there is a sentence or phrase you absolutely cannot understand, underline it and ask your instructor to explain it to you. Keeping track of these problem areas is an excellent way to review.

7. Use the **Palabras importantes y modismos** lists, the **Repaso de verbos** activities, and the **Estrategias para leer** sections as guides in studying and reviewing. Do not expect to be able to learn *all* the vocabulary and structures that are new to you in any given story.

# About the Authors

*Edward Mullen* is professor of Spanish and Catherine Paine Middlebush Chair at the University of Missouri–Columbia, where he has taught since 1971. He is coeditor of the *Afro-Hispanic Review*. He received a Ph.D. in Romance Languages from Northwestern University and has also taught at Purdue University. Professor Mullen has received Woodrow Wilson and American Council of Learned Societies fellowships. He has served on the Executive Committee of the Association of Departments of Foreign Languages (ADFL) and was the president from 1991 to 1992. He is author of *Carlos Pellicer; Langston Hughes in the Hispanic World and Haiti; Contemporáneos: Revista mexicana de cultura; The Life and Poems of a Cuban Slave; La poesía de Carlos Pellicer: Interpretaciones críticas; Critical Essays on Langston Hughes; Sendas literarias: Hispanoamérica,* written with David Darst; and, most recently, *Afro-Cuban Literature: Critical Junctures.*

*John F. Garganigo* is professor of Romance Languages and Literatures at Washington University in St. Louis, where he has taught since receiving a Ph.D. from the University of Illinois in 1964. He is the author of *Javier de Viana, Life and Works; Carlos Germán Belli: Antología crítica; El perfil del gaucho;* and *Osvaldo Dragún: Su teatro.* He has contributed numerous articles on narrative, poetry, and drama to professional journals. He is also the main editor of *Huellas de las Literaturas Hispanoamericanas,* now in its second edition.

# Primer paso

El barrio de Santa Cruz, Sevilla, España

# El loco de Sevilla

**M**iguel de Cervantes Saavedra (1547–1616) es considerado como el escritor más grande de España y una de las figuras más importantes de la literatura mundial. Aunque[1] también era dramaturgo[2] así como escritor de cuentos de ficción, es universalmente reconocido por su obra maestra, *Don Quijote de la Mancha*, que ha sido considerada como la primera novela moderna. Fue publicada en dos partes: la primera apareció en 1605 y la segunda en 1615. Es un trabajo de gran complejidad artística en el que el tratamiento de la ilusión, la realidad, la locura[3] y la cordura,[4] fueron tratados con considerable profundidad.[5] «El loco de Sevilla» apareció por primera vez en la Parte II, Capítulo Uno, de *Don Quijote*. Esta encantadora historia, en que se trata el tema de la locura frente a la cordura, ejemplifica el tipo de humor que ha hecho que esta novela sea uno de los libros más leídos de todos los tiempos.

[1]*Although* [2]*playwright* [3]*madness* [4]*sanity* [5]*depth*

# ANTES DE LEER

## PALABRAS IMPORTANTES Y MODISMOS

The **Palabras importantes y modismos** list presents key words and expressions from the reading that follows. Read these new words and their meanings. Then, with a classmate, create sentences using each one. After

**3**

reading, you will have the opportunity to use the words again within the context of the reading. Work with these key words and expressions in the same way with each reading in the book.

| | | | |
|---|---|---|---|
| **darle la gana a alguien de + infinitivo** | to feel like (*doing something*) | **gozar (c) de** **hacerle caso a alguien** | to enjoy to pay attention to someone |
| **enterarse de** | to find out about | **ir (*irreg.*) a** | to leave |
| **estar (*irreg.*) cuerdo/a** | to be sane | **tener (*irreg.*) confianza en** | to have confidence in |
| **estar (*irreg.*) loco/a** | to be insane | **tomar la decisión** | to make the decision |

## REPASO DE VERBOS

Complete las oraciones con la forma apropiada de **ser** o **estar** de la siguiente lista. Algunas se usan más de una vez.

| | | |
|---|---|---|
| es | estás | son |
| está | estoy | soy |
| estar | | |

1. El hombre _____ en el hospital.
2. Me voy porque no tengo que _____ aquí más.
3. Yo _____ Neptuno, el dios de la lluvia.
4. Creo que _____ mejor que Ud. se quede aquí por ahora.
5. El oficial _____ conversando con la hermana del paciente.
6. Las intenciones de la familia _____ buenas.
7. Yo _____ enfermo.
8. Tú ya _____ cuerdo.
9. Las intenciones del rector (*director*) y de los parientes _____ malas.
10. El hombre _____ amigo de los otros pacientes.

## ESTRATEGIAS PARA LEER

## Using Contextual Clues to Guess Word Meaning

Word-guessing is a helpful reading strategy that frequently involves recognizing cognates (see p. 31) but can also involve the use of the *context,* the parts of a written text that surround a word or passage. This is a strategy that you already use, even if not consciously, when reading a text in English. If you are aware of the overall meaning of a sentence, it is often possible to guess the meaning of an unfamiliar word without resorting to a dictionary. Look at the following example.

Professor Foster was a sensitive man, overly sensitive, to put it mildly. He resented the slightest intrusion into his territory and, in particular, *took umbrage* at the remarks students made in class.

*Umbrage* is not a common word but the context gives it away. It means a feeling of resentment often not justified. Using contextual clues is somewhat like filling in blanks to arrive at a good approximation of what a word means.

Try to guess the meaning of the italicized words in the following sentences, using the context in which they appear.

1. Un capellán habló con el loco para determinar si estaba completamente *cuerdo* antes de ponerlo en libertad.
2. En el *manicomio* de Sevilla había un hombre a quien sus parientes habían puesto allí por estar loco.
3. El médico decidió que el loco estaba cuerdo porque en su conversación no le había dicho nada *disparatado*.
4. El rector *retenía* al loco en el manicomio porque deseaba su dinero.
5. A los parientes del loco les gustaba mucho el dinero; lo habían puesto en el hospital para *disfrutar* de su fortuna.

**CONTEXTO CULTURAL**

Para apreciar mejor «El loco de Sevilla», es útil tener en mente los siguientes detalles sobre la historia y cultura españolas. Cervantes sitúa esta historia en Sevilla, que era una de las ciudades más grandes de Europa, y el centro comercial y mercantil de España durante el siglo XVI y principios del XVII. Debido a su posición[1] estratégica en el río Guadalquivir, apenas a cincuenta millas del océano Atlántico, Sevilla surge como el puerto clave del interior del país durante el período de la exploración española de las colonias del Nuevo Mundo. De hecho, se dice que Cervantes concibió la idea de escribir el *Quijote* durante su encierro en la cárcel de la Corona, en Sevilla (1597–1598). Él conocía muy bien la ciudad.

Sevilla era una ciudad bulliciosa[2] y escandalosa con una indeseable reputación por la delincuencia. Fue la segunda ciudad en España en donde se fundó un hospital para enfermos mentales (Valencia fue la primera). Según se informa, Cervantes visitó la institución y mostró gran interés por las condiciones de los internos.[3] El proceso de confinar a todo tipo de gente marginalizada, entre ellos los pobres y las personas físicamente deformes, empezó con la urbanización rápida y la falta de planeamiento de ciudades como Sevilla durante esta crítica coyuntura en la historia española.

[1]*location*  [2]*raucous*  [3]*inmates*

# ✦ El loco de Sevilla ✦

EN EL MANICOMIO[1] de Sevilla, había un licenciado[2] a quien sus parientes habían puesto por **estar loco**. Después de estar allí varios años, el hombre decidió que **estaba cuerdo**, y le escribió al arzobispo rogándole que le dejara salir[3] del manicomio porque sus parientes lo tenían allí sólo para **gozar de** una parte de su abundante fortuna.

El arzobispo, después de recibir varias cartas discretas del licenciado, envió a un capellán[4] a conversar con el loco para determinar si estaba completamente cuerdo antes de ponerlo en libertad. Después de hablar un buen rato con el loco, el capellán decidió que el licenciado estaba bien de la cabeza porque en su conversación no le había dicho nada disparatado.[5] En su opinión, el rector[6] del manicomio retenía al licenciado para no dejar de recibir los regalos que le hacían los parientes que deseaban su dinero. Convencido de las malas intenciones del rector y de los parientes, el capellán **tomó la decisión** de llevarse al licenciado a que el arzobispo lo viera.[7]

**Al enterarse de** los planes del capellán, el rector le aconsejó pensar bien lo que iba a hacer porque el licenciado no estaba curado, pero el capellán no **le hizo caso**. Después de vestirse con su ropa de cuerdo, el licenciado le rogó al capellán que le dejara despedirse de los otros locos. Éste consintió, y se acercaron a una jaula[8] que encerraba a un loco furioso:

—Hermano, **me voy** a mi casa. Dios, por su infinita bondad y misericordia,[9] me ha curado de mi locura. Ya que el poder de Dios no tiene límite, **tenga confianza en** Él para que también le devuelva su juicio. Le mandaré regalos de comida porque creo que nuestra locura resulta de los estómagos vacíos y de los cerebros llenos de aire.

Otro loco escuchó estas palabras del licenciado y preguntó quién se iba del manicomio sano y cuerdo. El licenciado curado contestó:

—Yo, hermano, me voy porque no tengo que estar aquí más, y por esto le doy muchísimas gracias a Dios.

—¡Cuidado! Que no le engañe Satanás —respondió el loco. —Quédese aquí[10] para no tener que volver en el futuro.

—Yo estoy cuerdo —replicó el licenciado— y no tendré que regresar jamás.

—¿Ud. cuerdo? —dijo el loco. —Está bien. Siga con Dios, pero yo le juro a Júpiter,[11] a quien represento en este mundo, que voy a castigar a Sevilla, la cual peca por sacarte de esta casa, de una manera que nunca se olvidará. ¿No te das cuenta,[12] licenciadillo, que soy Júpiter y que tengo en mis manos rayos con que puedo destruir el mundo? Sin em-

---

[1]asylum  [2]university graduate  [3]rogándole... asking him (the archbishop) to release him  [4]priest
[5]foolish  [6]director  [7]llevarse... take the young man to the archbishop so that he could see him
[8]se... they approached a cage  [9]bondad... kindness and mercy  [10]Quédese... Stay here  [11]Jupiter, the
chief god in Roman mythology  [12]¿No... Don't you realize

bargo, voy a castigar a este pueblo de otra manera; yo no lloveré en esta región durante tres años enteros. ¿Tú libre, tú sano, tú cuerdo, y yo loco, yo enfermo, y yo atado?

40

Al oír esto, nuestro licenciado se volvió[13] al capellán y le contestó:

—Padre, no le haga caso a este loco que dice que es Júpiter y que se niega a llover. Yo soy Neptuno, el dios de la lluvia, y lloveré todo lo que **me dé la gana.**

45

—No sería bueno enojar al señor Júpiter —respondió el capellán. —Es mejor que Ud. se quede aquí por ahora, y luego, en un momento más oportuno, volveremos por Ud.

El capellán, medio avergonzado,[14] en seguida les mandó desnudar[15] al licenciado y meterlo de nuevo en su celda. ✶

---

[13]se... *turned*  [14]*ashamed*  [15]en... *immediately ordered them to undress*

# Después de leer

## Cuestionario

1. ¿Quién estaba en el manicomio de Sevilla?
2. ¿Qué decidió el hombre después de estar allí varios años?
3. ¿Quiénes lo habían puesto en el manicomio?
4. ¿A quién envió el arzobispo a conversar con el hombre?
5. Al principio, ¿creyó el capellán que el licenciado estaba curado?
6. Según el licenciado, cuando habla con el primer loco furioso, ¿de qué resulta la locura?
7. ¿A quién representa en este mundo el segundo loco?
8. ¿Cómo va a castigar el segundo loco al pueblo de Sevilla?
9. ¿Qué decide hacer el capellán al final del cuento? ¿Por qué?

## Estudio de palabras

**A.** Complete las oraciones con palabras o expresiones de **Palabras importantes y modismos.** Cuidado con los tiempos verbales.

1. En el manicomio de Sevilla, había un licenciado a quien sus parientes habían puesto por _____.
2. Sus parientes lo tenían en el manicomio sólo para _____ una parte de su abundante fortuna.
3. Después de estar en el manicomio varios años, el hombre decidió que _____.

**4.** El capellán _____ de llevarse al licenciado a que el arzobispo lo viera.

**5.** Al _____ los planes del capellán, el rector le aconsejó pensar bien lo que iba a hacer.

**6.** Hermano, _____ mi casa.

**7.** Yo soy Neptuno, el dios de la lluvia, y lloveré todo lo que _____.

**8.** Padre, no le _____ a este loco que dice que es Júpiter.

**9.** Ya que el poder de Dios no tiene límite, Ud. debe _____ Él para que también le devuelva su juicio.

**B.** Empareje las palabras con sus sinónimos.

| | |
|---|---|
| **1.** _____dejar | **a.** decidir |
| **2.** _____enviar | **b.** regresar |
| **3.** _____conversar | **c.** vestirse |
| **4.** _____volver | **d.** permitir |
| **5.** _____nunca | **e.** otra vez |
| **6.** _____contestar | **f.** saber |
| **7.** _____de nuevo | **g.** mandar |
| **8.** _____ponerse la ropa | **h.** responder |
| **9.** _____determinar | **i.** jamás |
| **10.** _____enterarse de | **j.** charlar |

**C.** Indique el verbo relacionado con cada uno de estos sustantivos.

**1.** vuelta
**2.** consejo
**3.** despedida
**4.** castigo
**5.** lluvia

**D.** Words in Spanish, like their English equivalents, often end in *suffixes,* syllables affixed to the ends of words. Since these endings shape the meaning of words, it is important to be able to recognize them. Just as words ending in **-mente** are easy to recognize as adverbs, so is the meaning of words ending in **-ísimo** (*very*), which is attached to adjectives and adverbs.

| | |
|---|---|
| grandísimo | *very big* |
| lentísimo | *very/extremely slowly* |
| muchísimo | *very much* |

Another common suffix is **-ismo,** which, when attached to nouns, signifies a doctrine: **comunismo.** Also important are the suffixes **-ado** and **-ido,** which are used to form the past participle in compound tenses. When used as adjectives, they correspond to words in English that commonly end in *-ed* or *-en:* **estudiado** (*studied*).

Guess the meaning of the following words.

1. socialismo
2. republicanismo
3. modernismo
4. hablado
5. sorprendido

6. curado
7. esperado
8. destruido
9. mencionado

## COMPRENSIÓN

First, see Appendix A to review the formation of the simple present and future. Using these tenses, retell the story "El loco de Sevilla." This will help you focus on the story line and understand how the author has arranged the time sequence of events. Be sure to identify the following.

1. el capellán
2. el licenciado
3. los parientes

4. otro loco
5. Júpiter
6. Neptuno

## ANÁLISIS DEL TEXTO

1. ¿Qué actitud adopta la voz narrativa con respecto a la locura del protagonista? ¿Cómo lo sabemos?
2. ¿Cómo interpreta Ud. la frase «el hombre decidió que estaba cuerdo» (l. 3)?
3. ¿Cuáles son los distintos puntos de vista de los personajes? Dé ejemplos. ¿De qué manera es importante esto para el desarrollo de la trama (plot)?

 ## EN GRUPOS

Completen las siguientes actividades en grupos.

A. **Diagnóstico de la locura.** Comenten por qué el arzobispo decide investigar el estado mental del licenciado. ¿Qué le hace dudar de su cordura? Comparen esto con la decisión del capellán de llevarse al licenciado. ¿Qué le hace pensar que está cuerdo?
B. **Identificación de la locura.** Encuentren en el texto quiénes son los que creen que el licenciado no está cuerdo, y luego contesten las siguientes preguntas. ¿Cómo saben que no está cuerdo? ¿Qué tipo de persona es? ¿Es fácil de reconocer la locura?
C. **Debate. Locura y cordura, características irreconciliables.** Un grupo va a sostener que la locura es una desviación de lo que se considera normal y por lo tanto, los individuos que padecen de ella deben ser internados en un manicomio, apartados de la socie-

dad. Otro grupo va a proponer que la locura es una característica común en todos los seres humanos y que no es fácil de identificar, que hasta los genios tienen algo de locos también.

**D. El diagnóstico.** Imaginen que Uds. son los médicos que han diagnosticado la locura del licenciado. ¿Qué los hizo llegar a esta conclusión? ¿Cuál creen que es el mejor tratamiento para él?

Vista de la cuidad de Toledo, antigua capital de España

# Lo que sucedió a un deán[1] de Santiago con don Illán, el mago[2] de Toledo

**D**on Juan Manuel (1282–1349) fue un noble castellano (nieto de Fernando III y sobrino de Alfonso X) y puede ser considerado como el padre del cuento español. Nació en Toledo, donde ocurre el cuento. Su obra literaria más prominente es *El Libro del conde Lucanor* (1323–1335), una colección de cincuenta y un ejemplos o cuentos con moraleja.[3] Todas las historias siguen el mismo modelo: el conde Lucanor le presenta un problema a su consejero, Patronio, quien le responde al conde contándole un cuento que resuelve el problema. El cuento a continuación, el número once de la colección, fue reescrito brillantemente por el escritor argentino Jorge Luis Borges (1899–1986) con el título de «El brujo postergado[4]».

[1]*cleric*  [2]*magician; wise man*  [3]cuentos... *moral tales*  [4]brujo... *sorcerer* [*who was*] *put off* (*told to wait*)

# Antes de leer

## Palabras importantes y modismos

| | | | |
|---|---|---|---|
| **al pie de** | at the foot or bottom of | **hacer (*irreg.*)** **saber** | to make (*something*) known |
| **no tener (*irreg.*) más remedio** | to have no other choice | **optar por + *infinitivo*** | to decide in favor of (*doing something*) |
| **oír (*irreg.*)** | to hear (*something*) | | |
| **decir** | said | **rogar (ue)** | to beg, plead |

## Repaso de verbos

Complete el siguiente párrafo subrayando (*underlining*) el tiempo correcto —el pretérito o el imperfecto— de los verbos.

En el pasado, había un rey que (**era/fue**)[1] muy generoso. Siempre les (**daba/dio**)[2] dinero y comida a los pobres. Tristemente, el rey (**moría/ murió**)[3] muy joven y su hermano (**subía/subió**)[4] al trono. Éste y su esposa, la nueva reina, (**eran/fueron**)[5] muy crueles. Ellos (**iniciaban/ iniciaron**)[6] una campaña de terror contra los habitantes de la región. Pero éstos (**reaccionaban/reaccionaron**)[7] de inmediato y (**destronaban/destronaron**)[8] a los reyes. Entonces los reyes (**acababan/acabaron**)[9] en la cárcel y las personas de la región (**vivían/vivieron**)[10] felices.

## Estrategias para leer

## Using Time Markers to Recognize the Chronology of a Story

Although reading strategies such as guessing the meaning of words through cognate recognition, anticipating content, and using contextual clues are helpful, you also need to recognize the chronological organization of the story as indicated by words that mark the progression of time. The most obvious, of course, are the *tense markers of verb endings* (**hablé, seremos**, and so on). *Specific dates* (**nací en 1942, él murió en 1967**) also help put events in order. Other important time markers are *adverbs* and *adverbial phrases*. In Spanish, there are three principal groups of adverbs of time: those that indicate past time (**ayer, anteayer, antes, entonces, ya**), present time (**hoy, ahora**), and the future (**después, luego, mañana**). Also of importance are function words such as **hasta que** (*until*), which indicate the continuance of an action to a specified point in time.

The following sentences tell a story. Renumber them in a logical sequence. The first and last sentences of the story are already in their correct positions.

1. _____ Un oficial de la iglesia quería saber lo más posible sobre el arte de la magia.
2. _____ Todos se quedaron en la casa del médico hasta que llegó un abogado, amigo del médico. El abogado le dio al oficial muchos documentos sobre la magia.
3. _____ Después, el oficial y el profesor fueron a la casa de un médico.
4. _____ Cuando el oficial vio al profesor, empezaron a hablar de la magia.
5. _____ Primero el oficial fue a hablar con un profesor.
6. _____ Ahora el oficial de la iglesia está contento porque ha aprendido mucho de sus nuevos amigos: el profesor, el médico y el abogado.

Another time marker, particularly prevalent in the story you are about to read, is the use of the preposition **a** followed by days, months, and years to mean *later* or *after*.

Number the following expressions in chronological order.

_____ a los cuatro años       _____ a los tres días       _____ a los diez días
_____ a los dos años          _____ a los seis meses

**CONTEXTO CULTURAL**

Esta historia no sólo es un cuento de ingratitud y de magia, sino que también refleja la gran importancia de la iglesia en la España medieval. El personaje principal, don Illán, y el clérigo que desea aprender el arte de la magia vienen de dos centros prominentes del poder eclesiástico y político: Santiago de Compostela y Toledo. Santiago, una ciudad en Galicia (al noroeste de España), fue nombrada en honor de Santiago,[1] un mártir cristiano cuyos huesos fueron llevados a España. Para venerar sus restos, Santiago de Compostela llegó a ser uno de los destinos más importantes de los peregrinos[2] cristianos durante la Edad Media y, además, el sitio de iglesias impresionantes, tales como la Iglesia de Santa María Salomé, que data del siglo XII. Toledo, en la parte central del sur de España, ha sido una ciudad importante desde los tiempos romanos. Durante el siglo XI, fue lugar de considerable interacción entre los pueblos cristianos, judíos y árabes. Como Toledo era un crisol[3] cultural y religioso, no es sorprendente que el clérigo viajara a este lugar para aprender de don Illán el arte de la magia.

[1]*St. James*  [2]*pilgrims*  [3]*melting pot*

# ▧ Lo que sucedió a un deán de Santiago con don Illán, el mago de Toledo ▧

UN DÍA EL conde Lucanor hablaba con su consejero Patronio de esta manera:

—Patronio, un hombre vino a **rogarme** que lo ayudase[1] con un negocio. Me prometió que en el futuro me ayudaría cuando lo necesitara. Desgraciadamente resulta que cada vez que le pido un favor, nunca cumple con su palabra.[2]

—Señor Conde —dijo Patronio— había un deán en Santiago que tenía muchas ganas de saber el arte de la magia. **Oyó decir** que don Illán de Toledo la sabía mejor que nadie y a Toledo fue para que él se la enseñara.[3] Tan pronto como llegó a la ciudad fue a la casa del mago, a quien encontró leyendo en un salón muy apartado. Cuando el mago lo vio entrar lo recibió muy cortésmente y le pidió que no hablara sobre el motivo de su visita hasta después de comer, y, demostrándole estima, lo alojó en su casa con alegría de tenerlo como huésped. Después de comer y una vez que se quedaron solos, el deán relató al mago el motivo de su viaje y le rogó muy encarecidamente[4] que le enseñara la ciencia mágica, porque tenía tantos deseos de estudiarla a fondo. Don Illán le dijo que él era deán y hombre de posición dentro de la Iglesia y que podía subir mucho aún, y que los hombres que suben mucho, cuando han alcanzado lo que pretenden, olvidan muy pronto lo que los demás han hecho por ellos; por lo que él temía que, cuando hubiera aprendido[5] lo que deseaba, no se lo agradecería[6] ni querría hacer por él lo que ahora prometía. El deán entonces le aseguró que, llegara donde llegara[7] en fama y dignidad, no haría más que lo que el mago le mandase. Hablando de esto estuvieron desde que acabaron de comer hasta la hora de la cena. El mago dijo que aquella ciencia sólo se podía aprender en un lugar muy apartado y, tomándolo de la mano, lo llevó a una sala. Allí llamó a una criada y le dijo que tuviera listas unas perdices[8] para la cena, pero que no las pusiera a asar[9] hasta que él lo ordenase.

Dicho esto, entró con el deán por una escalera de piedra, muy bien labrada,[10] y bajaron tanto que le pareció que el Tajo[11] tenía que pasar por encima de ellos. **Al pie de** la escalera, vieron unas habitaciones muy espaciosas y en una de ellas se sentaron para comenzar las lecciones. Era un

---

[1]que... to help him  [2]cumple... keeps his word  [3]para... so that he [don Illán] would teach him [magic]  [4]insistently  [5]hubiera... he had learned  [6]no... he would not thank him for it  [7]llegara... no matter how high he might rise  [8]partridges  [9]cocinar  [10]detailed  [11]river in Spain

salón con mucho lujo y esplendor, lleno de libros e instrumentos. En eso
35 estaban cuando entraron dos hombres a pie con una carta para el deán en
la que el obispo, su tío, le **hizo saber** que estaba muy enfermo y le rogaba
que, si quería verlo con vida, se fuera enseguida[12] para Santiago. El deán
se disgustó mucho por la enfermedad de su tío porque tenía que dejar el
estudio que había comenzado. Pero resolvió no dejarlo tan pronto y **optó**
40 **por** escribir a su tío una carta, contestando la suya. A los tres o cuatro días
llegaron otros hombres con cartas para el señor deán en que le informaban
que el obispo había muerto y que en la catedral estaban todos por elegirlo
sucesor y muy confiados en que por la misericordia de Dios[13] lo tendrían
por obispo; por lo que le sugerían que no se apresurara[14] a ir a Santiago, ya
45 que era mejor que lo eligieran estando él ausente.

Al cabo de[15] siete u ocho días vinieron a Toledo dos escuderos[16] muy
bien vestidos y con muy buenas armas y caballos, los cuales, llegando al
deán le besaron la mano y le dieron las cartas en que le decían que lo habían elegido. Cuando don Illán se enteró, fue hasta el nuevo obispo y le
50 dijo que agradecía mucho a Dios porque había recibido tan buena noticia
estando en su casa y que, ya que Dios lo había hecho obispo, le pedía por
favor que le diera a su hijo el decanazgo,[17] que quedaba vacante. El obispo
le contestó que había reservado ese decanato para un hermano suyo, pero
le prometía que le daría a su hijo, en compensación, otro cargo con que
55 quedaría muy satisfecho, y le pidió que lo acompañara a Santiago y que
llevara a su hijo. Don Illán le dijo que lo haría.

Luego, fueron para Santiago, donde los recibieron muy solemnemente.
Así transcurrió[18] algún tiempo hasta que un día, llegaron dos mensajeros
del Papa[19] con cartas para el obispo, donde le decía que lo había hecho
60 arzobispo de Tolosa[20] y que le concedía la gracia de dejar ese obispado a
quien él quisiera. Cuando don Illán lo supo, le recordó su promesa y le pidió muy encarecidamente que se lo diese a su hijo. El arzobispo le dijo que
había prometido el obispado a un tío suyo, hermano de su padre, pero que
en el futuro lo compensaría y le rogó que se fuera con él y llevara a su hijo.
65 Al llegar a Tolosa fueron recibidos muy bien por los condes y por toda
la gente principal de aquella región. Después de dos años, emisarios del
Papa llegaron con la noticia de que éste lo había hecho cardenal y que lo
autorizaba a dejar su arzobispado a quien él quisiera. Entonces don Illán
fue hasta él y le dijo que, luego de tantas promesas sin cumplir, ya no era
70 el momento de más postergaciones,[21] sino de darle el arzobispado vacante
a su hijo. El cardenal le rogó que comprendiera que ese arzobispado debía
ser para un tío suyo, hermano de su madre, hombre de edad y de muy
buena posición, y le pidió por favor que lo acompañara a la corte romana,[22]
ya que como cardenal tendría muchas ocasiones de favorecerlo. Don Illán

---

[12]inmediatamente  [13]por... *by the grace of God*  [14]le... *they suggested that he not be in a hurry*  [15]Al...
Después de  [16]*pages*  [17]*deanship (a high position in the church)*  [18]pasó  [19]*Pope*  [20]*Toulouse (an important city and religious center in southwestern France)*  [21]*postponements*  [22]corte... *papal court*

75 **no tuvo más remedio** que asentir, y, lamentándose mucho, se fue para Roma con el cardenal.

Cuando allí llegaron, fueron muy bien recibidos por los demás cardenales y por toda Roma. Vivieron mucho tiempo en Roma, rogándole don Illán cada día al cardenal que le hiciera a su hijo alguna merced,[23] y él siempre 80 excusándose, hasta que murió el Papa. Entonces todos los cardenales lo eligieron sucesor. Don Illán fue hasta él y le dijo que ahora no podía poner pretexto alguno para no hacer lo prometido. El Papa postergó su promesa una vez más diciéndole que ya encontraría el modo de favorecerlo en lo que fuera justo. Don Illán se lamentó mucho y le reprochó su proceder.[24] 85 El Papa, entonces, se enojó y le dijo que si continuaba con sus presiones[25] lo haría meter en la cárcel, pues bien sabía él que era hereje[26] y brujo y que en Toledo se ganaba la vida enseñando el arte de la magia negra.

Cuando don Illán vio el pago que le daba el Papa, se despidió de él y anunció su regreso. El Papa no hizo nada por retenerlo, más aún, le negó 90 provisiones para que pudiera aliviar el hambre en el camino. Entonces don Illán le dijo al Papa que, ya que no tenía otra cosa que comer, tendría que comerse las perdices que había mandado preparar esa noche y llamó a la criada y le ordenó que comenzara a preparar la cena. Al decir esto don Illán, el Papa se halló[27] en Toledo, en la habitación subterránea, deán de 95 Santiago, tal como era cuando allí llegó. Estaba tan avergonzado[28] que no supo qué decir para disculparse. Don Illán le dijo que se fuera en paz, que ya había sabido lo que podía esperar de él, y que le parecía un gasto inútil invitarlo a comer aquellas perdices. ✦

[23]*favor*  [24]*behavior*  [25]*si... if he kept pressuring him*  [26]*heretic*  [27]*se... se encontró*  [28]*ashamed*

# Después de leer

## Cuestionario

1. ¿De qué tenía ganas un deán que vivía en Santiago?
2. ¿Adónde fue el deán?
3. ¿Qué promesa le hizo el deán a don Illán?
4. Cuando don Illán y el deán estaban en la biblioteca, ¿quiénes llegaron y qué dijeron?
5. ¿Qué le pidió don Illán al deán cuando éste fue nombrado obispo? ¿Cómo le respondió el deán?
6. Cuando don Illán supo que el deán había sido nombrado arzobispo de Tolosa, ¿qué le pidió? ¿Cómo le respondió el nuevo arzobispo?
7. Cuando el deán fue nombrado cardenal, ¿qué le pidió don Illán? ¿Cómo le respondió el nuevo cardenal?

8. Cuando el deán fue elegido Papa, ¿por qué amenazó con la cárcel a don Illán?
9. ¿Qué pasó cuando don Illán dijo que iba a comer las perdices?
10. ¿Qué ocurrió al final del cuento?

## ESTUDIO DE PALABRAS

**A.** Complete las oraciones con palabras o expresiones de **Palabras importantes y modismos.**

1. Había un cuarto _____ la escalera.
2. En una carta oficial el presidente le _____ al público que él estaba enfermo.
3. El niño que tenía hambre _____ a su madre que le diera algo de comer.
4. El obispo _____ que un hombre misterioso sabía el arte de la magia.
5. En vez de quedarse en la iglesia, el hombre _____ salir.
6. Estaba lloviendo y él _____ que buscar su paraguas.

**B.** Indique el verbo relacionado con cada uno de estos sustantivos.

1. una oferta
2. un fallecimiento
3. una recepción
4. un agradecimiento
5. unos mandaderos
6. un favor

**C.** Complete las oraciones con la palabra apropiada.

1. El deán encontró a don Illán leyendo _____ (a/en) una habitación apartada.
2. Don Illán le dijo que postergara el motivo de su visita hasta después _____ (de/que) comer.
3. Temía ser olvidado luego _____ (por/para) él.
4. Los recibieron _____ (con/de) honores en la ciudad.
5. El arzobispo le hizo saber que había reservado el obispado _____ (por/para) su propio tío.

**D.** Empareje las palabras con sus sinónimos.

1. _____ deán
2. _____ apartada
3. _____ venida
4. _____ asunto
5. _____ nuevas
6. _____ fallecido
7. _____ elegir

a. llegada
b. caso
c. noticias
d. muerto
e. separada
f. decano
g. escoger

## ANÁLISIS DEL TEXTO

1. ¿De qué manera constituye una prefiguración (*foreshadowing*) la mención de las perdices para la cena (l. 27)? ¿En qué líneas se resuelve?
2. El cuento presenta dos dimensiones temporales diferentes. Establezca ambas cronologías.
3. Analice el modo en que se suceden los acontecimientos en la habitación. Explique cómo el encantamiento a que don Illán somete al deán es de alguna manera transmitido al lector a través de la voz narrativa.
4. ¿Considera Ud. que el desenlace de la historia (ll. 89–93) es irónico? Justifique su respuesta.
5. ¿De qué manera resuelve el cuento de don Illán el dilema del conde Lucanor? ¿Qué efecto produce esta intercalación (*interspersing*) de un cuento dentro de otro?

## EN GRUPOS

Completen las siguientes actividades en grupos.

A. **El deán es ambicioso y egoísta.** Encuentren situaciones en el texto que justifique esta afirmación.
B. **Pretextos.** ¿Qué pretextos daba el deán para no darle una posición al hijo de don Illán? ¿Es la misma excusa en todos los casos? ¿En qué caso es diferente?
C. **¿Magia o realidad?** Identifiquen qué partes del texto son realidad y cuáles son magia. Expliquen las razones de sus selecciones.
D. **El egoísmo.** ¿Conocen Uds. a alguien cuyo egoísmo lo haya llevado a hacer cosas que afectan a otras personas? ¿Han sido afectados Uds. alguna vez por alguna persona egoísta? ¿Han actuado Uds. de forma egoísta alguna vez? ¿En qué ocasión?

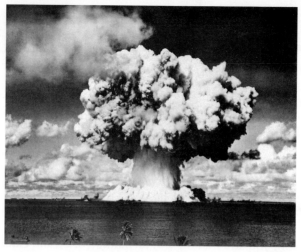

La destrucción nuclear

# *Génesis*

**M**arco Denevi (1922–1998), argentino, fue un escritor popular de teatro y ficción contemporánea. Después de alcanzar popularidad en 1955 con su novela *Rosaura a las diez*, se convirtió en[1] uno de los escritores argentinos más prolíficos. En particular, Denevi tenía mucha habilidad para escribir cuentos extremadamente breves. En *Falsificaciones* (1966), un libro de fantasías en prosa corta, él tomó prestados[2] hechos,[3] situaciones y personajes de la mitología clásica y la literatura mundial y los reescribió para hacer comentarios acerca de la sociedad contemporánea. Denevi estaba particularmente preocupado por los efectos de la tecnología moderna en la humanidad, un tema que aparece con regularidad en su obra.

[1]se... *became*  [2]tomó... *borrowed*  [3]*facts*

# **A**NTES DE LEER

## **P**ALABRAS IMPORTANTES Y MODISMOS

| | | | |
|---|---|---|---|
| **a ratos** | from time to time | **perderse (ie) entre** | to become lost among |
| **comenzar (ie) (c) a** | to begin (doing something) | **sobrevivir** | to survive |
| **entretanto** | meanwhile | **transformarse en** | to turn into |
| | | **volverse (ie) + *adjetivo*** | to become + *adj.* |

**19**

Complete las oraciones con el pretérito de los verbos entre paréntesis.

1. El niño _____ (transformarse en) un muchacho.
2. El muchacho _____ (comenzar a) explorar el país.
3. Los niños _____ (sobrevivir) la guerra atómica.
4. En el sueño del niño, su padre _____ (perderse) entre las nubes.
5. Los recuerdos del niño _____ (volverse) cambiantes.

*E*SRATEGIAS PARA LEER

## Anticipating Content

Owing to the high correlation between subject familiarity and reading comprehension, you should take full advantage of all the clues that may serve as a guide to understanding the content of what you are reading. Among such clues, you might consider *information about the author* of the piece. Reading a novel by Agatha Christie, for example, we expect to be involved in the process of solving a mystery, since we know that Agatha Christie wrote this kind of fiction. In addition to biographical information, *titles* are also important. Elements such as titles, *prefaces*, and *epigraphs*, although not a part of the story proper, do convey a voice and a perspective—a point of view that enables you to construct an image of a work before you actually read it.

Before you read this story, do the following.

1. Review the meanings of the word *genesis*.
2. Try to recall the biblical book of Genesis. Can you think of any modern re-tellings of the story?
3. Try to recall other works that deal with the theme of creation.
4. Quickly reread the brief biographical introduction to Denevi. Is there information supplied here that seems to relate to the title of the story?
5. Suppose for a moment that you were an author writing on the theme of creation. Can you imagine some of the scenarios you might employ to describe the events implied by this term?

**C**ONTEXTO CULTURAL Aunque a primera vista parezca que el cuento de Denevi sobre los resultados de una guerra nuclear y el colapso de la sociedad moderna tiene poco que ver con la cultura argentina, es importante notar que él nació en un suburbio de Buenos Aires, la segunda ciudad más grande de Latinoamérica y una de las ciudades porteñas del interior más grandes del mundo. Lejos de ser una ciudad tropical soñolienta, la ciudad de Buenos Aires, con una población de más de 10 millones de personas, está rodeada por la provincia de Buenos Aires, formada ésta por veintidós municipios más pequeños. Desde el siglo XIX, el puerto de Buenos Aires ha acogido no sólo oleadas sucesivas de inmigrantes, sino que también ha sido la base tecnológica y comercial de la nación.

Argentina es un país avanzado. En la década de los años 20, cuando Denevi era un niño, el Producto Nacional Bruto[1] y el nivel de vida se igualaban con los de otros países desarrollados como Canadá y Australia. No es raro, entonces, que un escritor como Marco Denevi usara como tema los efectos de la tecnología moderna en la humanidad. Después de todo, él se crió en una nación, y, particularmente, en una ciudad que había experimentado considerable urbanización y que había sido afectada profundamente por el crecimiento tecnológico y el desarrollo.

Para explorar el tema de una de las consecuencias del progreso tecnológico, Denevi usa como modelo Génesis, el primer libro del Antiguo Testamento de la Biblia. Se llama así porque comienza con un recuento[2] de la creación del mundo. Los primeros once capítulos detallan la expansión gradual de la humanidad y el desarrollo de la cultura. Génesis contiene historias acerca del pecado original (de Adán y Eva) y acerca del diluvio, el cual muestra el crecimiento del alejamiento humano de Dios y el aislamiento de todo ser humano.

[1]Producto... *Gross National Product*   [2]*account*

# ▦ *Génesis* ▦

Con la última guerra atómica, la humanidad y la civilización desaparecieron. Toda la tierra fue como un desierto calcinado.[1] En cierta región de Oriente **sobrevivió** un niño, hijo del piloto de una nave espacial.[2] El niño se alimentaba de hierbas y dormía en una
5  caverna. Durante mucho tiempo, aturdido[3] por el horror del desastre, sólo sabía llorar y clamar por su padre. Después sus recuerdos se oscurecieron, se disgregaron, **se volvieron** arbitrarios y cambiantes como un sueño, su horror **se transformó en** un vago miedo. **A ratos** recordaba la figura de su padre, que le sonreía o lo amonestaba,[4] o ascendía a su nave espacial,
10  envuelta en fuego y en ruido, y **se perdía entre** las nubes. Entonces, loco de soledad, caía de rodillas y le rogaba que volviese. **Entretanto** la tierra se cubrió de vegetación; las plantas se cargaron de[5] flores; los árboles, de frutos. El niño, convertido en un muchacho, **comenzó** a explorar el país. Un día vio un ave. Otro día vio un lobo. Otro día, inesperadamente, se halló

[1]*scorched*   [2]nave... *spaceship*   [3]*dazed by*   [4]*admonished*   [5]se... *became filled with*

15 frente a una joven de su edad que, lo mismo que él, había sobrevivido a los estragos[6] de la guerra atómica.

—¿Cómo te llamas?—le preguntó.
—Eva, —contestó la joven—.¿Y tú?
—Adán. 🌼

[6]*devastation*

# DESPUÉS DE LEER

## CUESTIONARIO

1. ¿Por qué desaparecieron la humanidad y la civilización?
2. ¿En qué región de la Tierra sobrevivió un niño?
3. ¿Qué profesión tenía el padre del niño?
4. ¿Qué comía el niño?
5. ¿Qué pasó con los recuerdos del niño a medida que el tiempo avanzaba?
6. Cuando el niño recordaba a su padre, ¿por qué se perdía la figura de éste entre las nubes?
7. Después de que la Tierra se cubrió de vegetación, ¿qué hizo el niño, ahora ya muchacho?
8. ¿Qué animales vio el muchacho cuando exploraba el país?
9. ¿Cómo se llamaba la joven que el muchacho encontró?
10. ¿Cómo se llamaba el muchacho?

## ESTUDIO DE PALABRAS

**A.** Complete las oraciones con palabras o expresiones de **Palabras importantes y modismos**.

1. _____ el niño recordaba a su padre y se ponía triste.
2. El niño crecía _____ la tierra se llenaba de vegetación.
3. Poco a poco, el niño _____ a entender que su padre nunca regresaría.
4. Al igual que el muchacho, la joven _____ la guerra atómica.
5. Después de un tiempo, la Tierra _____ en un lugar habitable otra vez.
6. Probablemente, con el paso de los días, las noches de soledad del niño _____ menos largas.
7. Los recuerdos del niño _____ oscuros poco a poco.

**B.** Although recognizing cognates is a first step in word-guessing, it is also possible to use your knowledge of how individual words are constructed to determine what they mean. Recognizing suffixes and prefixes can enable you to deduce meaning quickly. Review the list of three common Spanish suffixes and examples of each.

| -mente | normalmente | *normally* |
| | generalmente | *generally* |
| -dad, -tad | individualidad | *individuality* |
| | libertad | *liberty* |
| -ología | psicología | *psychology* |
| | geología | *geology* |

Based on the preceding models, guess the meaning of the following words.

1. biología
2. clandestinamente
3. inmortalidad
4. perfectamente
5. personalidad
6. sociología
7. comunidad
8. criminología

## ANÁLISIS DEL TEXTO

1. El niño no sólo sufre cambios físicos sino que también sus recuerdos van cambiando paulatinamente con el tiempo. ¿Qué importancia y qué función tiene en el cuento el hecho de mencionar estos cambios?
2. En el cuento se mencionan una nave espacial, un ave y un lobo. ¿Cuál es la función de cada uno de estos elementos en el desarrollo del cuento?
3. ¿Qué presagia el encuentro de los dos muchachos al final del cuento?

 ## EN GRUPOS

Completen las siguientes actividades en grupos.

A. **Génesis.** Comparen este cuento con el primer libro de la Biblia. ¿Qué tienen en común y en qué son diferentes?
B. **El padre.** Imaginen que Uds. son el padre de Adán y quieren dejarle a su hijo un recuento de lo ocurrido. Escriban un párrafo narrando cómo comenzó la guerra y cómo la extinción de la raza humana finalmente se hizo una realidad.
C. **La soledad.** Imagínense que Uds. son Adán, el niño. Escriban un párrafo en la primera persona acerca de lo que él piensa después de saber que él es el único sobreviviente en la Tierra.
D. **El encuentro.** El muchacho y la muchacha se encuentran al final del cuento. Si Uds. fueran Denevi y quisieran continuar el hilo narrativo del cuento, ¿qué escribirían? ¿Cuál sería el futuro de estos dos individuos en la era moderna?

Templo maya en Tikal, Guatemala

# El eclipse

**E**l escritor guatemalteco Augusto Monterroso (1921–) es humorista y escribe cuentos de ficción. Ha vivido en México desde 1944. Él escribe en la misma línea satírica de Marco Denevi. El cuento incluido aquí pertenece a su primera colección de cuentos de ficción, *Obras completas y otros cuentos* (1959). Al leer el cuento hoy día, después del aniversario del quinto centenario[1] de la llegada[2] de los españoles a América, tiende a resaltar[3] la ironía implícita en la visión única de Monterroso del encuentro de la gente indígena con las culturas de Europa Occidental.

[1]quinto... *quincentenary*   [2]*arrival*   [3]*heighten*

# **A**NTES DE LEER

## *PALABRAS IMPORTANTES Y MODISMOS*

| | | | |
|---|---|---|---|
| **al + *infinitivo*** | upon, on (*doing something*) | **engañar** | to deceive, fool |
| **confiar (confío) en** | to trust | **fijo/a en** | fixed on |
| | | **mientras** | while |
| **disponerse (*irreg.*) a + *infinitivo*** | to get ready to (*do something*) | **sentirse (ie, i) perdido/a** | to feel lost |
| | | **una vez** | once |
| | | **valerse (g) de** | to make use of |

**A.** Complete las oraciones con el presente de subjuntivo de los verbos entre paréntesis.

1. Aquí no hay nadie que _____ (saber) hablar español.
2. Dudo que él _____ (terminar) antes de las 8:00.
3. Es posible que esas personas _____ (saber) dónde está el templo.
4. Espero que tú no _____ (perder) la vida.
5. Es mejor que Ud. me _____ (mostrar) los resultados.

**B.** Complete las oraciones con el imperfecto de subjuntivo de los verbos entre paréntesis.

1. Si yo _____ (saber) dónde estaba el libro, estaría contento.
2. No había nadie que _____ (decir) la verdad.
3. Ellos querían que yo les _____ (preparar) la comida.
4. El soldado llegó antes de que los indígenas _____ (salir) del pueblo.
5. Él habla como si no _____ (entender) el español.

## *E*STRATEGIAS PARA LEER

# Scanning for Specific Information

Up to this point, you have practiced techniques that help you read for the general idea of a text; that is, you have *skimmed* the text looking over everything quickly to get the gist and general direction of the reading. Sometimes you will also want to read for specific information. When you read the index of a book, for example, or an ad in a newspaper, you are interested in locating specific information. For this reason, you let your eye pass over or *scan* the text very quickly until you find exactly what you are looking for.

Scan the story for the following information.

1. ¿Quién está perdido?
2. ¿Dónde está ahora?
3. ¿De qué país ha venido?
4. ¿Quiénes lo rodean?
5. ¿Quién muere?
6. ¿Qué recitaba uno de los indígenas mientras el hombre sacrificado moría?

Augusto Monterroso sitúa «El eclipse» en lo que ahora es el país llamado Guatemala durante el reinado del nieto de los Reyes Católicos Fernando e Isabel, Carlos I (1516–1556), Emperador del Sacro Imperio Romano (también conocido como Carlos V de Alemania), quien reinó durante el auge[1] del descubrimiento y conquista del Nuevo Mundo. Guatemala, el tercer país más grande de Centroamérica, no se independizó de España hasta 1821. Durante el siglo XVI la región era estratégicamente muy importante para los intereses de España. Durante dos siglos la ciudad de Antigua Guatemala fue el asentamiento[2] más importante de la influencia colonial española entre los virreinatos[3] de México y Perú.

Cuando al principio los españoles exploraron la región, encontraron restos de la civilización maya, que había sido una de las culturas más avanzadas de la civilización occidental. Los mayas desarrollaron el único sistema verdadero de escritura en América y tenían conocimientos más avanzados en matemáticas y astronomía que sus homólogos[4] europeos. Para incorporar los pueblos indígenas de Mesoamérica a la cultura española, España utilizó al clero[5] para convertirlos al cristianismo. Aunque los primeros exploradores y clérigos eran bien versados en latín y humanismo renacentista, ignoraban y eran hostiles a los asombrosos logros de aquellos a quienes venían a convertir.

[1]*height*  [2]*center*  [3]*viceroyalties*  [4]*counterparts*  [5]*clergy*

# ▨ *El eclipse* ▨

**C**UANDO FRAY BARTOLOMÉ Arrazola **se sintió perdido,** aceptó que ya nada podría salvarlo. La selva poderosa de Guatemala lo había apresado, implacable y definitiva.[1] Ante su ignorancia topográfica se sentó con tranquilidad a esperar la muerte. Quiso morir allí sin
5   ninguna esperanza, aislado, con el pensamiento **fijo en** la España distante, particularmente en el convento de Los Abrojos, donde Carlos Quinto condescendiera **una vez** a bajar de su eminencia para decirle que **confiaba en** el celo[2] religioso de su labor redentora.[3]

**Al** despertar se encontró rodeado por un grupo de indígenas de rostro
10   impasible[4] que **se disponían** a sacrificarlo ante un altar, un altar que a Bartolomé le pareció como el lecho[5] en que descansaría, al fin, de sus temores, de su destino, de sí mismo.

Tres años en el país le habían conferido un mediano dominio[6] de las lenguas nativas. Intentó algo. Dijo algunas palabras que fueron
15   comprendidas.

[1]*lo... had inexorably and definitively trapped him*  [2]*zeal*  [3]*redemptive*  [4]*expressionless*  [5]*bed*  [6]*le... had given him an average grasp*

Entonces floreció en él una idea que tuvo por digna de su talento y de su cultura universal y de su arduo conocimiento de Aristóteles.[7] Recordó que para ese día se esperaba un eclipse total de sol. Y dispuso, en lo más íntimo, **valerse de** aquel conocimiento para **engañar** a sus opresores y
20 salvar la vida.

—Si me matáis —les dijo—, puedo hacer que el sol se oscurezca en su altura.

Los indígenas lo miraron fijamente y Bartolomé sorprendió la incredulidad en sus ojos. Vio que se produjo un pequeño consejo,[8] y esperó con-
25 fiado, no sin cierto desdén.[9]

Dos horas después el corazón de fray Bartolomé Arrazola chorreaba[10] su sangre vehemente sobre la piedra de los sacrificios (brillante bajo la opaca luz de un sol eclipsado), **mientras** uno de los indígenas recitaba sin ninguna inflexión de voz, sin prisa, una por una, las infinitas fechas
30 en que se producirían eclipses solares y lunares, que los astrónomos de la comunidad maya habían previsto y anotado en sus códices[11] sin la valiosa ayuda de Aristóteles. 🌸

---

[7]*Aristotle, Greek philosopher (384–322 b.c.)* [8]*discussion* [9]*disdain* [10]*gushed* [11]*codices (manuscript books)*

# Después de leer

## Cuestionario

1. ¿Dónde se perdió fray Bartolomé Arrazola?
2. ¿Cuál era su actitud hacia la muerte?
3. ¿De qué país era fray Bartolomé y cómo sabemos esto?
4. ¿Qué querían hacer los indígenas con fray Bartolomé?
5. ¿Cuántos años había vivido fray Bartolomé en Guatemala?
6. ¿Entendía fray Bartolomé las lenguas nativas? ¿Cuál es el significado de esto para el cuento?
7. ¿Qué idea se le ocurrió a fray Bartolomé y qué tiene que ver Aristóteles con esta idea?
8. ¿A quiénes trató de engañar fray Bartolomé? ¿Lo consiguió?
9. ¿Qué le pasó a fray Bartolomé?
10. ¿Por qué es irónica la última frase del cuento?

## Estudio de palabras

**A.** Complete las oraciones con palabras o expresiones de **Palabras importantes y modismos.**

1. Fray Bartolomé _____ en la densa selva tropical.
2. _____ despertar, fray Bartolomé se encontró rodeado por un grupo de indígenas.
3. _____ un indígena recitaba las infinitas fechas en que se producirían eclipses solares, el corazón de fray Bartolomé chorreaba sangre.
4. Bartolomé no podía _____ a sus opresores; ellos sabían demasiado de astronomía.
5. Quiero _____ mis conocimientos de la lengua española para trabajar en España.
6. _____, hace años, Carlos V condescendió a bajar de su trono para saludar a sus súbditos.
7. Carlos V le dijo a fray Bartolomé que _____ el celo religioso de su labor.
8. Los indígenas _____ sacrificarlo ante un altar, cuando hubo un eclipse total de sol.
9. Fray Bartolomé mantenía la vista _____ la España distante, tratando de recordar su juventud.

**B.** Prefixes are easy to recognize in Spanish because they are similar to the Latin prefixes used in English. Being able to recognize them will help in word-guessing. The following is a list of common prefixes and examples of each.

| a- | *not* | amoral |
| des- | *take away* | desprestigio |
| en-, em- | *to put into; to attach* | encarcelar; emplumar |
| in-, im- | *the opposite* | intolerable, imposible |
| re- | *to do again* | rehacer |

Give an English equivalent for each of the following words.

1. anormal
2. embotellar
3. renacer
4. empaquetar
5. desconfiar

6. reincorporar
7. inútil
8. descargar
9. incómodo
10. repintar

## ANÁLISIS DEL TEXTO

1. ¿Cuál es la actitud del protagonista con respecto a la selva y los indígenas?
2. ¿Existen en el cuento elementos que intentan exponer las tensiones entre «cultura dominante» y «otredad»? ¿Cuáles son estos elementos?
3. En el relato, ¿cuál es la función simbólica de Carlos V, Aristóteles, fray Bartolomé, la selva y los indígenas?

**4.** ¿Qué relevancia especial adquiere «el sacrificio del redentor» luego de su embeleco (*attempt to deceive*) sobre el eclipse?

**5.** Explique los conceptos de «naturaleza», «civilización» y «barbarie». ¿De qué manera usa la voz narrativa la ironía para tomar una posición respecto a dichos conceptos? ¿Cuál es esta posición?

 *EN GRUPOS*

Completen las siguientes actividades en grupos.

**A. El paisaje.** Encuentren en el primer párrafo los adjetivos que se usan para describir a Guatemala y las palabras o imágenes con las que se representa a España. Después comparen y contrasten ambas listas. ¿Qué aspectos se enfatizan?

**B. Dos culturas.** Mientras conocemos los pensamientos y sentimientos de fray Bartolomé, no sabemos lo que piensan los mayas. Comenten en grupos las siguientes preguntas: ¿Desde qué perspectiva se narra el cuento? ¿A través de los ojos de quién conoce el lector a los mayas? ¿Por qué no sabemos lo que piensan o sienten los mayas?

**C. Apreciaciones personales.** Compartan sus impresiones sobre el final y digan si esta conclusión alteró de alguna manera la imagen que Uds. tenían de los indígenas de los pueblos precolombinos.

**D. La selva.** En el primer párrafo del cuento se menciona la selva como algo poderoso. Si Uds. vivieran en este tiempo y fueran exploradores y se perdieran en la selva (del *Amazonas*, por ejemplo) y fueran encontrados por nativos del lugar, ¿qué harían? Comenten sus posibilidades.

Casa en un barrio urbano

# La casa en Mango Street

La novelista, cuentista y poeta Sandra Cisneros (1954–) nació de padre mexicano y madre mexicoamericana. Ella está a la vanguardia de una nueva generación de escritores latinos que interpretan la experiencia hispánica desde el punto de vista de aquellos que tienen herencia[1] mexicana, y que han crecido en los Estados Unidos y son bilingües. Cisneros alcanzó la fama primeramente con la publicación de su libro de poesía *My Wicked Ways* (1987). Su libro *Woman Hollering Creek and Other Stories* (1991) fue elegido[2] por el *New York Times* como digno de ser tomado en cuenta.[3] Su novela mejor conocida, *La casa en Mango Street* (1984), es una novela semiautobiográfica acerca de Esperanza, una pobre chica mexicoamericana que crece en Chicago. Fue bellamente traducida al español por la escritora mexicana Elena Poniatowska* en 1994. La traducción simboliza las profundas raíces culturales que se extiende entre México y las personas en los Estados Unidos que tienen herencia mexicoamericana. Cuando Ud. lea el cuento, preste atención al uso del punto de vista en primera persona. ¿Cómo ayuda este modo de narración a construir un puente[4] entre la narradora y su audiencia?

[1]*heritage*  [2]*chosen*  [3]*digno... noteworthy*  [4]*bridge*

*You can read a story by Elena Poniatowska in **Tercer paso.**

# ANTES DE LEER

## PALABRAS IMPORTANTES Y MODISMOS

acordarse
(ue) de
   to remember

cuidarse de
   to take care of

para cuando
   when

salir (g) corriendo
   to run away

tener (*irreg.*) que
+ *infinitivo*
   to have to (*do
something*)

## REPASO DE VERBOS

**A.** Complete las oraciones con el presente de indicativo de los verbos entre paréntesis.

1. Es verdad que _____ (tener: nosotros) que pagar la renta.
2. Las monjas (*nuns*) son nuestras maestras y _____ (fijarse) en la condición de nuestra casa.
3. Yo sé que _____ (vivir: yo) en un barrio pobre, pero estoy orgulloso de mis padres.
4. Ahora todo lo que yo _____ (tener) que hacer es asistir a la escuela.
5. Mis padres siempre _____ (discutir) asuntos importantes.

**B.** Complete las oraciones con el futuro de los verbos entre paréntesis.

1. Mañana _____ (casarse: yo) con mi novia.
2. Yo sé que en el futuro la vida _____ (empezar) a cambiar.
3. Mis padres _____ (ver) cuánto he cambiado físicamente.
4. Nosotros _____ (mudarse) de Chicago a San Antonio dentro de dos años.
5. Por fin _____ (tener: yo) mi propia casa, la casa de mis sueños.

## ESTRATEGIAS PARA LEER

## Recognizing Cognates

The reading that follows contains some words that may be unfamiliar to you. An important step in learning how to read in a second language is to keep in mind that you do not have to stop reading every time you encounter a new word. You may be tempted to use the dictionary, but continual reliance on it will not help you become a better reader. It is much more important to learn how to "find your way around" in a text, much as a traveler learns how to get around in unfamiliar territory through the use of a map.

A landmark you will need to identify is the *cognate*—a word whose form and meaning are similar in both languages. An example of a cognate is the word **cultura** (*culture*).

Read each of the following sentences. Try to guess first the meaning of the italicized cognates, then of the complete sentence. All these cognates appear in the story.

1. La casa de Mango Street es nuestra y no tenemos que *pagarle renta* a nadie.
2. También no hay *propietario* que nos moleste.
3. Quiero *mudarme* a San Antonio porque no me gusta *el clima* de Chicago.
4. Afuera hay *un garaje* para el coche.
5. A causa de *un robo,* el dueño había *pintado* en la madera: «Sí, está abierto» para no perder *clientela.*

**C**ONTEXTO CULTURAL

La reflexión autobiográfica de Sandra Cisneros, narrada en primera persona acerca de cuando era niña, forma parte de una larga tradición de la literatura étnica[1] estadounidense, en este caso, de la literatura minoritaria hispana. Con frecuencia clasificada como literatura chicana, latina o mexicoamericana, este tipo de escritura trata de la vida de las personas de ascendencia hispana en los Estados Unidos. Debe recordarse que los hispanohablantes han vivido en los Estados Unidos desde el siglo XVI y que su producción literaria está fechada antes de la llegada de los colonos a Plymouth Rock. En los Estados Unidos hay más de 25 millones de personas de ascendencia mexicana que viven principalmente en Texas, Nuevo México, Arizona, California e Illinois. En Illinois, más de 1,2 millones de personas hablan español en casa. La mitad vive en Chicago. El cuento de Cisneros no sólo hace un comentario sutil de lo que es crecer como latino en los Estados Unidos sino que también se centra en[2] la posición que ocupan las mujeres tanto en la cultura hispana como en la cultura mayoritaria en los Estados Unidos.

[1]*ethnic*   [2]*se... focuses on*

# La casa en Mango Street

**N**O SIEMPRE HEMOS vivido en Mango Street. Antes vivimos en el tercer piso de Loomis, y antes de allí vivimos en Keeler. Antes de Keeler fue en Paulina y de más antes ni **me acuerdo,** pero de lo que sí me acuerdo es de un montón de mudanzas.[1] Y de que
5 en cada una éramos uno más. Ya **para cuando** llegamos a Mango Street éramos seis: Mamá, Papá, Carlos, Kiki, mi hermana Nenny y yo.

La casa de Mango Street es nuestra y no tenemos que pagarle renta a nadie, ni compartir el patio con los de abajo, ni **cuidarnos de** hacer mucho ruido, y no hay propietario que golpee el techo con una escoba.[2] Pero aun
10 así no es la casa que hubiéramos querido.

**Tuvimos que** salir volados[3] del departamento de Loomis. Los tubos del agua[4] se rompían y el casero[5] no los reparaba porque la casa era muy vieja. **Salimos corriendo.** Teníamos que usar el baño del vecino y acarrear agua en botes lecheros de un galón.[6] Por eso Mamá y Papá buscaron una casa,
15 y por eso nos cambiamos a la de Mango Street, muy lejos, del otro lado de la ciudad.

Siempre decían que algún día nos mudaríamos a una casa, una casa de verdad, que fuera nuestra para siempre, de la que no tuviéramos que salir cada año, y nuestra casa tendría agua corriente[7] y tubos que sirvieran. Y
20 escaleras interiores propias, como las casas de la tele.[8] Y tendríamos un sótano,[9] y por lo menos tres baños para no tener que avisarle a todo el mundo cada vez que nos bañáramos. Nuestra casa sería blanca, rodeada de árboles, un jardín enorme y el pasto creciendo sin cerca.[10] Esa es la casa de la que hablaba Papá cuando tenía un billete de lotería y esa es la casa que Mamá
25 soñaba en los cuentos que nos contaba antes de dormir.

Pero la casa de Mango Street no es de ningún modo como ellos la contaron. Es pequeña y roja, con escalones apretados[11] al frente y unas ventanitas tan chicas que parecen guardar su respiración. Los ladrillos se hacen pedazos en algunas partes y la puerta del frente se ha hinchado[12] tanto que
30 uno tiene que empujar fuerte para entrar. No hay jardín al frente sino cuatro olmos[13] chiquititos que la ciudad plantó en la banqueta.[14] Afuera, atrás hay un garaje chiquito para el carro que no tenemos todavía, y un patiecito que luce todavía más chiquito[15] entre los edificios de los lados. Nuestra casa tiene escaleras pero son ordinarias, de pasillo,[16] y tiene solamente un baño.
35 Todos compartimos recámaras,[17] Mamá y Papá, Carlos y Kiki, yo y Nenny.

Una vez, cuando vivíamos en Loomis, pasó una monja, de mi escuela y me vio jugando enfrente. La lavandería del piso bajo había sido cerrada

---

[1]un... *a lot of moves* [2]*broom* [3]salir... *leave quickly* [4]tubos... *water pipes* [5]*landlord* [6]acarrear... *carry the water in gallon milk jugs* [7]agua... *running water* [8]*television* [9]*basement* [10]*fence* [11]*narrow* [12]se... *has become swollen* [13]*elms* [14]*curb* [15]luce... *seems even smaller* [16]son... *ordinary hallway stairs* [17]*bedrooms*

con tablas[18] arriba por un robo dos días antes, y el dueño había pintado en la madera Sí, ESTÁ ABIERTO, para no perder clientela.

40 —¿Dónde vives? preguntó.

—Allí, dije señalando arriba, al tercer piso.

—¿Vives *allí*?

*Allí.* Tuve que mirar a donde ella señalaba. El tercer piso, la pintura descarapelada,[19] los barrotes[20] que Papá clavó en las ventanas para que no

45 nos cayéramos. ¿Vives *allí*? El modito en que lo dijo me hizo sentirme una nada. *Allí.* Yo vivo *allí.* Moví la cabeza asintiendo.

Desde ese momento supe que debía tener una casa. Una que pudiera señalar. Pero no esta casa. La casa de Mango Street no. Por mientras, dice Mamá. Es temporario, dice Papá. Pero yo sé cómo son esas cosas.

---

[18]había... *bad been boarded up*   [19]*peeling*   [20]*wooden bars*

# Después de leer

## Cuestionario

1. ¿Dónde vivía la narradora antes de Mango Street?
2. ¿Por qué tuvieron que salir del departamento de Loomis?
3. ¿Cómo es la casa que sus padres le prometieron a la narradora?
4. ¿Cómo es, en realidad, la casa en Mango Street?
5. ¿Qué le preguntó la monja a la narradora?

## Estudio de palabras

Complete las oraciones con palabras o expresiones de **Palabras importantes y modismos.**

1. Cuando estamos en clase, es importante _____ de no hacer mucho ruido para que los otros alumnos puedan entender las palabras del profesor.
2. Tenía 10 años _____ nos compramos una casa.
3. El muchacho _____ cuando vio al ladrón.
4. La familia _____ pagar la renta al dueño de la casa.
5. Mi profesor sí tiene memoria _____ de los nombres de todos sus alumnos.

## Análisis del texto

1. ¿Qué importancia tiene el uso de la primera persona como punto de vista (*point of view*) narrativo?

2. ¿Cómo es la casa ideal con que sueña la narradora? ¿Cuál es la importancia de este símbolo?
3. Las palabras de la monja tienen un contenido altamente simbólico. ¿Cuál es la interpretación suya al respecto?

 ## EN GRUPOS

Completen las siguientes actividades en grupos.

**A. La casa.** Comenten lo que para cada uno de los miembros de su grupo significa tener una casa o un hogar. Hagan una lista de los significados más relevantes. Ahora, reflexionen sobre el concepto de casa de la protagonista y digan si es diferente del de Uds.

**B. La mudanza.** ¿Cuántas veces se han mudado Uds. de casa? Compartan con los miembros de su grupo las experiencias que han tenido en las mudanzas, qué lugar les gustó más y cuál menos, qué sentimientos tenían cada vez que se mudaban y por qué. Si nunca se han cambiado de casa, digan si les gustaría hacerlo y den sus razones. Comparen sus sentimientos con los de la protagonista y digan si son similares.

**C. Un montón.** La protagonista del cuento está preocupada por las mudanzas. Encuentren cuántas veces se ha cambiado de casa y cómo eran los lugares donde vivía antes de llegar a la casa de Mango Street. Expliquen por qué habla de las mudanzas y de los lugares donde su familia ha vivido.

**D. La descripción.** Imaginen que Uds. van a comprar una casa y tienen que darle una descripción detallada de lo que quieren a su corredor de bienes raíces (*realtor*). Escriban esa descripción tomando en cuenta la ciudad y el vecindario (*neighborhood*) donde quieren vivir.

# Segundo paso

Segundo paso

# Visiones de España

NA MARÍA MATUTE (1926–) es una cuentista y novelista española que
pertenece a la generación de escritores españoles que obtuvieron
prominencia internacional desde la Guerra Civil española (1936–
1939). Ella pertenece al grupo numeroso de escritoras distingui-
das tales como Carmen Laforet, Elena Quiroga y Carmen Mar-
tín Gaite. Matute ha contribuido a la novela y al cuento en los últimos veinte
años y ha obtenido reconocimiento por sus retratos, absolutos y poéticos,
de la vida después de la Guerra Civil. Nació en Barcelona, la segunda de
cinco niños de un industrial catalán y una madre española. De niña vivió
en Barcelona, Madrid y la villa de Mansilla de la Sierra ubicada en una
montaña remota cerca de la frontera entre Castilla la Vieja y Navarra, donde
conoció la pobreza y dignidad de los remotos pueblos españoles. Tenía 10
años cuando estalló la Guerra Civil española, evento que tuvo un impacto
decisivo en su vida. A la edad de 16 años, se retiró de la escuela para escribir, pintar y estudiar violín. Y como muchos otros escritores, ella también
fue autodidacta.[1]

Entre sus novelas más importantes están *Los Abel* (1948), *En esta
tierra* (1955) y *Primera memoria* (1960), por la cual ganó el Premio Na-
dal, un premio literario español muy prestigioso, además de *La torre vigía*
(1971), *El río* (1973) y *Olvidado rey Gudú* (1996).

Una de las características más importantes de la obra de Matute
es su habilidad para explorar el mundo de la niñez con una sensibilidad
inusual. A través de los ojos de niños pequeños y adolescentes, ella evoca
vívidos retratos de la vida rural española. Sus personajes, a menudo aliena-
dos y marginados de la sociedad en la que viven, pueden ser vistos como
símbolos del aislamiento político e intelectual que España experimentó
después de la Guerra Civil.

Ana María Matute es considerada por muchos críticos —en España
y en el extranjero— como uno de los escritores más importantes en el último período de la novela española. Fue nominada para el premio Nobel en
1976, y en 1996 ingresó en la Real Academia de la Lengua Española, siendo
así la tercera mujer en 300 años en ingresar en esa institución.

---

[1] *self-taught*

Clase al aire libre en España

# El árbol de oro

«El árbol de oro» es una de las historias más populares de *Historias de la Artámila*. En este cuento, como en los otros de esa colección, Matute reconstruye artísticamente un recuerdo de su niñez. De particular interés es la forma en la que la autora combina el realismo con el mundo de lo sobrenatural. Aquí tenemos la presentación de dos percepciones distintas de la realidad: la perspectiva realista de la narradora y el mundo imaginativo y poético de Ivo, un chico que afirma que puede ver un árbol de oro a través de una hendidura en una de las paredes de la escuela del pueblo.

# ANTES DE LEER

## PALABRAS IMPORTANTES Y MODISMOS

| | | | |
|---|---|---|---|
| **a las afueras de** | on the outskirts of | **olvidar** | to forget |
| **acercarse (qu) a** | to approach | **por fin** | finally |
| **asistir a** | to attend | **tener (irreg.)** | to have its |
| **dar (irreg.) con** | to come upon | **su atractivo** | own appeal |
| **de tal forma** | in such a way | **volverse (ue)** | to turn |
| **dejarse** | to let or allow | **+ color** | + color |
| **+ infinitivo** | oneself to be | | |
| | + past part. | | |

## Understanding Point of View (*punto de vista*)

When reading works of fiction, both to decode their literal meaning as well as to appreciate their artistic impact, one of the fundamental strategies you need to master is that of determining the point of view or perspective from which the writer presents the actions of the work. The two basic points of view assumed by narrators in works of fiction are either that of the first person (**narración en primera persona**) or the omniscient point of view (**narración omnisciente**). Stories told from the first-person point of view often appear to be more intimate because the narrator is able to establish an emotional bond with the reader. They also often seem to be coherent and unified to you as reader since you are listening to one voice. In contrast, the omniscient narrator is able to depict from the outside what is taking place in the story and describes externally the behavior of the characters (**los personajes**).

One of the special characteristics of Matute's fiction is her ability to tell stories from the point of view of narrators who are young children. In the story you are about to read, Matute becomes a narrator, using the first-person point of view to recreate a moment from her own past. A narrator who appears as one of the characters in a story is called a first-person participant (**el narrador protagonista/la narradora protagonista**).

Before you read the story, carefully scan the first paragraph. Underline the verbs, keeping in mind the predominant point of view the author has elected to use. Remember that the opening sentences of a work of fiction play a key role in determining the meaning of the entire text and often, although not definitively, establish the predominant point of view.

**CONTEXTO CULTURAL**

La Guerra Civil española es el evento decisivo en la historia de España, comparable solamente con la derrota[1] de la Armada española en 1588 y la decadencia posterior de la nación como potencia mundial durante el siglo XVI. Como la obra de Matute es, en cierto sentido, una respuesta a las consecuencias de la Guerra Civil, es útil comprender las raíces de este cataclismo social. A principios del siglo XX, España era una monarquía constitucional caracterizada por divisiones políticas poderosas trazadas a lo largo de las líneas de clase: la iglesia y el ejército apoyaban una agenda conservadora; por su parte, los trabajadores se volcaban al movimiento sindical buscando alivio económico. Desde 1923 hasta 1930 España fue

[1]*defeat*

gobernada por un dictador militar, Miguel Primo de Rivera, quien fue forzado a escapar a Francia en 1930. La nación disfrutó entonces de un breve período de gobierno democrático de 1931 a 1936. Las fricciones ideológicas con frecuencia estallaban[2] violentamente. Como resultado de las elecciones de febrero de 1936, los liberales (el Frente Popular) se enfrentaron con los conservadores (la Falange). Aunque el Frente Popular ganó por un margen muy pequeño el 17 de julio de 1936, empezó una revuelta militar contra el gobierno republicano. Encabezados por[3] el general Francisco Franco, y con el apoyo de Alemania e Italia, los nacionalistas finalmente ganaron el control de la nación, forzando al gobierno republicano a exiliarse en marzo de 1938.

Según la opinión pública mundial, la Guerra Civil española fue, más que un conflicto interno, una lucha entre el bien y el mal, entre la democracia y la tiranía. La causa de la República fue apoyada por escritores e intelectuales de todo el mundo, entre ellos Langston Hughes, Nicolás Guillén, Stephen Spender y Ernest Hemingway. No fue sino hasta la década de los cincuenta que los escritores que residían en España, tales como Ana María Matute, empezaron a escribir sobre las consecuencias desastrosas de la Guerra Civil en la psiquis nacional española.

[2]*erupted*  [3]Encabezados... *Led by*

# ▨ *El árbol de oro* ▨

**A**SISTÍ DURANTE UN otoño a la escuela de la señorita Leocadia, en la aldea, porque mi salud no andaba bien y el abuelo retrasó mi vuelta a la ciudad. Como era el tiempo frío y estaban los suelos embarrados[1] y no se veía rastro de muchachos, me aburría dentro
5 de la casa, y pedí al abuelo **asistir a** la escuela. El abuelo consintió, y acudí a aquella casita alargada[2] y blanca de cal,[3] con el tejado pajizo[4] y requemado por el sol y las nieves, **a las afueras del** pueblo.

La señorita Leocadia era alta y gruesa, tenía el carácter más bien áspero y grandes juanetes[5] en los pies, que la obligaban a andar como quien arras-
10 tra cadenas.[6] Las clases en la escuela, con la lluvia rebotando en el tejado y en los cristales, con las moscas pegajosas de la tormenta y persiguiéndose alrededor de la bombilla,[7] **tenían su atractivo.** Recuerdo especialmente a un muchacho de unos diez años, hijo de un aparcero[8] muy pobre, llamado Ivo. Era un muchacho delgado, de ojos azules, que bizqueaba[9] ligeramente
15 al hablar. Todos los muchachos y muchachas de la escuela admiraban y envidiaban un poco a Ivo, por el don[10] que poseía de atraer la atención so-

[1]estaban... *the streets were muddy*  [2]*long*  [3]*whitewash*  [4]tejado... *thatched roof*  [5]*bunions*  [6]como... *as if she were in chains?*  [7]*lightbulb*  [8]*sharecropper*  [9]*squinted*  [10]*gift*

bre sí, en todo momento. No es que fuera ni inteligente ni gracioso, y, sin embargo, había algo en él, en su voz quizás, en las cosas que contaba, que conseguía cautivar a quien le escuchase. También la señorita Leocadia **se**
20 **dejaba** prender de aquella red de plata que Ivo tendía[11] a cuantos atendían sus enrevesadas[12] conversaciones, y —yo creo que muchas veces contra su voluntad— la señorita Leocadia le confiaba[13] a Ivo tareas deseadas por todos, o distinciones que merecían alumnos más estudiosos y aplicados.

Quizá lo que más se envidiaba de Ivo era la posesión de la codiciada[14]
25 llave de la torrecita.[15] Ésta era, en efecto, una pequeña torre situada en un ángulo de la escuela, en cuyo interior se guardaban los libros de lectura. Allí entraba Ivo a buscarlos, y allí volvía a dejarlos, al terminar la clase. La señorita Leocadia se lo encomendó a él,[16] nadie sabía en realidad por qué.

Ivo estaba muy orgulloso de esta distinción, y por nada del mundo la
30 hubiera cedido.[17] Un día, Mateo Heredia, el más aplicado y estudioso de la escuela, pidió encargarse de la tarea —a todos nos fascinaba el misterioso interior de la torrecita, donde no entramos nunca—, y la señorita Leocadia pareció acceder.[18] Pero Ivo se levantó, y **acercándose a** la maestra empezó a hablarle en su voz baja, bizqueando los ojos y moviendo mucho las manos,
35 como tenía por costumbre. La maestra dudó un poco, y al fin dijo:

—Quede todo como estaba. Que siga encargándose Ivo de la torrecita.

A la salida de la escuela le pregunté:

—¿Qué le has dicho a la maestra?

Ivo me miró de través y vi relampaguear[19] sus ojos azules.

40 —Le hablé del árbol de oro.

Sentí una gran curiosidad.

—¿Qué árbol?

Hacía frío y el camino estaba húmedo, con grandes charcos[20] que brillaban al sol pálido de la tarde. Ivo empezó a chapotear[21] en ellos, sonriendo
45 con misterio.

—Si no se lo cuentas a nadie...
—Te lo juro, que a nadie se lo diré.

Entonces Ivo me explicó:

—Veo un árbol de oro. Un árbol completamente de oro: ramas, tronco,
50 hojas... ¿sabes? Las hojas no se caen nunca. En verano, en invierno, siempre. Resplandece mucho; tanto, que tengo que cerrar los ojos para que no me duelan.

---

[11]prender... *be caught in the silver net Ivo cast* [12]*intricate* [13]*daba* [14]*coveted* [15]*little tower* [16]*se... entrusted it [this task] to him* [17]*la... would he have given it up* [18]*to consent* [19]*gleam* [20]*puddles* [21]*splash*

—¡Qué embustero[22] eres! —dije, aunque con algo de zozobra.[23] Ivo me miró con desprecio.

55 —No te lo creas —contestó—. Me es completamente igual que te lo creas o no... ¡Nadie entrará nunca en la torrecita, y a nadie dejaré ver mi árbol de oro! ¡Es mío! La señorita Leocadia lo sabe, y no se atreve a darle la llave a Mateo Heredia, ni a nadie... ¡Mientras yo viva, nadie podrá entrar allí y ver mi árbol!

60     Lo dijo **de tal forma** que no pude evitar preguntarle:

—¿Y cómo lo ves...?
—Ah, no es fácil —dijo, con aire misterioso—. Cualquiera no podría verlo. Yo sé la rendija[24] exacta.
—¿Rendija...?
65 —Sí, una rendija de la pared. Una que hay corriendo el cajón de la dere-cha:[25] me agacho[26] y me paso horas... ¡Cómo brilla el árbol! ¡Cómo bri-lla! Fíjate que si algún pájaro se le pone encima también **se vuelve** de oro. Eso me digo yo: si me subiera a una rama, ¿**me volvería** acaso[27] de oro también?

70     No supe qué decirle, pero, desde aquel momento, mi deseo de ver el árbol creció de tal forma que me desasosegaba.[28] Todos los días, al acabar la clase de lectura, Ivo se acercaba al cajón de la maestra, sacaba la llave y se dirigía a la torrecita. Cuando volvía, le preguntaba:

—¿Lo has visto?
75 —Sí —me contestaba. Y, a veces, explicaba alguna novedad:
—Le han salido unas flores raras. Mira: así de grandes, como mi mano lo menos, y con los pétalos alargados. Me parece que esa flor es parecida al arzadú.[29]
—¡La flor del frío! —decía yo, con asombro—. ¡Pero el arzadú es encarnado[30]!
80 —Muy bien —asentía él, con gesto de paciencia—. Pero en mi árbol es oro puro.
—Además, el arzadú crece al borde de los caminos... y no es un árbol.

    No se podía discutir con él. Siempre tenía razón, o por lo menos lo parecía.
85     Ocurrió entonces algo que secretamente yo deseaba; me avergonzaba[31] sentirlo, pero así era: Ivo enfermó, y la señorita Leocadia encargó a otro la llave de la torrecita. Primeramente, la disfrutó Mateo Heredia. Yo espié su regreso, el primer día, y le dije:

—¿Has visto un árbol de oro?
90 —¿Qué andas graznando[32]? —me contestó de malos modos, porque no

---

[22]*liar*   [23]*uneasiness*   [24]*crack*   [25]corriendo... *pulling out the right drawer*   [26]me... *I crouch down*
[27]*quizás*   [28]me... *it made me restless*   [29]*a flowering plant*   [30]*red*   [31]me... *I felt ashamed*   [32]*chattering about*

era simpático, y menos conmigo. Quise dárselo a entender, pero no me hizo caso. Unos días después, me dijo:

—Si me das algo a cambio, te dejo un ratito la llave y vas durante el recreo. Nadie te verá...

95     Vacié mi hucha,[33] y, **por fin,** conseguí la codiciada llave. Mis manos temblaban de emoción cuando entré en el cuartito de la torre. Allí estaba el cajón. Lo aparté y vi brillar la rendija en la oscuridad. Me agaché y miré.

    Cuando la luz dejó de cegarme, mi ojo derecho sólo descubrió una cosa: la seca tierra de la llanura alargándose[34] hacia el cielo. Nada más. Lo mismo
100 que se veía desde las ventanas altas. La tierra desnuda y yerma,[35] y nada más que la tierra. Tuve una gran decepción[36] y la seguridad de que me habían estafado.[37] No sabía cómo ni de qué manera, pero me habían estafado.

    **Olvidé** la llave y el árbol de oro. Antes de que llegaran las nieves regresé a la ciudad.

105     Dos veranos más tarde volví a las montañas. Un día, pasando por el cementerio —era ya tarde y se anunciaba la noche en el cielo: el sol, como una bola roja, caía a lo lejos, hacia la carrera terrible y sosegada de la llanura—, vi algo extraño. De la tierra grasienta[38] y pedregosa, entre las cruces caídas, nacía un árbol grande y hermoso, con las hojas anchas de oro: encendido
110 y brillante todo él, cegador. Algo me vino a la memoria, como un sueño, y pensé: «Es un árbol de oro». Busqué al pie del árbol, y no tardé en **dar con** una crucecilla de hierro negro, mohosa[39] por la lluvia. Mientras la enderezaba, leí: IVO MÁRQUEZ, DE DIEZ AÑOS DE EDAD.

    Y no daba tristeza alguna, sino, tal vez, una extraña y muy grande alegría. 🌼

---

[33]*piggy bank*   [34]*extending*   [35]*barren*   [36]*disappointment*   [37]*me... they had deceived me*   [38]*greasy*   [39]*musty*

# DESPUÉS DE LEER

## CUESTIONARIO

1. ¿A qué escuela asistió la narradora de este cuento?
2. ¿Cómo era la Srta. Leocadia?
3. ¿Quién era Ivo?
4. ¿Qué don poseía Ivo?
5. ¿Qué es quizá lo que más le envidiaban a Ivo?
6. ¿Qué le pidió un día Mateo Heredia a la Srta. Leocadia?
7. ¿Qué veía Ivo en la torrecita?
8. ¿Cómo obtuvo por fin la narradora la llave de la torrecita?
9. ¿Qué vio la narradora cuando entró en la torrecita?
10. Cuando la narradora volvió a las montañas años más tarde, ¿qué cosa rara descubrió en el cementerio?

Complete las oraciones con palabras o expresiones de **Palabras importantes y modismos.**

1. Las clases en la escuela, con la lluvia rebotando en el tejado, _____.
2. Ivo vio a la maestra en la calle e inmediatamente _____ ella para saludarla.
3. Lo dijo _____ que no pude evitar preguntárselo.
4. Finalmente (yo) _____ el árbol de oro y regresé a la ciudad.
5. Durante el otoño (yo) _____ la escuela de la Srta. Leocadia.
6. La escuela se encontraba _____ pueblo.
7. Si algún pájaro se pone encima del árbol, también _____ de oro.
8. De pronto (yo) _____ una crucecilla de hierro negro.
9. El muchacho limpió su cuarto y _____ consiguió la llave que tanto deseaba.
10. También la Srta. Leocadia _____ prender de aquella red de plata que Ivo tendía a cuantos atendían sus conversaciones.

## CONSIDERACIONES

1. La narradora emplea esta frase descriptiva al describir a Ivo: « ...aquella red de plata que Ivo tendía... » ¿A qué se refiere esta metáfora?
2. ¿Cómo se describe a la Srta. Leocadia? ¿Qué expresión se utiliza para describir su forma de andar?
3. ¿Por qué tenía tanta importancia la torrecita para los chicos?
4. El cuento describe el aspecto físico de Ivo y algunos aspectos de su personalidad. ¿Cuáles son?
5. Describa el árbol que Ivo dice que se ve desde el interior de la torrecita.
6. La narradora habla de su deseo de ver el árbol, pero le resulta imposible verlo. ¿Cómo se puede explicar esto?
7. ¿Cuál es la verdad que descubre la narradora cuando está en la torrecita?
8. Dos veranos más tarde la narradora del cuento vuelve a la aldea de las montañas. Explique en unas oraciones lo que ve cuando pasa por el cementerio. ¿Cuáles son sus sentimientos?
9. ¿Por qué deseaba la narradora que se enfermara Ivo? ¿Por qué se alegra tanto la narradora al final de la historia?

## ANÁLISIS DEL TEXTO

1. Comente la importancia del paisaje en este cuento.
2. Comente el uso de la prefiguración (*foreshadowing*) con respecto a la figura de Ivo.

3. Comente la manera en que la autora maneja la sicología infantil como recurso literario.
4. ¿Quién es el protagonista de este cuento? ¿Por qué?
5. ¿Cuál es el efecto emocional de la última oración del cuento?

 ## EN GRUPOS

Completen las siguientes actividades en grupos.

A. **¿Quién narra la historia?** Encuentren en el texto detalles de la persona que narra y hagan una descripción lo más completa posible: su sexo, origen, las condiciones en que vive, su edad y/o su imaginación.

B. **La torrecita.** ¿Por qué todos los niños envidiaban la tarea de Ivo? ¿Qué había en la torrecita?

C. **El desenlace.** Interpreten el final del cuento. ¿Por qué la persona que narra puede ver el árbol al final? ¿Qué piensan Uds. que representa este árbol en el cementerio?

D. **La niñez.** En este cuento, la narradora está recordando algo que sucedió cuando era pequeña. Con su grupo, comenten acerca de algún suceso que ocurrió cuando eran niños y que Uds. presenciaron. Luego seleccionen el suceso que más les gustó y escriban una narración corta acerca del mismo.

## BIBLIOGRAFÍA

### Printed Materials
Díaz, Janet W. *Ana María Matute*. New York: Twayne Publishers, 1971.
Gazariam-Gautier, Marie-Lis. *Ana María Matute: La voz del silencio.* Madrid: Espasa Calpe, 1997. (extended interview)
Jones, Margaret E. W. *The Literary World of Ana María Matute.* Lexington: University of Kentucky Press, 1970.

### Audiovisual
*Ana María Matute: Dreams into Words.* (Spanish, 30 minutes, color) Films for the Humanities and Sciences. (www.films.com)
*Esta es mi tierra: Ana María Matute.* An RTVE Production. (Spanish, 55 minutes, color) Films for the Humanities and Sciences. (www.films.com)
*To Die in Madrid.* (Documentary on Spanish Civil War [in English]) Distributor, Pyramide Distribution.
*Spanish Literature Under the Dictatorship: 1940-1975.* (Spanish with English Subtitles, 50 minutes) Films for the Humanities and Science. (www.films.com)

Un pastor con su rebaño, Extremadura, España

# Rafael

«Rafael», cuento publicado en la colección *El río* (1963) de Matute, demuestra el interés de la autora en la psicología humana. El cuento ocurre en un pequeño pueblo durante el período de la Guerra Civil española y se centra en un chico que es retrasado mental, solitario y malentendido por los demás. Lo conmovedor y poderoso[1] del cuento se deriva en parte del hecho de que es narrado desde la perspectiva de un niño. Mientras lo lee, preste atención a los detalles que prefiguran el final.

[1]Lo... *The poignancy and power*

# ANTES DE LEER

## *PALABRAS IMPORTANTES Y MODISMOS*

| | | | |
|---|---|---|---|
| **a causa de** | because of | **no acabar de** | to not fully |
| **a menudo** | often | **entender** | understand |
| **a través de** | through | | (*something*) |
| **asomarse a** | to lean out of | **resultar** | to turn out to be |
| **echar mano de** | to get hold of | **tener (*irreg.*)** | to have to (*do* |
| **incluso** | even, including | **que** | *something*) |
| **mayor** | older | **+ *infinitivo*** | |
| **menor** | younger | | |

## The Use of Metaphor (*metáfora*)

The first paragraph of "Rafael" quickly establishes a present moment, a past moment, and indications of movement toward a future moment. This is information that you can easily understand on a literal or factual level. In any given narrative, however, there may be moments that can and should be understood in ways that transcend the literal. We are referring here to *figurative language,* and metaphor is one example of the figurative use of language. When a man says that his love is a rose, he most assuredly does not mean that the one he loves *is* a rose, at least not in a literal sense. If understood *metaphorically,* however, the loved one shares the considerable attributes of the rose: beauty, perfection of form, singularity, and so forth. With this in mind while reading Matute's "Rafael," you should consider the metaphorical implications of the gift of a caged blackbird. Although this particular incident could be tied to a subtext (the Spanish Civil War) or understood in a very literal sense, it can also be understood metaphorically.

Before reading "Rafael," scan the last paragraph on page 51 and the first four paragraphs on page 50, looking for clues that might allow you to interpret this incident metaphorically. When you have completed this exercise, you may be able to find other incidents and scenes in the story that, when read metaphorically, add both narrative and thematic depth to Matute's tale.

C ONTEXTO CULTURAL

«Rafael» tiene lugar durante los años anteriores y posteriores a la Guerra Civil española (1936–1939). Es crucial entender este período de la historia española para comprender mejor las tensiones que Matute explora en esta breve narración. Como muchos eventos de este tipo, la Guerra Civil española tuvo un impacto prolongado y profundo en todos los aspectos de la vida española. Se calcula que murieron de medio millón a un millón de personas como consecuencia de las hostilidades por tierra y de los bombardeos aéreos de pueblos y ciudades. La ciudad de Guernica, al noreste de Bilbao en el País Vasco, fue inmortalizada en el cuadro de Pablo Picasso que lleva ese nombre. Este cuadro se volvería el símbolo visual más poderoso de la devastación causada por la guerra. Después de la guerra, aproximadamente un millón de habitantes emigró de España, la mayoría a Francia o Latinoamérica. Entre los exiliados se incluía gran parte de los mejores artistas y escritores españoles, tales como Pablo Casals, Max Aub y Francisco Ayala, dejando en España un vacío[1] intelectual. También, como consecuencia de las alianzas de Francisco Franco tanto con Hitler como con Mussolini, la nación se volvió una especie de paria política durante los años que siguieron a la Segunda Guerra

[1]*wasteland*

Mundial. Mientras que la mayoría de la Europa Occidental fue reconstruida en la década de los cuarenta, España permaneció aislada. Los resultados fueron un alto índice de analfabetismo, una infraestructura pública de calidad inferior, escuelas derrumbadas, carreteras pobres y el sentido de desesperanza tan brillantemente captado por Matute en la historia que Ud. está a punto de leer.

# 🔲 *Rafael* 🔲

RAFAEL ERA UN muchacho rubio, de ojos azules, hijo de unos acomodados[1] labradores del pueblo. Tenía otros hermanos, **mayores** y **menores** que él, que vivían y trabajaban en el campo, como la mayoría de los habitantes. Pero Rafael era distinto, y por ello
5  **resultaba** un estorbo[2] para la familia. En consecuencia, lo mandaron a las montañas, con el rebaño,[3] y muy raramente bajaba al pueblo.

Yo recuerdo muy bien a Rafael... atravesando el Sestil,[4] tras nuestra casa, con su rebaño. Nosotros queríamos a Rafael porque era dulce, amable, y decía cosas muy especiales. **A causa de** estas cosas especiales que hacía,
10 y decía, le apartaban sus hermanos y sus padres. Pero, por ello mismo, se atraía nuestro afecto.[5] **No acabábamos de entender** del todo[6] lo que le pasaba a Rafael, cuya vista siempre nos alegraba. Cuando se recortaba su menuda figurilla sobre las rocas del barranco,[7] nosotros salíamos, y, haciendo bocina[8] con las manos, le llamábamos. Entonces él cantaba. Según decían
15 las personas mayores, lo hacía muy mal, y las criadas lloraban de risa oyéndole. Pero a nosotros nos gustaba, e, **incluso,** a veces, nos conmovía...

Rafael quería mucho a mi padre. Únicamente con él tenía confianza, y le comunicaba secretos. A nosotros nos gustaba verle llegar, con su gesto huidizo,[9] y decirnos:

20 —¿Está vuestro padre? **Tengo que** hablarle.

Mi padre le escuchaba con paciencia. Rafael tenía una obsesión: casarse. Ninguna chica del pueblo le quería, y él se fabricó novias, a su gusto. Recuerdo que, una vez, se hizo un anillo con papel de estaño.[10]

—¿Ve?[11] —dijo con una sonrisa medio pícara,[12] medio inocente.

25 —Es muy bonito —comentó mi padre. El pedazo de papel de plata brillaba al sol, en el dedo rugoso y oscuro. Rafael bajó la voz...

Luego **echó mano de** una cartera[13] viejísima, y enseñó las fotografías de sus novias. Eran actrices de cine, recortadas de periódicos y revistas. Todos alabamos[14] su buen gusto, y, confieso, que nosotros, los niños, creíamos va-
30 gamente, pero con mucha satisfacción, en aquellos amores tan hermosos.

[1]*moderately well-off*  [2]*annoyance*  [3]*flock*  [4]*name of a hill*  [5]*se... he endeared himself to us*  [6]*del... completely*  [7]*Cuando... When his small figure was etched against the rocks of the ravine*  [8]*a bullhorn*  [9]*gesto... evasive expression*  [10]*papel... tinfoil*  [11]*See?*  [12]*roguish*  [13]*wallet*  [14]*applauded*

Pasaron los años y llegó la guerra. Cuando volvimos a Mansilla, todo había cambiado, menos Rafael. Las gentes eran menos ingenuas, menos corteses, menos desinteresadas. Sólo Rafael, ya sin juventud, continuaba como antes. Seguía conduciendo su rebaño, por sobre el Sestil, **a través del** 35 césped de septiembre. Hablaba menos, quizá, y sus ojos tenían una tristeza que nunca le habíamos conocido.

Un día la cocinera nos dijo:

—A Rafael se le ha metido en la cabeza[15] que todos los niños rubios del pueblo, son hijos suyos.

40 **A menudo** se le veía espiando a los niños... Había, en especial, dos niños muy rubios, a los que adoraba. Les llevaba almendras,[16] caramelos; les fabricaba flautas de cañas (silbatos). Un día les trajo un mirlo,[17] en una jaula (toscamente fabricada por él), y al día siguiente nos dijeron:

—¡Pobre Rafael! El padre de Alfredín y Mateo se ha cansado ya de esta 45 historia.[18] Le esperó escondido, le agarró por una oreja, y le molió a palos, con una estaca así de gorda.[19] Luego pateó la jaula, y el mirlo salió volando que era una gloria.

—¿Y qué le ha pasado a Rafael?

—¿Qué le va a pasar? Con las narices sangrando, molido, se sentó junto a 50 la tapia; y lloraba.

El mirlo había huido, y Rafael no encontró nunca su amor. No le volvimos a ver por las montañas. Cayó enfermo, permanecía encerrado en su casa, y sólo los días de la Cruz,[20] cuando pasaba la procesión, **se asomaba a** la ventana. Su rostro, cenizoso[21] y triste, era como el de un desconocido. ✷

[15]A... *Rafael has gotten it into his head*   [16]*almonds*   [17]*blackbird*   [18]*se... has gotten tired of this story* (*game*)   [19]*le molió... he beat him to a pulp with a big stake*   [20]*días... commemorating the discovery of the cross of Christ by St. Elena*   [21]*Su... His face, ashen*

# Después de leer

## Cuestionario

1. ¿Cómo era Rafael?
2. ¿Tenía hermanos Rafael?
3. ¿Por qué mandaron a Rafael a las montañas?
4. ¿Por qué quería la narradora a Rafael?
5. ¿A quién quería mucho Rafael?
6. ¿Qué obsesión tenía Rafael?
7. ¿A quiénes les llevaba almendras y caramelos Rafael?
8. ¿Qué le hizo el padre de Alfredín y Mateo a Rafael?
9. ¿Encontró Rafael el amor que deseaba?
10. ¿Cuándo se asomaba a la ventana Rafael?

Complete las oraciones con palabras o expresiones de **Palabras importantes y modismos.**

1. Rafael tenía otros hermanos, _____ y _____ que él, que vivían y trabajaban en el campo.
2. Rafael era distinto y por ello _____ un estorbo para la familia.
3. Luego Rafael _____ una cartera viejísima, y le enseñó las fotografías de sus novias.
4. Seguía conduciendo su rebaño _____ césped.
5. Sólo los días de la Cruz, cuando pasaba la procesión, Rafael _____ la ventana.
6. Después del incidente Rafael estaba tranquilo e _____ alegre, algo que me sorprendió.
7. Nosotros _____ lo que le pasaba a Rafael.
8. Es urgente; (yo) _____ hablarle ahora mismo.
9. Rafael cruzaba la calle frecuentemente. _____ lo veíamos hacer esto, algo prohibido por su padre.
10. _____ estas cosas que hacía, su padre le mandó quedarse en casa.

## CONSIDERACIONES

1. Considere la presentación de Rafael. ¿Cuáles son los adjetivos que la narradora usa para describirlo?
2. El texto establece que Rafael y los mayores no se llevaban bien. Entonces, ¿por qué se entendía tan bien Rafael con los menores del pueblo?
3. ¿Cómo se puede predecir (*predict*) el triste desenlace del cuento? Busque los detalles que lo indican a lo largo de la narración.
4. ¿Qué se debe decir o pensar de los secretos que tenía Rafael? ¿Por qué razón revelaba sus secretos al padre de la narradora?
5. Hay un gran cambio de tonalidad en el cuento. ¿Cuándo se ve dicho cambio y cuáles son sus implicaciones?
6. Comente la importancia del último párrafo del cuento. ¿Cuáles son las palabras clave que dictan el tono general?

## ANÁLISIS DEL TEXTO

1. ¿Cuál es el tema de «Rafael»?
2. ¿Cuál es el punto de vista narrativo predominante en este cuento? ¿Por qué lo usa la autora?
3. Comente los cambios físicos que experimenta Rafael a lo largo del cuento.
4. Comente la relación entre el mirlo, la jaula y Rafael.

**5.** Comente la importancia de la referencia a la guerra con relación a lo que pasa en este cuento.

 *EN GRUPOS*

Completen las siguientes actividades en grupos.

**A. El narrador.** Señalen en el texto las palabras que indican quién o quiénes narra(n) la historia. Una vez que identifiquen al narrador, digan desde qué punto de vista narra. ¿Es un adulto o un niño? ¿Cómo sabemos esto? ¿Es importante el punto de vista en una narración? ¿Por qué?

**B. Imaginación y fantasía.** Rafael es un ser especial y tiene secretos. Busquen en la narración cuáles eran sus secretos y por qué se usa la palabra «fabricar».

**C. La guerra.** El último párrafo hace contraste con el primero. ¿Cuáles son los colores y las sensaciones que predominan al final? Compárenlos con los del principio. ¿Cuáles son las consecuencias de la guerra? ¿Qué pasó con las fantasías de Rafael?

**D. El amor.** En el cuento, el vuelo (*the flight*) del mirlo se lleva el amor de Rafael y éste nunca más lo vuelve a encontrar. ¿A qué tipo de amor se refiere el cuento? ¿Es posible perder un amor para siempre? ¿Conocen la experiencia de perder un amor?

## *BIBLIOGRAFÍA*

### Printed Materials

Díaz, Janet W. *Ana María Matute.* New York: Twayne Publishers, 1971.

Gazariam-Gautier, Marie-Lis. *Ana María Matute: La voz del silencio.* Madrid: Espasa Calpe, 1997. (extended interview)

Jones, Margaret E. W. *The Literary World of Ana María Matute.* Lexington: University of Kentucky Press, 1970.

### Audiovisual

*Ana María Matute: Dreams into Words.* (Spanish, 30 minutes, color) Films for the Humanities and Sciences.

*Esta es mi tierra: Ana María Matute.* An RTVE Production. (Spanish, 55 minutes, color) Films for the Humanities and Sciences. (www.films.com)

*To Die in Madrid.* (Documentary on Spanish Civil War [in English]) Distributor, Pyramide Distribution.

*Spanish Literature Under the Dictatorship: 1940–1975.* (Spanish with English Subtitles, 50 minutes) Films for the Humanities and Science. (www.films.com)

Barco pesquero en una bahía

# El arrepentido[1]

«**El** arrepentido» fue publicado por primera vez en 1961 en el libro del mismo nombre. A diferencia[2] de «El árbol de oro» y «Rafael», es una historia realista en la que predomina el diálogo y es narrada desde el punto de vista de la tercera persona. En este cuento, Matute explora la dualidad de temas como la avaricia[3] y el arrepentimiento,[4] pero con un giro[5] irónico. El protagonista, Tomeu, es un hombre viejo dueño de una taberna, quien en un tiempo fue contrabandista y que ha pagado por la educación médica de su sobrino y ahijado,[6] Ruti. La trama comienza a desarrollarse cuando Ruti le dice a su tío que a éste sólo le queda un mes más de vida. Mientras Ud. lee esta historia, busque pistas que le ayuden a entender mejor la relación entre tío y sobrino. ¿Qué le promete Tomeu a Ruti y cómo podría esto explicar el título del cuento?

[1]El... *The Man Who Repented*    [2]A... *Unlike*    [3]*greed*    [4]*repentance*    [5]*twist*    [6]*godson*

# **A**NTES DE LEER

## *PALABRAS IMPORTANTES Y MODISMOS*

| | | | |
|---|---|---|---|
| **a eso de + *hora*** | about + *time* | **dar (*irreg.*) a** | to give to |
| **al día siguiente** | on the following day | **de nuevo + *verbo*** | to do something again |
| | | **de pronto** | suddenly |

| | | | |
|---|---|---|---|
| **equivocarse (qu)** | to be mistaken | **por lo visto** | apparently |
| **estar** *(irreg.)* **arrepentido** | to repent | **portarse como** | to behave like |
| **olvidar** | to forget | **saber** *(irreg.)* **a (de) ciencia cierta** | to know as a fact |

## *Estudio de palabras*

## Understanding Titles (*títulos*)

The title of the story is presented out of context for the reader, in that it refers to things or events that have not yet been read and understood. A title can, as in the case of Edgar Allan Poe's "The Purloined Letter," appear to refer to specific object or perhaps a name that will prove to be important. On the other hand, deciphering the meaning of the title "El arrepentido" can be problematic. This can be a source of tension, as the reader will want to make sense of the title and understand the relationship that is given to exist between the title and the story. In this story, it could refer to a specific act of repentance or it may be used more suggestively referring to an entire literary tradition of stories about misdeeds or moral shortcomings. Before reading "El arrepentido" for the first time, scan the first paragraph and the lines of ensuing dialogue, being careful to list any words or phrases that may seem to offer an explanation of the title. After you've read the entire story, it will prove helpful during your second reading to mark the passages that you feel clarify the title, because the events that unfold will require that you reconsider the implications and consequences of the title. Be sure to notice the reference to God and the use of the word repented in the last few lines of the story. Consider the implications of irony in this context.

**CONTEXTO CULTURAL**

A pesar de que Matute no menciona específicamente el lugar donde ocurre este cuento, la referencia a una isla y el uso de nombres catalanes (por ejemplo Tomeu) sugieren una de las islas Baleares. España es un país pequeño, pero es geográfica y lingüísticamente diverso. Tomando esto en cuenta, la Constitución española de 1978 creó diecisiete comunidades autónomas. Hay dos autonomías isleñas: las Islas Baleares y las Islas Canarias. Las Islas Baleares son un archipiélago en el Mediterráneo Occidental cerca de la costa de España. Las islas principales son Mallorca, Minorca, Ibiza y Formentera. Debido a su ubicación estratégica en el Mar Mediterráneo, las Islas Baleares siempre han sido importantes en el mundo del intercambio comercial. Con sus arrecifes[1] y ensenadas[2] aisladas fueron tam-

¹*reefs*  ²*inlets*

bién refugio de piratas y contrabandistas. Los idiomas oficiales son el catalán y el español. El catalán es una lengua romance como el español y es hablado por aproximadamente cinco millones de personas.

Durante el régimen de Franco (1939–1975), el uso del catalán fue prohibido junto al de otras lenguas regionales de España, tales como el vasco y el gallego. Después de la muerte de Franco en 1975 y la restauración de la democracia, la prohibición fue levantada y el idioma catalán es ahora usado en la política, la educación y la prensa, incluso en los periódicos. A pesar de que Matute escribe en español, ella conoce bien la cultura catalana porque nació en la ciudad porteña de Barcelona, la capital de Cataluña.

# El arrepentido

EL CAFÉ ERA estrecho y oscuro. La fachada principal **daba a** la carretera y la posterior a la playa. La puerta que se abría a la playa estaba cubierta por una cortina de cañuelas, bamboleada por la brisa.[1] A cada impulso sonaba un diminuto crujido, como de un
5  pequeño entrechocar de huesos.[2]

Tomeu el Viejo estaba sentado en el quicio[3] de la puerta. Entre las manos acariciaba[4] lentamente una petaca[5] de cuero negro, muy gastada.[6] Miraba hacia más allá de la arena, hacia la bahía. Se oía el ruido del motor de una barcaza[7] y el coletazo[8] de las olas[9] contra las rocas. Una lancha vieja,
10  cubierta por una lona,[10] se mecía[11] blandamente, amarrada a la playa.

—Así que es eso —dijo Tomeu, pensativo. Sus palabras eran lentas y parecían caer delante de él, como piedras. Levantó los ojos y miró a Ruti.

Ruti era un hombre joven, delgado y con gafas. Tenía ojos azules, inocentes, tras los cristales.

15  —Así es —contestó. Y miró al suelo.

Tomeu escarbó[12] en el fondo de la petaca, con sus dedos anchos y oscuros. Aplastó una brizna de tabaco[13] entre las yemas de los dedos y **de nuevo** habló, mirando hacia el mar:

—¿Cuánto tiempo me das?

20  Ruti carraspeó:[14]

—**No sé**... **a ciencia cierta**, no puede decirse así. Vamos: quiero decir, no es infalible.

—Vamos, Ruti. Ya me conoces: dilo.

[1]cortina... *reed curtain that swayed in the breeze*  [2]entrechocar... *rattle of bones*  [3]*doorstep*  [4]*stroked*
[5]*leather pouch*  [6]*worn*  [7]*small boat*  [8]*slapping*  [9]*waves*  [10]*canvas*  [11]se... *rocked*  [12]*tumbled*  [13]brizna...
*bit of tobacco*  [14]*muttered hoarsly*

Ruti se puso encarnado.[15] Parecía que le temblaban los labios.

25 —Un mes..., acaso dos...

—Está bien, Ruti. Te lo agradezco, ¿sabes?... Sí; te lo agradezco mucho. Es mejor así.

Ruti guardó silencio.

—Ruti —dijo Tomeu—. Quiero decirte algo: ya sé que eres escrupuloso, 30 pero quiero decirte algo, Ruti. Yo tengo más dinero del que la gente se figura: ya ves, Un pobre hombre, un antiguo pescador, dueño de un cafetucho de camino[16]... Pero yo tengo dinero, Ruti. Tengo mucho dinero.

Ruti pareció incómodo. El color rosado de sus mejillas se intensificó:

—Pero, tío..., yo... ¡no sé por qué me dice esto!

35 —Tú eres mi único pariente, Ruti —repitió el viejo, mirando ensoñadoramente[17] al mar—. Te he querido mucho.

Ruti pareció conmovido.

—Bien lo sé —dijo—. Bien me lo ha demostrado siempre.

—Volviendo a lo de antes: tengo mucho dinero, Ruti. ¿Sabes? No siempre 40 las cosas son como parecen.

Ruti sonrió. (*Acaso quiere hablarme de sus historias de contrabando.[18] ¿Creerá acaso que no lo sé? ¿Se figura, acaso, que no lo sabe todo el mundo? ¡Tomeu el Viejo! ¡Bastante conocido, en ciertos ambientes! ¡Cómo hubiera podido costearme la carrera[19] de no ser así?*) Ruti sonrió con melancolía. Le 45 puso una mano en el hombro:

—Por favor, tío... No hablemos de esto. No, por favor... Además, ya he dicho: puedo **equivocarme**. Sí: es fácil equivocarse. Nunca se sabe...

Tomeu se levantó bruscamente. La cálida brisa le agitaba los mechones grises:[20]

50 —Entra, Ruti. Vamos a tomar una copa juntos.

Apartó con la mano las cañuelas de la cortinilla y Ruti pasó delante de él. El café estaba vacío a aquella hora. Dos moscas se perseguían, con gran zumbido.[21] Tomeu pasó detrás del mostrador[22] y llenó dos copas de coñac. Le ofreció una:

55 —Bebe, hijo.

Nunca antes le llamó hijo. Ruti parpadeó[23] y dio un sorbito.

—**Estoy arrepentido** —dijo el viejo, **de pronto**.

---

[15]*blushed*  [16]*cafetucho... road-side cafe*  [17]*dreamily*  [18]*smuggling*  [19]*costearme... paid for my education*
[20]*mechones... locks of grey hair*  [21]*buzzing*  [22]*counter*  [23]*blinked*

Ruti le miró fijamente.

—Sí —repitió—, **estoy arrepentido**.

60 —No le entiendo, tío.

—Quiero decir: mi dinero, no es un dinero limpio. No, no lo es.

Bebió su copa de un sorbo,[24] y se limpió los labios con el revés de la mano.

—Nada me ha dado más alegría: haberte hecho lo que eres, un buen médico.

65 —Nunca lo **olvidaré** —dijo Ruti, con voz temblorosa. Miraba al suelo otra vez, indeciso.

—No bajes los ojos, Ruti. No me gusta que desvíen la mirada cuando yo hablo. Sí, Ruti: estoy contento por eso. ¿Y sabes por qué?

Ruti guardó silencio.

70 —Porque gracias a ello tú me has avisado de la muerte. Tú has podido reconocerme, oír mis quejas, mis dolores, mis temores... Y decirme, por fin: *acaso un mes, o dos*. Sí, Ruti: estoy contento, muy contento.

—Por favor, tío. Se lo ruego. No hable así..., todo esto es doloroso. Olvidémoslo.

75 —No, no hay por qué olvidarlo. Tú me has avisado y estoy tranquilo. Sí, Ruti: tú no sabes cuánto bien me has hecho.

Ruti apretó la copa entre los dedos y luego la apuró,[25] también de un trago.

—Tú me conoces bien, Ruti. Tú me conoces muy bien.

Ruti sonrió pálidamente.

80 El día pasó como otro cualquiera. **A eso de** las ocho, cuando volvían los obreros del cemento, el café se llenó. El viejo Tomeu **se portó como** todos los días, como si no quisiera amargar las vacaciones de Ruti, con su flamante título recién estrenado.[26] Ruti parecía titubeante,[27] triste. Más de una vez vio que le miraba en silencio.

85 El día siguiente transcurrió, también, sin novedad. No se volvió a hablar del asunto entre ellos dos. Tomeu más bien parecía alegre. Ruti, en cambio, serio y preocupado.

Pasaron dos días más. Un gran calor se extendía sobre la isla. Ruti daba paseos en barca, bordeando[28] la costa. Su mirada azul, pensativa, vagaba

90 por el ancho cielo. El calor pegajoso[29] le humedecía la camisa, adhiriéndosela al cuerpo. Regresaba pálido, callado. Miraba a Tomeu y respondía brevemente a sus preguntas.

Al tercer día, por la mañana, Tomeu entró en el cuarto de su sobrino y ahijado. El muchacho estaba despierto.

95

---

[24]de... *with one gulp*  [25]la... *he shot (drank) it*  [26]título... *recent university degree*  [27]*ill at ease*  [28]*skirting*  [29]*sticky*

—Ruti —dijo suavemente.

Ruti echó mano de sus gafas, apresuradamente. Su mano temblaba:

—¿Qué hay, tío?

Tomeu sonrío.

100 —Nada —dijo—. Salgo, ¿sabes? Quizá tarde algo. No te impacientes.

Ruti palideció:

—Está bien —dijo. Y se echó hacia atrás, sobre la almohada.
—Las gafas, Ruti —dijo Tomeu—. No las rompas.

Ruti se las quitó despacio y se quedó mirando al techo. Por la pequeña
105 ventana entraban el aire caliente y el ruido de las olas.

Era ya mediodía cuando bajó al café. La puerta que daba a la carretera estaba cerrada. **Por lo visto** su tío no tenía intención de atender a la
clientela.

Ruti se sirvió café. Luego, salió atrás, a la playa. La barca amarrada se
110 balanceaba lentamente.[30]

**A eso de** las dos vinieron a avisarle. Tomeu se había pegado un tiro,[31]
en el camino de la Tura. Debió de hacerlo cuando salió, a primera hora de
la mañana.

Ruti se mostró muy abatido. Estaba pálido y parecía más miope que
115 nunca.

—¿Sabe usted de alguna razón que llevara a su tío a hacer esto?
—No, no puedo comprenderlo..., no puedo imaginarlo. Parecía feliz.

**Al día siguiente**, Ruti recibió una carta. Al ver la letra con su nombre
en el sobre, palideció y lo rasgó, con mano temblorosa. Aquella carta debió
120 de echarla su tío al correo antes de suicidarse, al salir de su habitación.

Ruti leyó:

«Querido Ruti: Sé muy bien que no estoy enfermo, porque no sentía
ninguno de los dolores que te dije.

Después de tu reconocimiento consulté a un médico y quedé comple-
125 tamente convencido. No sé cuánto tiempo habría vivido aún con mi salud
envidiable, porque estas cosas, como tú dices bien, no se saben nunca del
todo. Tú sabías que si me creía condenado, no esperaría la muerte en la
cama, y haría lo que he hecho, a pesar de todo; y que, por fin, me here-
darías. Pero te estoy muy agradecido, Ruti, porque yo sabía que mi dinero
130 era sucio, y estaba ya cansado. Cansado y, tal vez, eso que se llama arrepentido. Para que Dios no me lo tenga en cuenta[32]—tú sabes, Ruti, que soy
buen creyente a pesar de tantas cosas—, dejo mi dinero a los niños del
Asilo.» ✤

---

[30]se... *was rocking gently*  [31]se... *had shot himself*  [32]Para... *So God won't hold it against me*

# Después de leer

## Cuestionario

1. ¿Dónde está ubicado el café de Tomeu?
2. ¿Cómo es Ruti y cuál es su profesión?
3. ¿Cuánto tiempo de vida le da Ruti a Tomeu?
4. ¿Cuál es la situación económica de Tomeu?
5. ¿Qué parentesco hay entre Ruti y Tomeu?
6. ¿Cómo obtuvo todo su dinero Tomeu?
7. ¿Por qué Tomeu se siente arrepentido?
8. ¿Por qué Ruti parecía más preocupado de lo normal?
9. ¿Cómo muere Tomeu?
10. ¿Estaba realmente enfermo Tomeu? ¿Cómo lo supo?
11. ¿Antes de morir, qué decide hacer Tomeu con su dinero?

## Estudio de palabras

A. Empareje las palabras con su sinónimo.

| | | |
|---|---|---|
| 1. _____ equivocarse | a. repentinamente |
| 2. _____ portarse como | b. el próximo día |
| 3. _____ olvidar | c. estar completamente seguro |
| 4. _____ dar a | d. otra vez |
| 5. _____ a eso de... | e. aparentemente |
| 6. _____ por lo visto | f. cometer errores |
| 7. _____ arrepentirse | g. actuar/conducirse |
| 8. _____ al día siguiente | h. no recordar |
| 9. _____ de nuevo | i. conceder/otorgar |
| 10. _____ de pronto | j. como a las... |
| 11. _____ saber a ciencia cierta | k. lamentar haber hecho alguna cosa |

B. Complete las oraciones con las palabras o expresiones de **Palabras importantes y modismos.**

1. _____ 8:00 de la noche, alguien tocó a la puerta de mi casa.
2. Después de la muerte de su tío, el hombre _____ de haber mentido porque se sentía culpable.
3. Almorzaba con mi amiga, cuando _____ vi que alguien me saludaba del otro lado del restaurante.
4. La muchacha tiene miedo de _____ en la decisión que tome.
5. Ellos _____ que hoy tenían una reunión muy importante y tuvieron que salir corriendo.
6. Yo _____ que su dinero es sucio.

7. El sábado visité a unos amigos pero ____, estudié todo el día.
8. Ella tiene que ____ los demás empleados la información de su jefe.
9. Ya es muy tarde y ____ él no vendrá a la fiesta hoy.
10. Ellos deben ____ príncipes de la corona española y no como cualquier persona.
11. ____ abrió el sobre y leyó la carta por quinta vez.

## CONSIDERACIONES

1. Al comienzo del cuento se menciona que la fachada del café da a la carretera y la posterior a la playa. Imagine como es el café por dentro.
2. ¿Qué efecto tienen las palabras «Así que es eso» que Tomeu le dice a Ruti al principio del cuento?
3. ¿Por qué Tomeu le agradece a Ruti el hecho de que le diga que le queda poco tiempo de vida?
4. ¿Por qué tiene dudas Ruti acerca de haberle dicho a su tío que tiene poco tiempo de vida?
5. ¿Qué representa el cambio de actitud tanto de Ruti como de Tomeu a lo largo del cuento?
6. ¿Por qué Tomeu le sigue el juego de la mentira a Ruti y no lo confronta con la verdad?
7. ¿Por qué se suicida Tomeu?
8. ¿Cuál es la ironía del cuento?

## ANÁLISIS DEL TEXTO

1. En «El arrepentido» predomina el uso del diálogo. ¿Cómo favorece este estilo el desarrollo de los personajes y del cuento?
2. En el cuento hay varios elementos sorpresivos. Identifíquelos y explique cómo ayudan al desarrollo de la trama.
3. Ambos personajes principales, Tomeu y Ruti, poseen características muy particulares. ¿Cuáles de éstas hacen que el lector se identifique o no con ellos?
4. Si Tomeu no estaba enfermo y Ruti le había dado cierto tiempo limitado de vida, ¿qué cree Ud. que Ruti iba a hacer para que su diagnóstico se cumpliera?

 ## EN GRUPOS

Completen las siguientes actividades en grupos.

A. **Ruti.** Imaginen que Uds. son Ruti. Escriban dos párrafos en la primera persona. Uno acerca de lo que piensa Ruti cuando recibe la noticia del suicidio de su tío, y otro sobre lo que piensa cuando termina de leer la carta que le mandó su tío.

**B. Tomeu.** Tomeu es un viejo que en su juventud fue contrabandista y así pudo acumular su dinero, pero al final de su vida se reivindica. Imagine cada uno de Uds. que es el mejor amigo de Tomeu y él les cuenta lo que piensa hacer. Escriban un párrafo tratando de disuadirlo y sugiriéndole otra alternativa para resolver el problema.

**C. El final.** Si Uds. pudieran reescribir el final del cuento, ¿qué o cómo lo cambiarían y por qué?

**D. La noticia.** Imaginen que Uds. son reporteros del periódico local y les encargan escribir un artículo acerca de Tomeu, su muerte y lo que hizo. Escriban el artículo teniendo en mente también su pasado.

## *BIBLIOGRAFÍA*

**Printed Materials**

Díaz, Janet W. *Ana María Matute*. New York: Twayne Publishers, 1971.

Gazariam-Gautier, Marie-Lis. *Ana María Matute: La voz del silencio*. Madrid: Espasa Calpe, 1997. (extended interview)

Jones, Margaret E. W. *The Literary World of Ana María Matute*. Lexington: University of Kentucky Press, 1970.

**Audiovisual**

*Ana María Matute: Dreams into Words*. (Spanish, 30 minutes, color) Films for the Humanities and Sciences. (www.films.com)

*Esta es mi tierra: Ana María Matute*. An RTVE Production. (Spanish, 55 minutes, color) Films for the Humanities and Sciences. (www.films.com)

*To Die in Madrid*. (Documentary on Spanish Civil War [in English]) Distributor, Pyramide Distribution.

*Spanish Literature Under the Dictatorship: 1940-1975*. (Spanish with English Subtitles, 50 minutes) Films for the Humanities and Science. (www.films.com)

# Civilización y barbarie

ORACIO QUIROGA (1878–1937) es considerado con razón uno de los mejores cuentistas del mundo hispano. Quiroga fue un hombre muy complejo y contradictorio, alguien que encarnó la dicotomía entre civilización y barbarie, tema constante en la literatura latinoamericana. Nació en una familia acomodada de la clase media urbana, pero pasó gran parte de su vida en la provincia argentina de Misiones, lugar marcado por un contraste chocante entre una extraordinaria belleza tropical y la constante presencia de la violencia y de una muerte imminente.

Es probable que no exista otro escritor hispano que haya captado como Quiroga la fuerza devastadora del medio ambiente. Aunque Quiroga fue asiduo lector de Poe, Dostoievski, Maupassant y Chéjov, escritores que hasta cierto punto han influenciado su obra, los cuentos que escribió son creaciones únicas del Nuevo Mundo, y llevan el sello de una extraordinaria originalidad.

Los tres cuentos de esta antología representan lo mejor de la vasta obra de Quiroga. Cada cuento es distinto, pero todos comparten algunos rasgos comunes. Al leer estos cuentos trate de considerar los siguientes comentarios.

Quiroga's narrative technique is deceptively simple. Structurally, his stories are conventional, adhering for the most part to a narrative mode as old as oral or written tale-telling, a mode later articulated into an esthetic and practiced by Quiroga's self-acknowledged master, Edgar Allan Poe. With few exceptions, Quiroga's stories grow out of a single intense, dramatic, bizarre, or unusual situation. They proceed through a series of incidents that grow out of this basic situation as inevitably as flower develops from seed, as fetus from fertilized egg. They reach a climax that is quickly followed by a shocking, intense, or revelatory ending. In terms of this conventional narrative mode, Quiroga works surely, swiftly, and effectively: scene follows memorable scene with no false notes, little or no wasted effort, few if any wrong moves. And Quiroga's stories achieve what Poe deemed the most important goal of the writer of short fiction—totality of effect.*

---

*William Peden, "Some Notes on Quiroga's Stories," *Review* 76 (Winter 1976):40.

Un buque en el mar

# Los buques suicidantes[1]

«Los buques suicidantes» apareció en 1917 como parte del cuarto libro de
Quiroga, *Cuentos de amor, de locura y de muerte.* Esta colección de cuentos, escrita por Quiroga mientras vivía en la remota provincia de Misiones,
solidificó su reputación como maestro del arte del cuento. Fue escrito en
1912, fecha del naufragio del *Titanic.* Está basado en los buques fantasmas
que navegan los mares del Atlántico Norte, tema que todavía mantiene el
interés del lector moderno. Como en el famoso cuento «*The Rime of the
Ancient Mariner*» (1798) de Samuel T. Coleridge, el verdadero significado
del cuento no depende de la narración de los personajes ni de los hechos
mencionados, sino más bien de los efectos de estos en el lector.

[1]buques... *Suicidal Ships*

# ANTES DE LEER

## PALABRAS IMPORTANTES Y MODISMOS

| | | | |
|---|---|---|---|
| **acercarse (qu) a** | to approach | **quedar a bordo** | to remain on board |
| **llegar (gu) a su colmo** | to reach a peak | **reírse (i, i) (me río)** | to laugh |
| **llevarse** | to take, carry away | **sin duda** | without a doubt |
| **no tener (*irreg.*) inconveniente** | not to mind | **tirarse (a)** | to throw oneself (off, into) |

## Totality of Effect

In order to better appreciate both the style and content of "Los buques suicidantes," it is important to recall that Quiroga was a follower of Edgar Allan Poe (1809–1849), the American writer who would shape and perfect the genre of the short story. Poe wrote several essays in which he described the process of writing, the most famous being "The Philosophy of Composition" (1841). Quiroga, in turn, wrote a list of ten precepts called the "Decálogo del perfecto cuentista" (1927). The most important of these probably are numbers I, V, and VIII. Read these carefully before reading this story; then see to what extent Quiroga followed his own advice.

> **I.** Cree en el maestro —Poe, Maupassant, Kipling, Chéjov— como en Dios mismo.
>
> **V.** No empieces a escribir sin saber desde la primera palabra adónde vas. En un cuento bien logrado las tres primeras líneas tienen casi la misma importancia que las tres últimas.
>
> **VIII.** Toma los personajes de la mano y llévalos firmemente hasta el final sin ver otra cosa que el camino que les trazaste. No te distraigas viendo tú lo que ellos no pueden o no les importa ver. No abuses del lector. Un cuento es una novela depurada de ripios. Ten esto por una verdad absoluta aunque no lo sea.

**CONTEXTO CULTURAL** «Los buques suicidantes» es un cuento de Quiroga acerca del mar y los peligros y misterios de la navegación. Para entender la fascinación del autor con el mar, es importante recordar que la ciudad de Buenos Aires, tal como Nueva York y Londres, es una importante ciudad porteña. Los habitantes de Buenos Aires se denominan a sí mismos «porteños». La ciudad de Buenos Aires data de 1536, cuando Pedro de Mendoza acampó en un llano río arriba del Río de la Plata. A este gran río, localizado a 175 millas del Atlántico, se debe la estratégica importancia comercial de Buenos Aires.

El período en que Quiroga escribió este cuento corresponde al principio de la Primera Guerra Mundial. Quiroga también observó el enorme incremento comercial y la expansión del intercambio mercantil. La ciudad de Buenos Aires, localizada en la provincia del mismo nombre y la ciudad más grande, importante y poblada del país, creció enormemente hacia finales del siglo XIX. Fuera de la ciudad, una red de vías[1] férreas conecta los ricos pueblos agrícolas de las

[1]vías... *network of railroads*

pampas con el puerto, desde el cual se llevaba el cargamento a través del Atlántico Sur a Europa y los Estados Unidos. Mientras que la mayoría de los barcos navegaba hacia el noroeste, algunos tenían que navegar a través del Océano Glacial Antártico, al sur del Estrecho de Magallanes, telón de fondo de *The Rime of the Ancient Mariner* (1798) de Samuel T. Coleridge, el poema que inspiraría el cuento de Quiroga.

# ⊞ *Los buques suicidantes* ⊞

RESULTA QUE HAY pocas cosas más terribles que encontrar en el mar un buque abandonado. Si de día el peligro es menor, de noche el buque no se ve ni hay advertencia posible: el choque[1] se lleva a uno y otro.

5 Estos buques abandonados por *a* o por *b* navegan obstinadamente a favor de las corrientes o del viento si tienen las velas desplegadas.[2] Recorren así los mares, cambiando caprichosamente de rumbo.

No pocos de los vapores que un buen día no llegaron a puerto han tropezado en su camino con uno de estos buques silenciosos que viajan por su
10 cuenta. Siempre hay probabilidad de hallarlos a cada minuto. Por ventura, las corrientes suelen enredarlos en los mares de sargazo.[3] Los buques se detienen, por fin, aquí o allá, inmóviles para siempre en ese desierto de aguas. Así, hasta que poco a poco se van deshaciendo.[4] Pero otros llegan cada día, ocupan su lugar en silencio, de modo que el tranquilo y lúgubre
15 puesto siempre está frecuentado.

El principal motivo de estos abandonos de buque son **sin duda** las tempestades y los incendios, que dejan a la deriva negros esqueletos errantes.[5] Pero hay otras causas singulares, entre las que se puede incluir lo acaecido al *María Margarita,* que zarpó[6] de Nueva York el 24 de agosto de 1903 y
20 que el 26 de mañana se puso al habla con una corbeta, sin acusar novedad alguna.[7] Cuatro horas más tarde, un paquete,[8] no teniendo respuesta, desprendió una chalupa[9] que abordó al *María Margarita*. En el buque no había nadie. Las camisetas de los marineros se secaban a proa.[10] La cocina estaba prendida aún. Una máquina de coser tenía la aguja suspendida sobre la cos-
25 tura,[11] como si hubiera sido dejada un momento antes. No había la menor señal de lucha ni de pánico, todo en perfecto orden. Y faltaban todos. ¿Qué pasó?

La noche que aprendí esto estábamos reunidos en el puente.[12] Íbamos a Europa, y el capitán nos contaba su historia marina, perfectamente cierta, por otro lado.

[1]*crash* [2]*velas... unfurled sails* [3]*mares... seas filled with algae* [4]*se... they begin to decay* [5]*que... which let these black skeletons go drifting* [6]*sailed* [7]*se... got in touch with a small warship and indicated all was well* [8]*packet boat* [9]*desprendió... lowered a launch* [10]*a... on the deck* [11]*sewing* [12]*bridge (top deck)*

30     La concurrencia femenina, ganada por la sugestión del oleaje susurrante, oía estremecida. Las chicas nerviosas prestaban sin querer inquieto oído a la ronca voz de los marineros en proa. Una señora muy joven y recién casada se atrevió:

—¿No serán águilas?...

35     El capitán sonrió bondadosamente:

—¿Qué, señora? ¿Águilas que **se llevan** a la tripulación[13]

    Todos **se rieron** y la joven hizo lo mismo, un poco avergonzada.[14]
Felizmente, un pasajero sabía algo de eso. Lo miramos curiosamente. Durante el viaje había sido un excelente compañero, admirando por su
40 cuenta y riesgo y hablando poco.

—¡Ah! ¡Si nos contara, señor! —suplicó la joven de las águilas.
—**No tengo inconveniente** —asintió el discreto individuo—. En dos palabras: «En los mares del Norte, como el *María Margarita* del capitán, encontramos una vez un barco a vela.[15] Nuestro rumbo —viajábamos
45 también con velas— nos llevó casi a su lado. El singular aspecto de abandono, que no engaña en un buque, llamó nuestra atención, y disminuimos la marcha[16] observándolo. Al fin desprendimos una chalupa; a bordo no se halló a nadie, y todo estaba también en perfecto orden. Pero la última anotación del diario databa de cuatro días atrás, de
50 modo que no sentimos mayor impresión. Aun nos reímos un poco de las famosas desapariciones súbitas.

    Ocho de nuestros hombres **quedaron a bordo** para el gobierno del nuevo buque. Viajaríamos de conserva.[17] Al anochecer nos tomó un poco de camino. Al día siguiente lo alcanzamos, pero no vimos a nadie sobre el
55 puente. Desprendióse de nuevo la chalupa, y los que fueron recorrieron en vano el buque: todos habían desaparecido. Ni un objeto fuera de lugar. El mar estaba absolutamente terso[18] en toda su extensión. En la cocina hervía aún una olla con papas.
    Como ustedes comprenderán, el terror supersticioso de nuestra gente
60 **llegó a su colmo**. A la larga,[19] seis se animaron a llenar el vacío, y yo fui con ellos. Apenas a bordo, mis nuevos compañeros se decidieron a beber para desterrar toda preocupación. Estaban sentados en rueda,[20] y a la hora la mayoría cantaba ya.
    Llegó mediodía y pasó la siesta. A las cuatro la brisa cesó y las velas
65 cayeron. Uno **se acercó a** la borda y miró el mar aceitoso. Todos se habían levantado, paseándose, sin ganas ya de hablar. Uno se sentó en un cabo arrollado[21] y se sacó la camiseta para remendarla. Cosió un rato en silencio.

---

[13]*crew*   [14]*ashamed*   [15]barco... *sailing ship*   [16]disminuimos... *we slowed down*   [17]de... *in a convoy*
[18]*smooth*   [19]A... *In the end*   [20]en... *in a ring*   [21]cabo... *a piece of rope that is wound up*

De pronto se levantó y lanzó un largo silbido. Sus compañeros se volvieron. Él los miró vagamente, sorprendido también, y se sentó de nuevo. Un mo-
70 mento después dejó la camiseta en ello, avanzó a la borda y **se tiró** al agua. Al sentir el ruido los otros dieron vuelta la cabeza, con el ceño ligeramente fruncido. En seguida se olvidaron, volviendo a la apatía común.

Al rato otro se desperezó, restregóse los ojos[22] caminando, y se tiró al agua. Pasó media hora; el sol iba cayendo. Sentí de pronto que me tocaban
75 el hombro.

—¿Qué hora es?

—Las cinco —respondí. El viejo que me había hecho la pregunta me miró desconfiado, con las manos en los bolsillos, recostándose enfrente de mí.

80 Miró largo rato mi pantalón, distraído. Al fin se tiró al agua.

Los tres que quedaron se acercaron rápidamente y observaron el remolino.[23] Se sentaron en la borda silbando despacio con la vista perdida a lo lejos. Uno se bajó y se tendió en el puente, cansado. Los otros desaparecieron uno tras otro. A las seis, el último (se levantó, se compuso la ropa),
85 apartóse el pelo de la frente, caminó con sueño aún, y se tiró al agua.

Entonces quedé solo, mirando como un idiota el mar desierto. Todos, sin saber lo que hacían, se habían remojado[24] al mar, envueltos en el sonambulismo morboso que flotaba en el buque. Cuando uno se tiraba al agua los otros se volvían, momentáneamente preocupados, como si recordaran
90 algo, para olvidarse en seguida. Así habían desaparecido todos, y supongo que lo mismo los del día anterior, y los otros y los de los demás buques. Eso es todo.»

Nos quedamos mirando al raro hombre con explicable curiosidad.

—¿Y usted no sintió nada? —le preguntó mi vecino de camarote.[25]
95 —Sí; un gran desgano[26] y obstinación de las mismas ideas, pero nada más. No sé por qué no sentí nada más. Presumo que el motivo es éste: en vez de agotarme en una defensa angustiosa y a *toda costa* contra lo que sentía, como deben de haber hecho todos, y aun los marineros sin darse cuenta, acepté sencillamente esa muerte hipnótica,
100 como si estuviese anulado ya.[27] Algo muy semejante ha pasado sin duda a los centinelas de aquella guardia célebre que noche a noche se ahorcaban.

Como el comentario era bastante complicado, nadie respondió. Poco después el narrador se retiraba a su camarote. El capitán lo siguió un rato
105 de reojo.

---

[22]restregóse... *shook off his drowsiness*  [23]*vortex*  [24]se... *had drenched themselves*  [25]vecino... *nearby cabin*  [26]*reluctance*  [27]como... *as if it had already been annulled*

—¡Farsante! —murmuró.

—Al contrario —dijo un pasajero enfermo, que iba a morir a su tierra—. Si fuera farsante no habría dejado de pensar en eso y se hubiera tirado también al agua. 🏵

# Después de leer

## Cuestionario

1. ¿Cuál es, según el autor, el principal motivo de los buques abandonados?
2. ¿Cuál es la historia del *María Margarita?* ¿Qué encontraron los marineros que descubrieron este buque abandonado?
3. ¿Quién decide explicarles a los pasajeros el misterio de un barco de vela?
4. ¿Qué encontraron los marineros cuando abordaron (*got on board*) esta nave?
5. ¿Qué comenzaron a hacer, poco a poco, estos marineros? ¿Sabemos por qué?
6. ¿Qué hizo el narrador?
7. ¿Cuál es la reacción del capitán?
8. ¿Cuál es la reacción del pasajero enfermo?

## Estudio de palabras

A. Complete las oraciones con palabras o expresiones de **Palabras importantes y modismos.**

1. La existencia principal de estos buques abandonados es obvia. _____ se debe a las frecuentes tempestades e incendios.
2. El marinero se suicidó _____ al mar.
3. Cuando la señorita propuso que fueron águilas las que se llevaron a la tripulación, todos _____.
4. Los marineros decidieron _____ para el gobierno del nuevo buque.
5. Cuando la chalupa _____ al buque abandonado, los marineros se fijaron atentamente en el barco.
6. El terror de los pasajeros _____ cuando el capitán se tiró al mar.
7. ¿Quiénes _____ a la tripulación ayer?
8. El capitán no _____ en ayudar a los pasajeros.

**B.** Empareje las palabras con sus sinónimos.

| | |
|---|---|
| **1.** _____ tirarse | **a.** razón |
| **2.** _____ buque | **b.** dirección |
| **3.** _____ tempestad | **c.** noticia |
| **4.** _____ chalupa | **d.** signo |
| **5.** _____ rumbo | **e.** océano |
| **6.** _____ novedad | **f.** embarcación pequeña |
| **7.** _____ señal | **g.** similar |
| **8.** _____ motivo | **h.** tormenta |
| **9.** _____ semejante | **i.** arrojarse |
| **10.** _____ mar | **j.** vapor |

## CONSIDERACIONES

1. Algunos que han estudiado «Los buques suicidantes» lo han clasificado como un relato marino (*sea tale*). En su opinión, ¿puede considerar el relato marino como un género (*genre*) o es el mar simplemente un tema? ¿Qué es lo que convierte un relato en «marino»?
2. En este cuento se mezclan elementos fantásticos con elementos realistas. Identifique ejemplos de estas dos vertientes temáticas en «Los buques suicidantes».
3. Comente el desenlace del cuento. ¿Por qué se pueden considerar irónicas las observaciones del pasajero enfermo?
4. Localice en el internet una copia del cuento de Edgar Allan Poe «*Manuscript Found in a Bottle*» y compare este relato con el cuento de Quiroga.

## ANÁLISIS DEL TEXTO

1. ¿Cuál es el tema de «Los buques suicidantes»?
2. Comente la función del narrador en ese relato. ¿Cuál es la importancia de su presencia como testigo de los sucesos que cuenta?
3. Describa el marco escénico (*setting*). ¿Cómo logra Quiroga establecer un ambiente misterioso?
4. ¿Cómo es el desenlace del cuento? ¿Abierto o cerrado?

 ## EN GRUPOS

Completen las siguientes actividades en grupos.

**A. El misterio.** Comparen la narración del capitán con la del pasajero y digan en qué aspectos son ambas similares. ¿Por qué era un misterio que los buques estuvieran abandonados?

**B. Reacción.** Comenten con sus compañeros la reacción que tuvieron al leer la causa de la desaparición de las tripulaciones. ¿Esperaban que la causa fuera más violenta o se decepcionaron con la resolución del misterio?

C. **Cuentos e historias.** En el buque se cuentan historias, ya sean contadas por el capitán o por el pasajero. Hablen sobre esta costumbre de contar historias de misterio o terror durante una velada. Especulen por qué se hacía y comparen esta costumbre con lo que sucede en sus propias vidas. Digan si Uds. también cuentan historias de misterio y cuándo lo hacen.

D. **Opiniones.** Cuando el narrador se retira a su camarote al final del cuento, el capitán lo llama farsante, pero el pasajero enfermo afirma lo contrario. Divídanse en subgrupos y asuman posiciones; una, defendiendo la posición del capitán y otra, la del pasajero enfermo.

## *BIBLIOGRAFÍA*

**Printed Materials**
Bigongiari, Diego de. *Los mejores relatos marinos.* Rosario, Argentina: Editora Ameghin, 1998. (See especially the Prólogo, 7–12)
Rodríguez Monegal, Emir. *El desterrado: Vida y obra de Horacio Quiroga.* Buenos Aires: Editorial Losada, 1968. (See especially chapter IX, pp. 169–193)
Scari, Roberto M. "Horacio Quiroga y los fenómenos parapsicológicos." *Cuadernos Hispanoamericanos* 397 (1983):123–132.

**Audiovisual**
*Argentina.* (Documentary that gives an overview of major geographical areas) (Spanish, 40 minutes) (www.facets.org)
*Argentina: A vista de pájaro.* (Travelogue that shows the southern part of Argentina, from Buenes Aires to the Tierra del Fuego) (Spanish, 30 minutes) (www.facets.org)

Joyero montando una piedra preciosa

# El solitario

«El solitario» fue publicado originalmente en 1917 en *Cuentos de amor, de locura y de muerte*. Es un cuento típico de la obra de Quiroga en el cual el narrador crea un ambiente de tensión hasta llegar a un final inesperado y sorprendente. Fíjese en las relaciones entre un marido completamente absorto en su trabajo artesanal y su mujer, una coqueta que pretende lo que nunca podrá obtener. No existe una relación estrecha[1] entre los dos personajes, y el matrimonio está destinado a fracasar.[2] Desde luego, el final termina con un acto horrible de violencia que es uno de los rasgos principales de esta colección de cuentos. Lo que dijo el crítico George D. Schade a propósito de «El almohadón[3] de plumas» podría aplicarse también a este cuento.

> The effects of horror, something mysterious and perverse pervading the atmosphere, are all there from the beginning of the story, and Quiroga skillfully, gradually readies the terrain so that we are somewhat prepared for, though we do not anticipate, the sensational revelation at the end.*

---

[1]*close, intimate*  [2]*fail*  [3]*pillow*

---

*George D. Schade, "Introduction," in Horacio Quiroga, *The Decapitated Chicken and Other Stories,* trans. M. S. Peden (Austin: The University of Texas Press, 1976), xi.

# ANTES DE LEER

## PALABRAS IMPORTANTES Y MODISMOS

| | | | |
|---|---|---|---|
| **a compás de** | during, while (*lit.* in time [*with the music*]) | **detenerse (*irreg.*)** | to linger |
| **aderezado/a (en)** | set up (as); set | **el engarce** | the setting of precious stones |
| **un agua admirable** | admirable clarity and purity (*reference to the quality of a diamond*) | **erguirse (*irreg.*)** | to stand erect (with pride) |
| | | **halagar (gu) (el halago)** | to flatter (flattery) |
| **el alfiler** | stickpin | **montar (el montaje)** | to set (*a jewel*) (setting) |
| **arquearse** | to bend, curl | **no obstar** | to not be opposed to |
| **bien que** | although | | |
| **el cocotaje** | coquette behavior | **el solitario** | solitaire diamond |
| **de codos** | leaning on the elbows | **el suplemento** | something extra |
| | | **el taller** | workshop |

# ESTRATEGIAS PARA LEER

## LEXICAL CHOICES (EL LÉXICO)

If one understands, in a very broad sense, that a story is a narrative about situations or events, then one must remember that these narratives represent very specific choices of words and phrases, *lexical* choices. At times, then, the broader meaning of the words used in the text become extremely important.

Although the title to Quiroga's "El solitario," at first does not appear to have an overly significant meaning in the story, the object gains importance as the story progresses. This significant piece of jewelry, the pride of the artisan as well as that which is coveted by an unhappy wife, becomes the central focus of the marital strife and the eventual violent and horrific ending.

The physical description of Kassim, a simple, pale individual contrasts vividly with the beauty of his wife. The choice of the words: "**una mujer hermosa [que] había aspirado con su hermosura a un más alto en-**

lace," from the beginning establishes an element of tension that will grow throughout the story. The reference to Kassim's ability to create **engarces delicados** also points in an ironic manner to the end of the story. Try and find other words or phrases that show the wife's unhappiness, especially when she refers to her husband in negative terms.

Con excepción de un elemento en la conclusión escalofriante[1] de «El solitario», la historia está esencialmente exenta de referencias a la cultura o sociedad latinoamericanas. Entre los miembros de la pareja de este cuento no existe ninguna comunicación verdadera. La mujer, de la clase baja de la sociedad, tiene sueños arribistas;[2] no se contenta con vivir modestamente. Estos conflictos económicos son la causa principal del fracaso[3] de muchos matrimonios. El hecho de que hubiera podido conseguir una unión más ventajosa dada su gran hermosura, convierte a la mujer en un objeto sexual. El humilde y sencillo marido llega a un punto en sus relaciones en que ya no puede soportar más los abusos de su mujer. El resultado, como en una típica historia gótica, es horripilante. Lo que sorprende en este cuento, no es tanto la venganza del marido, sino más bien la frialdad con la cual comete este horrible crimen.

Quiroga, como tantos otros escritores sudamericanos, había sido profundamente influenciado por modelos literarios tanto de Europa como de los Estados Unidos. Era un devoto en particular de la obra de Edgar Allan Poe y escribió su propia filosofía sobre el arte de la composición, «El decálogo del perfecto cuentista», que refleja muchos de los principios de Poe. Ambos escritores, además, encontraban fascinante el tema de la locura.

El interés de Quiroga por Poe hace resaltar un rasgo importante aunque olvidado de la literatura latinoamericana —su conexión con la literatura mundial como un todo. Desde los tiempos del descubrimiento y la conquista ha habido un intercambio constante de las opiniones del mundo eurocentrista y las percepciones únicas de la realidad provistas por el Nuevo Mundo. En años recientes, escritores latinoamericanos innovadores tales como Jorge Luis Borges, Julio Cortázar, Gabriel García Márquez e Isabel Allende han empezado a tener influencia en escritores de los Estados Unidos y Europa.

[1]*spine-chilling*   [2]*social-climbing*   [3]*failure*

# ❈ El solitario ❈

**K**ASSIM ERA UN hombre enfermizo, joyero de profesión, **bien que** no tuviera tienda establecida. Trabajaba para las grandes casas, siendo su especialidad **el montaje** de piedras preciosas. Pocas manos como las suyas para los **engarces** delicados. Con más
5  arranque y habilidad comercial,[1] hubiera sido rico. Pero a los treinta y cinco años proseguía en su pieza,[2] **aderezada en taller** bajo la ventana.

Kassim, de cuerpo mezquino,[3] rostro exangüe[4] sombreado por rala barba negra, tenía una mujer hermosa y fuertemente apasionada. La joven, de origen callejero,[5] había aspirado con su hermosura a un más alto enlace.[6]
10  Esperó hasta los veinte años, provocando a los hombres, y a sus vecinas con su cuerpo. Temerosa al fin, aceptó nerviosamente a Kassim.

No más sueños de lujo, sin embargo. Su marido, hábil —artista aún—, carecía[7] completamente de carácter para hacer una fortuna. Por lo cual, mientras el joyero trabajaba doblado sobre pinzas, ella, **de codos**, sostenía
15  sobre su marido una lenta y pesada mirada, para arrancarse luego bruscamente y seguir con la vista tras los vidrios al transeúnte de posición que podía haber sido su marido.[8]

Cuanto ganaba Kassim, no obstante,[9] era para ella. Los domingos trabajaba también a fin de poderle ofrecer un **suplemento.** Cuando María deseaba
20  una joya —¡y con cuánta pasión deseaba ella!— trabajaba de noche. Después había tos y puntadas al costado;[10] pero María tenía sus chispas de brillante.[11] Poco a poco el trato diario con las gemas llegó a hacerle amar la tarea del artífice, y seguía con ardor las íntimas delicadezas del **engarce.** Pero cuando la joya estaba concluida —debía partir, no era para ella— caía más hondamente
25  en la decepción de su matrimonio. Se probaba la alhaja,[12] **deteniéndose** ante el espejo. Al fin la dejaba por ahí, y se iba a su cuarto. Kassim se levantaba a oír sus sollozos, y la hallaba en la cama, sin querer escucharlo.

—Hago, sin embargo, cuanto puedo por ti —decía él al fin tristemente.

Los sollozos subían con esto, y el joyero se reinstalaba lentamente en
30  su banco.

Esas cosas se repitieron tanto que Kassim no se levantaba ya a consolarla. ¡Consolarla! ¿De qué? Lo cual **no obstaba** para que Kassim prolongara más sus veladas[13] a fin de un mayor **suplemento.**

Era un hombre indeciso, irresoluto y callado. Las miradas de su mujer **se**
35  **detenían** ahora con más pesada fijeza sobre aquella muda tranquilidad.

—¡Y eres un hombre, tú! —murmuraba.

Kassim, sobre sus **engarces**, no cesaba de mover los dedos.

---

[1]Con... With *more ambition and business savy*   [2]*piso, casa*   [3]*tiny, small*   [4]*exhausted; pale (dead-like)*
[5]origen... *the streets*   [6]*matrimonio*   [7]*no tenía*   [8]transeúnte... *wealthy passerby that could have been her husband*   [9]no... *nevertheless*   [10]tos.... *cough and sharp side pains*   [11]chispas... *bits of diamonds*   [12]*jewels*
[13]*evenings*

—No eres feliz conmigo, María —expresaba al rato.

—¡Feliz! ¡Y tienes el valor de decirlo! ¿Quién puede ser feliz contigo?... ¡No la última de las mujeres!... ¡Pobre diablo! —concluía con risa nerviosa, yéndose.

Kassim trabajaba esa noche hasta las tres de la mañana, y su mujer tenía luego nuevas chispas que ella consideraba un instante con los labios apretados.

45 —Sí... ¡no es una diadema sorprendente!... ¿cuándo la hiciste?

—Desde el martes —mirábala él con descolorida ternura—; mientras dormías, de noche...

—¡Oh, podías haberte acostado!... ¡Inmensos, los brillantes!

Porque su pasión eran las voluminosas piedras que Kassim **montaba.** 50 Seguía el trabajo con loca hambre de que concluyera de una vez y apenas **aderezada** la alhaja, corría con ella al espejo. Luego, un ataque de sollozos:

—¡Todos, cualquier marido, el último, haría un sacrificio para **halagar** a su mujer! Y tú... y tú... ¡ni un miserable vestido que ponerme, tengo!

55 Cuando se franquea[14] cierto límite de respeto al varón,[15] la mujer puede llegar a decir a su marido cosas increíbles.

La mujer de Kassim franqueó ese límite con una pasión igual por lo menos a la que sentía por los brillantes. Una tarde, al guardar sus joyas, Kassim notó la falta de un prendedor[16]—cinco mil pesos en dos **solitarios.** 60 Buscó en sus cajones de nuevo.

—¿No has visto el prendedor, María? Lo dejé aquí.

—Sí, lo he visto.

—¿Dónde está? —se volvió extrañado.

—¡Aquí!

65 Su mujer, los ojos encendidos y la boca burlona, **se erguía** con el prendedor puesto.

—Te queda muy bien —dijo Kassim al rato—. Guardémoslo.

María se rió.

—¡Oh, no!, es mío.

70 —¿Broma?...

—¡Sí, es broma! ¡Es broma, sí! ¡Cómo te duele pensar que podría ser mío!... Mañana te lo doy. Hoy voy al teatro con él.

Kassim se demudó.[17]

---

[14]se... *one crosses*    [15]*hombre*    [16]*brooch*    [17]se... *became agitated*

—Haces mal... podrían verte. Perderían toda confianza en mí.

75 —¡Oh! —cerró ella con rabioso fastidio, golpeando violentamente la puerta.

Vuelta del teatro, colocó la joya sobre el velador.[18] Kassim se levantó y la guardó en su **taller** bajo llave.[19] Al volver, su mujer estaba sentada en la cama.

—¡Es decir, que temes que te la robe! ¡Que soy una ladrona!

80 —No mires así... Has sido imprudente nada más.

—¡Ah! ¡Y a ti te la confían! ¡A ti, a ti! !Y cuando tu mujer te pide un poco de **halago**, y quiere... me llamas ladrona a mí! ¡Infame!

Se durmió al fin. Pero Kassim no durmió.

Entregaron luego a Kassim para **montar**, un **solitario**, el brillante más
85 admirable que hubiera pasado por sus manos.

—Mira, María, qué piedra. No he visto otra igual.

Su mujer no dijo nada; pero Kassim la sintió respirar hondamente sobre el **solitario**.

—**Un agua admirable**... —prosiguió él—; costará nueve o diez mil pesos.
90 —¡Un anillo! —murmuró María al fin.

—No, es de hombres... **un alfiler**.

**A compás** del **montaje** del **solitario**, Kassim recibió sobre su espalda trabajadora cuanto ardía de rencor y **cocotaje** frustrado en su mujer. Diez veces por día interrumpía a su marido para ir con el brillante ante el espejo.
95 Después se lo probaba con diferentes vestidos.

—Si quieres hacerlo después... —se atrevió Kassim un día—. Es un trabajo urgente.

Esperó respuesta en vano; su mujer abría el balcón.

—¡María, te pueden ver!
100 —¡Toma! ¡Ahí está tu piedra!

El **solitario**, violentamente arrancado, rodó por el piso.

Kassim, lívido, lo recogió examinándolo, y alzó luego desde el suelo la mirada a su mujer.

—Y bueno, ¿por qué me miras así? ¿Se hizo algo tu piedra?
105 —No —repuso Kassim. Y reanudó[20] en seguida su tarea, aunque las manos le temblaban hasta dar lástima.

Tuvo que levantarse al fin a ver a su mujer en el dormitorio, en plena crisis de nervios. La cabellera se había soltado y los ojos le salían de las órbitas.[21]

---

[18]*night stand*   [19]bajo... *under lock and key*   [20]*he resumed*   [21]le... *were jumping out of their sockets*

110 —¡Dame el brillante! —clamó—. ¡Dámelo! ¡Nos escaparemos! ¡Para mí! ¡Dámelo!.

—María... —tartamudeó[22] Kassim, tratando de desasirse.[23]

—¡Ah! —rugió su mujer, enloquecida—. ¡Tú eres el ladrón, el miserable! ¡Me has robado mi vida, ladrón, ladrón! ¡Y creías que no me iba a des-
115 quitar... cornudo![24] ¡Ajá! —y se llevó las dos manos a la garganta aho-
gada. Pero cuando Kassim se iba, saltó de la cama y cayó, alcanzando a cogerlo de un botín.[25]

—¡No importa! ¡El brillante, damelo! ¡No quiero más que eso! ¡Es mío, Kassim, miserable!

120    Kassim la ayudó a levantarse, lívido.

—Estás enferma, María. Después hablaremos... acuéstate.

—¡Mi brillante!

—Bueno, veremos si es posible... acuéstate.

—Dámelo.

125    La crisis de nervios retornó.

Kassim volvió a trabajar en su **solitario**. Como sus manos tenían una seguridad matemática, faltaban pocas horas ya para concluirlo.

María se levantó a comer, y Kassim tuvo la solicitud[26] de siempre con ella. Al final de la cena su mujer lo miró de frente.

130 —Es mentira, Kassim —dijo.

—¡Oh! —repuso Kassim, sonriendo— no es nada.

—¡Te juro que es mentira! —insistió ella.

Kassim sonrió de nuevo, tocándole con torpe caricia la mano y se levantó para proseguir su tarea. Su mujer con la cara entre las manos, lo
135 siguió con la vista.

—Ya no me dices más que eso... —murmuró. Y con una honda[27] náusea por aquello pegajoso, fofo e inerte[28] que era su marido, se fue a su cuarto.

No durmió bien. Despertó, tarde ya, y vio luz en el **taller**; su marido
140 continuaba trabajando. Una hora después Kassim oyó un alarido.

—¡Dámelo!

—Sí, es para ti; falta poco, María —repuso presuroso,[29] levantándose.

Pero su mujer, tras ese grito de pesadilla, dormía de nuevo.

A las dos de la mañana Kassim pudo dar por terminada su tarea; el
145 brillante resplandecía firme y varonil en su **engarce**. Con paso silencioso

---

[22]*stuttered*   [23]tratando... *trying to get free* (from the situation)   [24]*cuckold*   [25]*sock*   [26]*attentiveness*
[27]*profound*   [28]pegajoso... *clingy, bland, and lifeless*   [29]*quickly*

fue al dormitorio y encendió la veladora.[30] María dormía de espaldas, en la blancura helada de su camisón y de la sábana.

Fue al **taller** y volvió de nuevo. Contempló un rato el seno[31] casi descubierto y con una descolorida sonrisa apartó un poco más el camisón
150 desprendido.

Su mujer no lo sintió.

No había mucha luz. El rostro de Kassim adquirió de pronto una dureza de piedra y suspendiendo un instante la joya a flor del[32] seno desnudo, hundió[33] firme y perpendicular como un clavo[34] **el alfiler** entero en el co-
155 razón de su mujer.

Hubo una brusca apertura de ojos, seguida de una lenta caída de párpados. Los dedos **se arquearon** y nada más.

La joya, sacudida por la convulsión del ganglio herido, tembló un instante desequilibrada. Kassim esperó un momento; y cuando el **solitario**
160 quedó por fin perfectamente inmóvil, se retiró, cerrando tras de sí la puerta sin hacer ruido. ✸

---

[30]*bedside lamp*   [31]*breast*   [32]*a... at the level of the*   [33]*he sunk*   [34]*nail*

# Después de leer

## CUESTIONARIO

1. ¿Cómo era Kassim? ¿Qué tipo de trabajo hacía?
2. ¿Cómo era María, la mujer de Kassim? ¿Cuál era la pasión de su mujer?
3. ¿Qué hacía la mujer mientras su marido trabajaba?
4. ¿Por qué Kassim trabajaba los domingos?
5. ¿Qué hacía María cada vez que Kassim terminaba una joya?
6. ¿Qué hacía Kassim al oír los sollozos de su mujer?
7. ¿Cómo franqueó el límite de respeto a su marido la mujer de Kassim?
8. ¿Por qué no encontraba Kassim un prendedor una tarde? ¿Qué hizo la mujer con el prendedor? ¿Qué hizo Kassim después con ello?
9. ¿Qué joya recibió Kassim para montar en un alfiler? ¿Cómo era la joya?
10. ¿Qué hacía la mujer con la joya durante el día, a pesar de que Kassim trabajara?
11. ¿A qué hora terminó su tarea Kassim?
12. ¿Qué hizo Kassim después con el alfiler?

# ESTUDIO DE PALABRAS

Complete las oraciones con palabras o expresiones de **Palabras importantes y modismos.**

1. Kassim era un joyero de profesión, _____ no tuviera tienda establecida.
2. Había pocas manos como las suyas para los _____ delicados.
3. Su pieza era _____ en taller bajo la ventana.
4. Mientras el joyero trabajaba, su mujer, _____, sostenía sobre su marido una mirada lenta y pesada.
5. Trabajaba también los domingos para ofrecerle a su mujer un _____.
6. María _____ que Kassim prolongara más sus veladas para elaborar sus montajes.
7. Su mujer, con los ojos encendidos se levantó y _____ con el prendedor puesto.
8. Tu mujer desea un poco de _____, de regalos y atención.
9. _____ las horas que pasaba trabajando Kassim, el rencor y cocotaje frustrado de María intensificaba.
10. Los dedos de María _____ mientras expiró su último respiro.

# CONSIDERACIONES

1. Haga una descripción de la personalidad de cada uno de los protagonistas.
2. ¿Cómo son las relaciones entre ellos?
3. Describa con detalles el trabajo de Kassim.
4. Haga una lista de las palabras despectivas con que la mujer trata a su marido.
5. ¿Qué aspectos contribuyen al fracaso del matrimonio?

# ANÁLISIS DEL TEXTO

1. ¿Cuál es el tema principal de este cuento?
2. Haga una lista de los rasgos que contribuyen a la tensión entre el marido y su mujer.
3. ¿Cómo contrasta la personalidad de Kassim con la de su mujer?
4. ¿Existen algunos elementos que pueden aludir al final tan horrible de este cuento? ¿Cuáles son?

# EN GRUPOS

Completen las siguientes actividades en grupos.

**A. Problemas económicos.** Discutan cómo puede una pésima situación económica crear problemas en una pareja.

**B. Crímenes contra la mujer.** Traten de encontrar algunas estadísticas de los crímenes cometidos por los hombres contra las mujeres. ¿Qué tipo de crimen es el más prevalente?

**C. El abuso sexual.** ¿Existen algunas instituciones en su ciudad destinadas a proteger a las mujeres que han sido víctimas del abuso sexual?

**D. Elementos góticos.** ¿Cuáles son algunas de las características de la «novela gótica» que Ud. encuentra en este cuento?

# BIBLIOGRAFÍA

**Printed Materials**

French, Jennifer. *Nature, Neo-Colonialism and the Spanish American Regional Writers.* Hanover, N.H: Dartmouth College Press–University Press of New England, 2005.

Glanz, Margo. "Poe en Quiroga." In *Aproximaciones a Horacio Quiroga,* ed. Ángel Flores. Caracas: Monte Avila, 1976. 93–118.

Jitrik, Noé. *Horacio Quiroga.* Buenos Aires, Argentina: Centro Editor de América Latina, 1967.

Lafforgue, Jorge and Rocca, Pablo, editors. *Horacio Quiroga; plan general de la obra.* Buenos Aires: Losada, 1998-2003.

Salto Iguazú del río Iguazú, un tributorio del río Paraná

# A la deriva[1]

«**A** la deriva» es un excelente ejemplo de la maestría de Quiroga en el arte narrativo. Escribió este cuento en 1912, un período decisivo en su vida personal y artística. Quiroga vivía entonces con su esposa y sus dos hijos en San Ignacio, una ciudad en la remota provincia subtropical de Misiones, lugar que sirve de ambiente a este cuento que capta la lucha del ser humano contra la naturaleza. Quiroga fue un maestro del arte narrativo y a la vez un sofisticado teórico del género. En particular, admiraba la habilidad de Edgar Allan Poe de llevar el hilo narrativo a una conclusión sorprendente. Al leer este cuento trate de determinar cómo el narrador sostiene un nivel de tensión que mantiene al lector en un estado de suspenso hasta el final sorprendente.

[1]A... *Adrift*

# ANTES DE LEER

## PALABRAS IMPORTANTES Y MODISMOS

| | | | |
|---|---|---|---|
| **al atardecer** | at dusk | **ponerse** | to become |
| **echar una** | to glance at | **(irreg.)** | + *adjective* |
| **ojeada a** | | **+ adjetivo** | |
| **entretanto** | meanwhile | **pretender** | to attempt, try |

| reponerse | to fully recover |
|---|---|
| **(irreg.)** | from (*an* |
| **del todo** | *illness*) |

## Estrategias para leer

## Conclusions (*finales abiertos, cerrados, irónicos*)

A short story often relies quite heavily on an effective conclusion. Although this may also be true of novels, it is generally more imperative in short stories, given the structural constraints, such as length, imposed by the genre. The interval from beginning to end may be quite brief, as in Quiroga's "A la deriva." There is not enough time to develop characters, establish motives, and immerse the reader in complex plots and subplots. For these reasons, an effective ending can be crucial.

Endings can be broadly categorized as open, closed, or ironic, although irony can be combined with either an open or closed ending. An *open ending* brings the narrative to an acceptable and logical conclusion, while allowing for a continuation of the narrative, much as films often allow for the possibility of a sequel. A *closed ending,* on the other hand, also brings the narrative to a logical conclusion, but it does so in such a way that the narrative is understood to be finished (this is not to suggest, however, that the protagonist or other characters must die). *Ironic endings* include those that contain the very sudden and satisfying twist known as *irony.* As noted, this type of ending may be devised to provide closure or to remain open.

Quiroga was a very popular writer, publishing most of his stories in magazines and newspapers. His readers were intrigued with his ability to produce surprise endings and sudden twists of fortune. Before you read this story, make a list of memorable short stories you have read (for example, "The Lottery," "The Tell-Tale Heart"). Can you recall whether the endings were open, closed, or ironic? These examples should help you better appreciate the special ending Quiroga contrives for this particular tale.

 **C**ONTEXTO CULTURAL Para apreciar mejor el drama presentado en «A la deriva», es necesario hablar de algunos hechos del marco escénico.[1] Quiroga escribió este cuento mientras vivía en la apartada provincia de Misiones, al noroeste de Argentina. Misiones limita con[2] Paraguay al oeste y con Brasil al norte. El clima es subtropical y alberga una variedad de ecosistemas, animales y plantas: tortugas, lagartos, ciervos pantanosos,[3] culebras

[1]marco... *setting*   [2]limita... *borders*   [3]ciervos... *swamp deer*

venenosas, cañones, sabanas y pantanos, todo entrecruzado por los poderosos ríos Paraná, Iguazú y Uruguay.

El río Paraná desempeña el papel central en la historia. Este río nace en Brasil y fluye al sur a través de la Pampa húmeda, para desembocar[4] finalmente en el Río de la Plata. Al igual que el imponente Misisipí en los Estados Unidos, que no es meramente una vía fluvial, sino también un símbolo de aventura y escape —y de grave peligro—, el Paraná es un importante ícono cultural y literario en la literatura latinoamericana. Para muchos en Latinoamérica, su sola mención evoca una serie de asociaciones compartidas, imágenes o experiencias que se relacionan con las realidades únicas de la vida en esa región. Al seleccionar el Paraná como telón de fondo para «A la deriva», Quiroga inmediatamente establece un ambiente de presagio[5] en sus lectores latinoamericanos, quienes ya intuyen, debido a sus asociaciones con el Paraná, cómo terminará el cuento... cómo *tiene que* terminar. El hecho de que los lectores prevean los eventos y el protagonista no —y que, incapaces de ayudarle, tengan que observar el desarrollo de la historia hacia su conclusión inevitable— crea un tipo particular de ironía conocida como ironía dramática.

[4]*empty*  [5]*foreboding*

# 🔲 *A la deriva* 🔲

**E**L HOMBRE PISÓ algo blanduzco,[1] y en seguida sintió la mordedura[2] en el pie. Saltó adelante, y al volverse, con un juramento vio una yaracacusú[3] que, arrollada[4] sobre sí misma, esperaba otro ataque.

El hombre **echó una** veloz **ojeada a** su pie, donde dos gotitas
5 de sangre engrosaban dificultosamente,[5] y sacó el machete de la cintura. La víbora vio la amenaza y hundió más la cabeza en el centro mismo de su espiral; pero el machete cayó de lomo,[6] dislocándole las vértebras.

El hombre se bajó hasta la mordedura, quitó las gotitas de sangre y durante un instante contempló. Un dolor agudo nacía de los dos puntitos
10 violetas[7] y comenzaba a invadir todo el pie. Apresuradamente se ligó el tobillo con su pañuelo[8] y siguió por la picada hacia su rancho.

El dolor en el pie aumentaba, con sensación de tirante abultamiento,[9] y de pronto el hombre sintió dos o tres fulgurantes puntadas que, como relámpagos, habían irradiado desde la herida hasta la mitad de la panto-
15 rrilla.[10] Movía la pierna con dificultad; una metálica sequedad de garganta, seguida de sed quemante, le arrancó un nuevo juramento.

[1]*softish*  [2]*bite*  [3]*type of poisonous snake*  [4]*coiled*  [5]*engrosaban... were slowly forming*  [6]*cayó... came down on its back*  [7]*dos... two violet puncture wounds*  [8]*se... he tied his handkerchief tightly around his ankle*  [9]*sensación... a feeling of swelling and tightness*  [10]*hasta... halfway up his calf*

Llegó por fin al rancho y se echó de brazos sobre la rueda de un trapiche.[11] Los dos puntitos violetas desaparecían ahora en la monstruosa hinchazón[12] del pie entero. La piel parecía adelgazada y a punto de ceder, de
20 tensa.[13] Quiso llamar a su mujer, y la voz se quebró en un ronco arrastre de garganta reseca. La sed lo devoraba.

—¡Dorotea! —alcanzó a lanzar en un estentor—. ¡Dame caña[14]!

Su mujer corrió con un vaso lleno, que el hombre sorbió en tres tragos. Pero no había sentido gusto alguno.

25 —¡Te pedí caña, no agua! —rugió de nuevo—. ¡Dame caña!
—¡Pero es caña, Paulino! —protestó la mujer, espantada.
—¡No, me diste agua! ¡Quiero caña, te digo!

La mujer corrió otra vez, volviendo con la damajuana.[15] El hombre tragó uno tras otro dos vasos, pero no sintió nada en la garganta.

30 —Bueno; esto **se pone** feo... —murmuró entonces, mirando su pie, lívido y ya con lustre gangrenoso. Sobre la honda ligadura del pañuelo la carne desbordaba como una monstruosa morcilla.[16]

Los dolores fulgurantes se sucedían en continuos relampagueos y llegaban ahora a la ingle.[17] La atroz sequedad de garganta, que el aliento
35 parecía caldear más, aumentaba a la par. Cuando **pretendió** incorporarse, un fulminante vómito lo mantuvo medio minuto con la frente apoyada en la rueda de palo.

Pero el hombre no quería morir, y descendiendo hasta la costa subió a su canoa. Sentóse en la popa y comenzó a palear hasta el centro del Paraná.
40 Allí la corriente del río, que en las inmediaciones del Iguazú corre seis millas, lo llevaría antes de cinco horas a Tacurú-Pucú.[18]

El hombre, con sombría energía, pudo efectivamente llegar hasta el medio del río; pero allí sus manos dormidas dejaron caer la pala[19] en la canoa, y tras un nuevo vómito —de sangre esta vez— dirigió una mirada al sol,
45 que ya trasponía el monte.[20]

La pierna entera, hasta medio muslo, era ya un bloque deforme y durísimo que reventaba la ropa.[21] El hombre cortó la ligadura y abrió el pantalón con su cuchillo: el bajo vientre desbordó hinchado, con grandes manchas lívidas y terriblemente doloroso. El hombre pensó que no podría llegar ja-
50 más él solo a Tucurú-Pucú y se decidió a pedir ayuda a su compadre Alves, aunque hacía mucho tiempo que estaban disgustados.[22]

La corriente del río se precipitaba ahora hacia la costa brasileña, y el hombre pudo fácilmente atracar.[23] Se arrastró por la picada en cuesta arriba; pero a los veinte metros, exhausto, quedó tendido de pecho.

---

[11]rueda... *wheel of a sugarcane press*  [12]*swelling*  [13]a... *stretched to the point of breaking*  [14]*rum*  [15]*bottle*
[16]la... *the flesh swelled like a monstrous sausage*  [17]*groin*  [18]*the town the protagonist wishes to reach*
[19]*oar*  [20]ya... *was already crossing the mountain*  [21]reventaba... *was bursting his clothes*  [22]hacía... *they hadn't been friendly for some time*  [23]pudo... *was able to come ashore easily*

55 —¡Alves! —gritó con cuanta fuerza pudo; y prestó oído en vano—. ¡Compadre Alves! ¡No me niegues este favor! —clamó de nuevo, alzando la cabeza del suelo. En el silencio de la selva no se oyó rumor. El hombre tuvo aún valor para llegar hasta su canoa, y la corriente, cogiéndola de nuevo, la llevó velozmente a la deriva.

60 El Paraná corre allí en el fondo de una inmensa hoya,[24] cuyas paredes, altas de cien metros, encajonan fúnebremente el río.[25] Desde las orillas, bordeadas de negros bloques de basalto, asciende el bosque, negro también. Adelante, a los costados, atrás, siempre la eterna muralla lúgubre; en cuyo fondo el río arremolinado[26] se precipita en incesantes borbollones de
65 agua fangosa. El paisaje es agresivo y reina en él un silencio de muerte. **Al atardecer,** sin embargo, su belleza sombría y calma cobra una majestad única.

El sol había caído ya cuando el hombre, semitendido[27] en el fondo de la canoa, tuvo un violento escalofrío. Y de pronto, con asombro, enderezó
70 pesadamente la cabeza: se sentía mejor. La pierna le dolía apenas, la sed disminuía, y su pecho, libre ya, se abría en lenta inspiración.

El veneno comenzaba a irse, no había duda. Se hallaba casi bien, y aunque no tenía fuerzas para mover la mano, contaba con la caída del rocío para **reponerse del todo.** Calculó que antes de tres horas estaría en
75 Tacurú-Pucú.

El bienestar avanzaba, y con él una somnolencia llena de recuerdos. No sentía ya nada ni en la pierna ni en el vientre. ¿Viviría aún su compadre Gaona, en Tacurú-Pucú? Acaso viera también a su ex patrón, míster Dougald, y al recibidor del obraje.

80 ¿Llegaría pronto? El cielo, al poniente,[28] se abría ahora en pantalla de oro,[29] y el río se había coloreado también. Desde la costa paraguaya, ya entenebrecida,[30] el monte dejaba caer sobre el río su frescura crepuscular en penetrantes efluvios de azahar y miel silvestre. Una pareja de guacamayos[31] cruzó muy alto y en silencio hacia el Paraguay.

85 Allá abajo, sobre el río de oro, la canoa derivaba velozmente, girando a ratos sobre sí misma ante el borbollón de un remolino. El hombre que iba en ella se sentía cada vez mejor, y pensaba **entretanto** en el tiempo justo que había pasado sin ver a su ex patrón Dougald. ¿Tres años? Tal vez no, no tanto. ¿Dos años y nueve meses? Acaso. ¿Ocho meses y medio? Eso sí,
90 seguramente.

De pronto sintió que estaba helado hasta el pecho.

¿Qué sería? Y la respiración...

Al recibidor de maderas de míster Dougald,[32] Lorenzo Cubilla, lo había conocido en Puerto Esperanza un Viernes Santo... ¿Viernes? Sí, o
95 jueves...

---

[24]*ravine*  [25]*encajonan... encase the river in a funereal light*  [26]*en... at whose base the swirling river*
[27]*half stretched out*  [28]*al... in the west*  [29]*pantalla... golden screen*  [30]*darkened*  [31]*tropical birds*
[32]*recibidor... Mr. Dougald's receiver of timber*

El hombre estiró lentamente los dedos de la mano.

—Un jueves...

Y cesó de respirar. ✿

# Después de leer

## Cuestionario

1. ¿Qué incidente le ocurrió al protagonista al comienzo del cuento?
2. ¿Qué le hizo el hombre a la víbora?
3. ¿Qué síntomas sentía el hombre?
4. ¿Por qué creyó que su mujer le había dado agua en vez de caña?
5. ¿Qué intentó hacer para no morir?
6. ¿A quién decidió pedirle ayuda? ¿Por qué?
7. ¿Cómo era el paisaje que rodeaba al hombre?
8. ¿Por qué creía que el veneno comenzaba a irse?
9. ¿En qué pensaba el hombre al sentirse mejor?
10. ¿Qué le ocurrió al protagonista al final del cuento?

## Estudio de palabras

**A.** Empareje las palabras con sus sinónimos.

1. _____ echar una ojeada a
2. _____ ponerse feo
3. _____ pretender
4. _____ al atardecer
5. _____ reponerse del todo
6. _____ entretanto

a. mientras tanto
b. con el crepúsculo
c. intentar
d. recuperarse por completo
e. mirar rápidamente
f. hacerse más delicado

**B.** Complete las oraciones con palabras o expresiones de **Palabras importantes y modismos**.

1. Cada vez que yo _____ caminar, siento un dolor paralizante en la pierna.
2. Antes de comer, quiero _____ los documentos que firmaré esta noche.
3. Después de viajar todo el día, llegamos a casa _____.
4. Cuando la situación política _____ peligrosa, el líder escapó del país.
5. Voy a preparar la cena en una hora. _____, quiero que tú me ayudes a poner la mesa.
6. El mes pasado mi hermana estuvo muy mal de la espalda, pero por suerte ella ya _____.

1. El cuento comienza en el momento en que la víbora muerde al hombre. Sin embargo, es evidente que la historia del protagonista se extiende más allá de lo escrito. En su opinión, ¿qué estaba haciendo éste fuera del rancho?
2. ¿De qué manera se describe el progreso del veneno?
3. ¿Puede Ud. encontrar ejemplos de confusión psíquica, sensorial, cognitiva, etcétera, en el protagonista? ¿Qué fin persigue el autor por medio de la confusión?
4. ¿Cómo imagina Ud. el rancho donde vivía el hombre con su mujer?
5. Sabemos que el hombre y su compadre Alves estaban distanciados, pero no sabemos por qué. Imagine una buena razón, basándose en las características de los personajes y el ambiente.
6. Al final del cuento se sabe que el hombre había trabajado para «míster Dougald» en un «obraje». ¿Qué nueva información sobre la vida del protagonista aporta este dato?
7. ¿Qué cree Ud. que implica el uso de un anglicismo como «míster» delante del apellido extranjero del patrón?

## ANÁLISIS DEL TEXTO

1. Si bien sabemos por la mujer del protagonista que éste se llama Paulino, la voz narrativa se refiere a él como «el hombre» a lo largo del cuento. ¿Qué efecto cree Ud. que produce esto?
2. El título «A la deriva» resume el viaje del hombre en su canoa por el río Paraná en busca de salvación. ¿Cree Ud. que el título también hace referencia a la situación social del protagonista y a su angustia existencial? Explique.
3. La voz narrativa interrumpe el relato y permite el uso del diálogo en tres momentos diferentes. ¿Cuál es el efecto dramático en cada caso? ¿Qué se nos informa «entre líneas» por medio del diálogo?
4. ¿Cómo interactúan el hombre y la naturaleza a lo largo del cuento? ¿Qué importancia tiene el río?
5. La aparente mejoría del protagonista es sólo el preludio de su muerte. ¿De qué manera contribuye esto al clímax del relato?

 ## EN GRUPOS

Completen las siguientes actividades en grupos.

A. **Sensaciones.** Quiroga hace uso de adjetivos para intensificar las sensaciones en el cuento, específicamente para describir cómo avanza el veneno en el cuerpo del hombre. Encuentren las palabras de las que se vale y noten cómo contribuyen al suspenso de la historia.

B. **Sobrevivir.** Comenten las acciones del hombre para sobrevivir: desde tomar caña hasta tratar de llegar a Tacurú-Pucú y pedir ayuda al compadre Alves. Digan por qué toma esas decisiones.

C. **La conclusión.** Hasta el último momento, los pensamientos del hombre giran alrededor de cosas mundanas, y la muerte le llega casi inesperadamente. Hablen del contraste en el final del cuento y qué propósito tiene en la historia.

D. **El comienzo.** El cuento empieza con el fatal accidente con el reptil. Escriban un párrafo describiendo las actividades que llevaron al hombre hasta ese momento.

## *BIBLIOGRAFÍA*

### Printed Materials

Alazraki, Jaime. "Relectura de Horacio Quiroga." In *El cuento hispano-americano ante la crítica,* ed. Enrique Pupo-Walker. Madrid: Castalia, 1973:64–80.

Arango, Manuel Antonio. "Sobre dos cuentos de Horacio Quiroga: Correlación en el tema de la muerte, el ambiente y la estructura narrativa en 'A la deriva' y 'El hombre muerto.'" *Thesaurus: Boletín del Instituto Caro y Cuervo* 3:1 (1982):153–161.

Moreles T., Leonidas. "Misiones y las macrofiguras narrativas hispano-americanas." *Hispanoamérica-Revista de Literatura* 21.63 (December 1992):25–34.

Paoli, Roberto. "El perfecto cuentista: Comentario a tres textos de Horacio Quiroga." *Revista Iberoamericana* 58 (1992):953–974.

Rodríguez Monegal, Emir. *El desterrado: Vida y obra de Horacio Quiroga.* Buenos Aires: Editorial Losada, 1968.

Yurkievich, Saul. "Análisis de 'A la deriva.'" In *El realismo mágico en el cuento hispanoamericano,* ed. Ángel Flores. Tlahuapan, México: Premia, 1985:115–121.

# Más allá de la realidad

J ULIO CORTÁZAR **(1914–1984)** nació en Bruselas de padres argentinos. Fue educado en Argentina y después de enseñar Literatura Francesa en la Universidad de Cuyo obtuvo el diploma de traductor. En 1951, fecha de la publicación de *Bestiario,* su primer libro de cuentos, se radicó en Paris, lugar donde vivió hasta su muerte.

En 1956, Cortázar publicó *Final del juego,* su segunda colección de cuentos, y en 1958 otra colección titulada *Las armas secretas.* El personaje principal de «El perseguidor[1]», uno de los cuentos de esta última colección, encarna muchas de las características de sus héroes. La angustia metafísica que el protagonista sufre en sus tentativas de alcanzar la perfección artística y la frustración que siente al enfrentarse con el pasar del tiempo, así como su rechazo de las normas y valores tradicionales, son algunas de las preocupaciones centrales de Cortázar.

El cuento «Las babas[2] del diablo», llevado al cine por Antonioni en el film *Blow Up,* explora has posibilidades creativas del arte. Demuestra cómo los cambios del punto de vista narrativo logran representar múltiples realidades cuestionando a la vez nuestra noción de una realidad objetiva. El lector se convierte en un participante activo en el proceso creativo de este cuento. Como el autor del cuento, el lector tiene la opción de elegir cuáles de las posibilidades representadas funcionan mejor.

En 1960 Cortázar publicó *Los premios,* su primera novela, y en 1963, *Rayuela,*[3] obra que revolucionó la narrativa latinoamericana. Otras obras importantes incluyen *Todos los fuegos el fuego* (1962), *Modelo para armar* (1968), *Libro de Manuel* (1973), *Queremos tanto a Glenda* (1981) *y Fascinación de las palabras* (1985). Al leer los cuentos de Cortázar, tome en cuenta las siguientes observaciones:

> In many respects an heir of Borges, Cortázar writes short stories within the framework of what has been called "magical realism": a realism that goes beyond the surface appearance of daily phenomena to lay bare the unknown and the surprising that characterize events that are our daily lot. Events are presented in allegorical, illogical terms, where the unexplainable and the fantastic (for example, a man who is driven to suicide because he cannot keep

[1]*pursuer*  [2]*drivel*  [3]*Hopscotch*

himself from vomiting furry little rabbits) are metaphors for every-day events that we mistakenly believe are normal and reasonable. Cortázar creates an interplay between the banal and the weird, between reason and a chaotic scheme of things, between bourgeois complacency and the terrified realizations that man is not in control of events, that reality is far more an unknown than man's cliché-ridden life has led him to believe. Cortázar also displays a whimsy that is as entertaining as it is devastating of the well-ordered world of the middle class.*

---

*David W. Foster, *A Dictionary of Contemporary Latin American Authors* (Tempe: Arizona State University Press, 1975), 30.

Hombre absorto en el placer de la lectura

# Continuidad de los parques

Este cuento, uno de los más populares de Cortázar, forma parte de la colección *Final del juego*. La mayor preocupación de Cortázar en este cuento, así como en «Las babas del diablo» y *Rayuela*, tiene que ver con el sutil juego entre la realidad y la ficción, o sea, el efecto que una obra de ficción puede tener sobre el mundo real y la tenue línea que los separa.

# $A$NTES DE LEER

## *PALABRAS IMPORTANTES Y MODISMOS*

| | | | |
|---|---|---|---|
| **a la vez** | at the same time | **entibiarse** | to become |
| **a partir de** | as of (this moment, | | lukewarm |
| | that date) | **ponerse** | to start, begin to |
| **al alcance de** | within reach of | **(irreg.) a** | (*do something*) |
| **en lo alto (de)** | at the top (of) | **+ infinitivo** | |

## *ESTRATEGIAS PARA LEER*

### Narrative Suspense or Tension (*suspenso*)

The very nature of the short story—its relative brevity—immediately suggests that certain formal constraints are at play. The slow, deliberate, and exhaustive elaboration of plot and character, for example, is not possible in a short story and is understood to belong more to the novel than to the short story genre. These constraints place certain imperatives on the story. Although the reasons for this are many, a short story will often strike the reader as being much more intense than a longer narrative. The story may explore a single, unique moment or situation, with no reference to the past; or it may explore the same singular event through the contraction of time. In this second method, the evocation of the past is necessary to ground or make greater sense of events that are about to happen in the narrative present. Regardless of the method used, the compression of time and emotions results in a greater sense of immediacy and suspense. It is for this reason that endings or conclusions of short stories often strike the reader as being surprising, for the inherent brevity of the works demands a thorough, but not elaborate, preparation for events to come. There must be an internal logic but no detailed elaboration.

It is useful to be aware of this narrative suspense or tension while reading Cortázar's "Continuidad de los parques." In order to appreciate this story fully, you will need to think about the implications or possibilities of the very first sentence to this brief story. Thus, before you read the entire story, *read the first sentence only,* considering the possibilities and consequences of your own very parallel situation. If Cortázar is attempting to involve the reader and, at the same time, establish narrative suspense, how does he accomplish this in the first few sentences? The answer might seem obvious, but the implications remain part of the greater narrative suspense. Jot down any ideas you have on this subject so that you can refer to them after your first complete reading.

ONTEXTO CULTURAL

Argentina es un país donde estancieros y latifundistas[1] han hecho vastas fortunas en la industria ganadera,[2] especialmente durante los dos últimos siglos. Algunos de estos hombres ricos vivían en estancias o fincas, en casas lujosas al estilo de las villas y palacios europeos. Miembros de una oligarquía numerosa, estos hombres, cuando no estaban en viajes de negocios o de placer, volvían a sus fincas, muchas veces lugares protegidos en un ambiente idílico. Tal es el ambiente de este cuento, de gente adinerada,[3] poderosa, de un lugar misterioso y refinado que se refleja en los muebles de la casa. Lo que sostiene el latifundio,[4] desde luego, es un intrincado sistema que, la mayoría de las veces, explota a los pobres, haciendo así más profunda la división entre los ricos y los pobres. Esta explotación se ve también frecuentemente en las relaciones ilícitas de los hombres de esta élite con mujeres que pertenecen a una clase inferior. En muchas novelas del siglo XIX era bastante común este tipo de relaciones basadas en las diferencias

[1]*rich landowners*  [2]industria... *cattle industry*  [3]*wealthy*  [4]*large rural estate*

de clase, lo cual este cuento parece sugerir. La novela *Lady Chatterley's Lover* de D. H. Lawrence, y también la narrativa realista hispanoamericana del siglo XIX, captan muy bien la tensión creada por la naturaleza de esos vínculos.

# ❖ *Continuidad de los parques* ❖

HABÍA EMPEZADO A leer la novela unos días antes. La abandonó por negocios urgentes, volvió a abrirla cuando regresaba en tren a la finca; se dejaba interesar lentamente por la trama, por el dibujo de los personajes. Esa tarde, después de escribir una carta a
5   su apoderado[1] y discutir con su mayordomo una cuestión de aparcerías,[2] volvió al libro en la tranquilidad del estudio que miraba hacia el parque de los robles. Arrellanado[3] en su sillón favorito, de espaldas a la puerta que lo hubiera molestado como una irritante posibilidad de intrusiones, dejó que su mano izquierda acariciara una y otra vez el terciopelo[4] verde
10  y **se puso a** leer los últimos capítulos. Su memoria retenía sin esfuerzo los nombres y las imágenes de los protagonistas; la ilusión novelesca lo ganó casi en seguida. Gozaba del placer casi perverso de irse desgajando línea a línea de lo que lo rodeaba,[5] y sentir **a la vez** que su cabeza descansaba cómodamente en el terciopelo del alto respaldo,[6] que los cigarrillos seguían
15  **al alcance de** la mano, que más allá de los ventanales[7] danzaba el aire del atardecer bajo los robles. Palabra a palabra, absorbido por la sórdida disyuntiva[8] de los héroes, dejándose ir hacia las imágenes que se concertaban y adquirían color y movimiento, fue testigo del último encuentro en la cabaña del monte. Primero entraba la mujer, recelosa[9]; ahora llegaba el
20  amante, lastimada la cara por el chicotazo de la rama.[10] Admirablemente restañaba[11] ella la sangre con sus besos, pero él rechazaba sus caricias, no había venido para repetir la ceremonia de una pasión secreta, protegida por un mundo de hojas secas y senderos furtivos. El puñal **se entibiaba** contra su pecho y debajo latía la libertad agazapada.[12] Un diálogo anhe-
25  lante[13] corría por las páginas como un arroyo de serpientes, y se sentía que todo estaba decidido desde siempre. Hasta esas caricias que enredaban el cuerpo del amante como queriendo retenerlo y disuadirlo, dibujaban abominablemente la figura de otro cuerpo que era necesario destruir. Nada había sido olvidado: coartadas, azares,[14] posibles errores. **A partir de** esa
30  hora cada instante tenía su empleo minuciosamente atribuido. El doble repaso despiadado se interrumpía apenas para que una mano acariciara una mejilla. Empezaba a anochecer.

---

[1]*business agent with power of attorney*   [2]*sharecropping*   [3]*Comfortably seated*   [4]*velvet*   [5]Gozaba... *He was enjoying the almost perverse pleasure of separating himself line by line from his surroundings*   [6]alto... *high back of the chair*   [7]*large windows*   [8]*dilemma*   [9]*suspicious*   [10]lastimada... *his face scratched by the lash of a tree branch*   [11]*stopped*   [12]libertad... *hidden freedom*   [13]*chilling*   [14]coartadas... *alibis, twists of fate*

Sin mirarse ya, atados rígidamente a la tarea que los esperaba, se separaron en la puerta de la cabaña. Ella debía seguir por la senda que iba al
35 norte. Desde la senda opuesta él se volvió un instante para verla correr con el pelo suelto. Corrió a su vez, parapetándose en los árboles y los setos, hasta distinguir en la bruma malva del crepúsculo la alameda que llevaba a la casa.[15] Los perros no debían ladrar, y no ladraron. El mayordomo no estaría a esa hora, y no estaba. Subió los tres peldaños del porch y entró.
40 Desde la sangre galopando en sus oídos le llegaban las palabras de la mujer: primero una sala azul, después una galería, una escalera alfombrada. **En lo alto,** dos puertas. Nadie en la primera habitación, nadie en la segunda. La puerta del salón, y entonces el puñal en la mano, la luz de los ventanales, el alto respaldo de un sillón de terciopelo verde, la cabeza del hombre en
45 el sillón leyendo una novela. 🏵️

---

[15]Corrió... *He ran in turn, sheltering himself among the trees and the hedges, until he was able to distinguish in the mauve-colored mist of the twilight the tree-lined walk that led to the house.*

# Después de leer

## Cuestionario

1. ¿Cuándo comenzó el protagonista a leer la novela?
2. ¿Por qué abandonó la lectura?
3. ¿Qué hizo después de escribirle una carta a su apoderado?
4. ¿De qué placer perverso gozaba el protagonista?
5. Describa el último encuentro de los amantes.
6. ¿Qué hizo el amante después de separarse de la mujer?
7. ¿Por qué no estaba el mayordomo a esa hora?
8. ¿A quién encuentra el amante?

## Estudio de palabras

Complete las oraciones con palabras o expresiones de **Palabras importantes y modismos.**

1. Regresó de Buenos Aires para descansar y _____ leer la novela.
2. Todo ocurría simultáneamente: _____ que leía, hablaba por teléfono.
3. Quería fumar, pero los cigarrillos no estaban _____ la mano.
4. _____ esa hora, cada instante tenía su empleo minuciosamente atribuido.
5. El puñal _____ contra su pecho.
6. _____ la escalera, allá arriba, había dos puertas.

1. En la primera parte del cuento, ¿qué palabras o frases descriptivas indican lo atractivo del mundo ficticio?
2. Estas primeras líneas establecen un contraste, es decir, una relación, entre el mundo literario y la vida del protagonista. ¿Cómo es, según el tono del texto, la vida del protagonista?
3. ¿Qué siente el protagonista mientras lee la novela? Anote las expresiones que se utilizan para describir sus sensaciones.
4. Explique con sus propias palabras de qué trata la novela que está leyendo el protagonista del cuento.
5. ¿Cómo es la casa del protagonista del cuento? Descríbala con el mayor número de detalles que pueda.
6. Al final del cuento la realidad y la ficción se mezclan. ¿Cuáles son las palabras y frases clave que aparecen en la realidad y en la ficción que indican que ambas se han juntado?
7. ¿Qué le habría pasado al protagonista si no hubiera empezado a leer la novela? Explique su respuesta.
8. Pensando en el final del cuento, ¿cuál es la paradoja que se plantea?

## ANÁLISIS DEL TEXTO

1. ¿Qué sugiere el título «Continuidad de los parques»?
2. ¿En qué punto del cuento se encuentra que lo ficticio se convierte en lo real?
3. ¿Cómo se mantiene el elemento de tensión en la obra?
4. Hay un marcado cambio de ritmo al final del cuento. ¿Qué efecto produce en el lector este cambio?
5. Todos los verbos en el cuento se refieren al pasado, menos el último: «la cabeza del hombre en el sillón *leyendo* una novela». ¿Qué puede sugerir esto?

 ## EN GRUPOS

Completen las siguientes actividades en grupos.

A. **La pampa.** Hagan una presentación de las características principales de la pampa argentina.
B. **La estancia.** Describan en detalle la vida en una estancia. ¿Qué tipo de trabajo predomina?
C. **La tensión.** Hagan una lista de los elementos que contribuyen a la tensión en este cuento.
D. **El final.** El cuento une al final la realidad con la ficción. ¿Cuál es el efecto de esto? ¿Quién es la mujer? ¿Qué creen Uds. que podría pasar después con la mujer y el hombre del sillón verde? ¿Por qué?

# BIBLIOGRAFÍA

**Printed Materials**

Epple, Juan Armando. "La actitud lúdica en el cuento de Cortázar." *Explicación de textos literarios* 5 (1976):165–173.

Filinich, María Isabel. "'Continuidad de los parques': Lo continuo y lo discontinuo." *Hispanoamérica-Revista de Literatura* 25.73 (April 1996):113–119.

García Méndez, Javier. "De un cuento de Cortázar y de la teoría de lo fantástico." *Plural* 9 (October 1979):20–24.

Lagmanovich, David. "Estrategias del cuento breve en Cortázar: Un paseo por 'Continuidad de los parques.'" *Explicación de textos literarios* 17 (1988–1989):177–185.

Lunn, Patricia V. and Jane W. Albrecht. "The Grammar of Technique: Inside 'Continuidad de los parques.'" *Hispania* 80.2 (1997):227–233.

Tittler, Jonathan. "La continuidad en 'Continuidad de los parques.'" *Crítica Hispánica* 6 (1984): 167–174.

**Audiovisual**

*Julio Cortázar: Argentina's Iconoclast.* (Spanish with English subtitles, 26 minutes, color) Films for the Humanities and Sciences. (www.films. com)

*Julio Cortázar: Fantasy, Reality, and Revolution.* (Spanish, 60 minutes). Films for the Humanities and Sciences. (www.films.com)

Elegante casa aristocrática

# *Casa tomada*

Este cuento, que fue publicado en 1951 y forma parte de la colección *Bestiario*, es considerado uno de los mejores de la obra narrativa de Cortázar y uno de los que más se han incluido en antologías. Como en otras de sus obras, Cortázar nos presenta en este cuento uno de sus temas básicos: la relación que existe entre lo real y lo ficticio, algo que nos hace cuestionar la esencia misma de la verdad y de la realidad. Este cuento ha sido estudiado por muchos críticos debido a sus posibilidades psicológicas. La estrecha relación entre la pareja de hermanos, que en el texto se define como un «matrimonio de hermanos[1]», sugiere la posibilidad de una relación incestuosa, algo acentuado por el ambiente cerrado y protegido en que ellos viven. Algunos críticos han visto el final del cuento bajo un signo positivo. Los hermanos, quienes dejan su casa y se enfrentan a un mundo nuevo, ahora tienen que encontrar maneras de sobrevivir aceptando responsabilidades.

[1]matrimonio... *marriage between brother and sister*

# Antes de leer

## Palabras importantes y modismos

| | | | |
|---|---|---|---|
| **bastarse** | to be self-sufficient | **complacerse (zc) (con)** | to be pleased (with) |

| dar (*irreg.*) | to take a lot of | habituarse | to become |
|---|---|---|---|
| trabajo | time | (habitúo) a | accustomed to |
| entrar en | to approach | irse (*irreg.*) | to pass time |
| + *número* | + *number* | las horas | |
| + *años* | + *years* (*of* | morirse | to die |
| | *age*) | (ue, u) | |
| ocurrírsele | to remember to | voltear | to turn over (*in* |
| a alguien | (*do something*) | | *the sense of a* |
| + *infinitivo* | | | *business deal*); |
| franquear | to bolt the door | | to demolish |

# Narrative Structures (*estructuras*)

"Casa tomada" is a complex story that focuses on the creation of a mysterious ambiance as well as on the interaction between the two main characters—an interaction that is fraught with psychological implications. As you read the story, try to concentrate on these points.

1. **La exposición** is the establishment of the necessary details or information that will ground the action. In this story, look at the specifics of the situation, the names and relationship of the two protagonists and the importance of the setting (**el marco escénico**). These factors plant the seeds from which the main narrative will grow.
2. **El desarrollo** is the introduction and elaboration of the actions and characters (**los personajes**) that will form the story. Pay particular attention to the sparse dialogue in the story.
3. **El suspenso,** as the term clearly implies, is the dramatic tension that defines the unfolding of events and, moreover, is the anticipation of events to follow.
4. **El punto decisivo** is the moment or point (whether an action, a word, or words) at which there is a change in the direction of the events that have been unfolding.
5. **El clímax** is the necessary and unavoidable culmination, the immediate impact or consequence, of this change in narrative direction.
6. **El desenlace** is the establishment of the ultimate and final consequences of the **punto decisivo** and **clímax.**

As you scan "Casa tomada," attempt to locate or recognize these structural components. Bear in mind that there will not necessarily be a hard and fast delineation between specific structural components.

**CONTEXTO CULTURAL**

El ambiente de este cuento es típico no solamente de Buenos Aires, sino también de cada ciudad grande donde existe un choque entre el pasado y el presente. La pareja de «Casa tomada» parece existir fuera del tiempo moderno en un ambiente aislado y protegido que ellos han creado. Por su clase y posición económica privilegiadas, viven de la renta de sus terrenos y no se preocupan por lo que está ocurriendo afuera en el mundo. La mujer teje,[1] y el hermano se interesa en la colección de sellos y en la literatura, ambas tareas improductivas.

Poco antes de publicar este cuento, Cortázar había sido encarcelado por su oposición al gobierno de Perón. En 1951 se trasladó a Francia donde, salvo en pocas ocasiones fuera del país, vivió hasta su muerte. Es probable que este ambiente pesadilla[2] presentado en este cuento prefigure su visión de las condiciones políticas de su país.

[1]*knits*  [2]*de... nightmarish*

# ▦ *Casa tomada* ▦

**N**OS GUSTABA LA casa porque aparte de espaciosa y antigua (hoy que las casas antiguas sucumben a la más ventajosa liquidación de sus materiales[1]) guardaba los recuerdos de nuestros bisabuelos, el abuelo paterno, nuestros padres y toda la infancia.

5   **Nos habituamos** Irene y yo a persistir solos en ella, lo que era una locura pues en esa casa podían vivir ocho personas sin estorbarse. Hacíamos la limpieza por la mañana, levantándonos a las siete, y a eso de las once yo le dejaba a Irene las últimas habitaciones por repasar y me iba a la cocina. Almorzábamos a mediodía, siempre puntuales; ya no quedaba nada

10   por hacer fuera de unos pocos platos sucios. Nos resultaba grato almorzar pensando en la casa profunda y silenciosa y cómo nos **bastábamos** para mantenerla limpia. A veces llegamos a creer que era ella la que no nos dejó casarnos. Irene rechazó dos pretendientes sin mayor motivo, a mí se me murió María Esther antes que llegáramos a comprometernos. **Entramos en**

15   los cuarenta años con la inexpresada idea de que el nuestro, simple y silencioso matrimonio de hermanos, era necesaria clausura de la genealogía asentada por los bisabuelos en nuestra casa.

**Nos moriríamos** allí algún día, vagos y esquivos primos se quedarían con la casa y la echarían al suelo para enriquecerse con el terreno y los

20   ladrillos; o mejor, nosotros mismos la **voltearíamos** justicieramente antes de que fuese demasiado tarde.

[1]*las... old houses are prey to the most advantageous liquidation of their materials*

Irene era una chica nacida para no molestar a nadie. Aparte de su actividad matinal se pasaba el resto del día tejiendo en el sofá de su dormitorio. No sé por qué tejía tanto, yo creo que las mujeres tejen cuando han
25 encontrado en esa labor el gran pretexto para no hacer nada. Irene no era así, tejía cosas siempre necesarias, tricotas[2] para el invierno, medias para mí, mañanitas[3] y chalecos[4] para ella. A veces tejía un chaleco y después lo destejía en un momento porque algo no le agradaba; era gracioso ver en la canastilla el montón de lana encrespada resistiéndose a perder su forma de
30 algunas horas. Los sábados iba yo al centro a comprarle lana; Irene tenía fe en mi gusto, **se complacía con** los colores y nunca tuve que devolver madejas. Yo aprovechaba esas salidas para dar una vuelta por las librerías y preguntar vanamente si había novedades en literatura francesa. Desde 1939* no llegaba nada valioso a la Argentina.
35    Pero es de la casa que me interesa hablar, de la casa y de Irene, porque yo no tengo importancia. Me pregunto qué hubiera hecho Irene sin el tejido. Uno puede releer un libro, pero cuando un pulóver está terminado no se puede repetirlo sin escándalo. Un día encontré el cajón de abajo de la cómoda de alcanfor lleno de pañoletas[5] blancas, verdes, lila. Estaban con
40 naftalina, apiladas como en una mercería;[6] no tuve valor de preguntarle a Irene qué pensaba hacer con ellas. No necesitábamos ganarnos la vida, todos los meses llegaba la plata de los campos y el dinero aumentaba. Pero a Irene solamente la entretenía el tejido, mostraba una destreza maravillosa y **a mí se me iban las horas** viéndole las manos como erizos[7] plateados,
45 agujas yendo y viniendo y una o dos canastillas en el suelo donde se agitaban constantemente los ovillos. Era hermoso.
   Cómo no acordarme de la distribución de la casa. El comedor, una sala con gobelinos, la biblioteca y tres dormitorios grandes quedaban en la parte más retirada, la que mira hacia Rodríguez Peña.* Solamente un
50 pasillo con su maciza[8] puerta de roble[9] aislaba esa parte del ala delantera donde había un baño, la cocina, nuestros dormitorios y el living central, al cual comunicaban los dormitorios y el pasillo. Se entraba a la casa por un zaguán con mayólica,[10] y la puerta cancel[11] daba al living. De manera que uno entraba por el zaguán, abría la cancel y pasaba al living; tenía a los
55 lados las puertas de nuestros dormitorios, y al frente el pasillo que conducía a la parte más retirada; avanzando por el pasillo se **franqueaba** la puerta de roble y más allá empezaba el otro lado de la casa, o bien se podía girar a la izquierda justamente antes de la puerta y seguir por un pasillo más estrecho que llevaba a la cocina y al baño. Cuando la puerta estaba abierta

[2]suéteres  [3]throws, shawls  [4]waistcoats  [5]shawls  [6]Estaban... they were full of mothballs and piled high as in a dry-goods store  [7]pinwheels  [8]solid  [9]oak  [10]Se... One entered the house through a entrance hall with majolica statues  [11]puerta... storm door

*1939 is a key date in history. It marks the beginning of the Second World War in which Argentina declared itself neutral.
**Rodríguez Peña is a fashionable street in Buenos Aires.

advertía uno que la casa era muy grande; si no, daba la impresión de un departamento de los que se edifican ahora, apenas para moverse; Irene y yo vivíamos siempre en esta parte de la casa, casi nunca íbamos más allá de la puerta de roble, salvo para hacer la limpieza, pues es increíble cómo se junta tierra en los muebles.[12] Buenos Aires será una ciudad limpia, pero eso lo debe a sus habitantes y no a otra cosa. Hay demasiada tierra en el aire, apenas sopla una ráfaga[13] se palpa el polvo en los mármoles de las consolas y entre los rombos de las carpetas de macramé; **da trabajo** sacarlo bien con plumero, vuela y se suspende en el aire, un momento después se deposita de nuevo en los muebles y los pianos.

Lo recordaré siempre con claridad porque fue simple y sin circunstancias inútiles. Irene estaba tejiendo en su dormitorio, eran las ocho de la noche y de repente **se me ocurrió** poner al fuego la pavita[14] del mate. Fui por el pasillo hasta enfrentar la entornada puerta de roble, y daba la vuelta al codo que llevaba a la cocina[15] cuando escuché algo en el comedor o la biblioteca. El sonido venía impreciso y sordo, como un volcarse de silla sobre la alfombra o un ahogado susurro de conversación. También lo oí, al mismo tiempo o un segundo después, en el fondo del pasillo que traía desde aquellas piezas hasta la puerta. Me tiré contra la puerta antes de que fuera demasiado tarde, la cerré de golpe apoyando el cuerpo; felizmente la llave estaba puesta de nuestro lado y además corrí el gran cerrojo[16] para más seguridad.

Fui a la cocina, calenté la pavita, y cuando estuve de vuelta con la bandeja del mate le dije a Irene:

—Tuve que cerrar la puerta del pasillo. Han tomado la parte del fondo.

Dejó caer el tejido y me miró con sus graves ojos cansados.

—¿Estás seguro?

Asentí.

—Entonces —dijo recogiendo las agujas— tendremos que vivir en este lado.

Yo cebaba el mate[17] con mucho cuidado, pero ella tardó un rato en reanudar su labor. Me acuerdo que tejía un chaleco gris; a mí me gustaba ese chaleco.

Los primeros días nos pareció penoso porque ambos habíamos dejado en la parte tomada muchas cosas que queríamos. Mis libros de literatura francesa, por ejemplo, estaban todos en la biblioteca. Irene extrañaba unas carpetas,[18] un par de pantuflas[19] que tanto la abrigaban en invierno. Yo sentía mi pipa de enebro[20] y creo que Irene pensó en una botella de Hesperidina de muchos años. Con frecuencia (pero esto solamente sucedió los

---

[12]es... *it's unbelievable how much dust gathers on the furniture*   [13]Apenas... *A gust of wind barely blows*   [14]*small pot (for* mate)   [15]daba... *I was turning the corner toward the kitchen*   [16]corrí... *I bolted the door*   [17]Yo... *I was brewing mate*   [18]*tablecloths*   [19]*slippers*   [20]*juniper*

primeros días) cerrábamos algún cajón de las cómodas y nos mirábamos con tristeza.

100 —No está aquí.

Y era una cosa más de todo lo que habíamos perdido al otro lado de la casa.

Pero también tuvimos ventajas. La limpieza se simplificó tanto que aun levantándose tardísimo, a las nueve y media por ejemplo, no daban las once
105 y ya estábamos de brazos cruzados.[21] Irene se acostumbró a ir conmigo a la cocina y ayudarme a preparar el almuerzo. Lo pensamos bien y se decidió esto: mientras yo preparaba el almuerzo, Irene cocinaría platos para comer fríos de noche. Nos alegramos porque siempre resulta molesto tener que abandonar los dormitorios al atardecer y ponerse a cocinar. Ahora
110 nos bastaba con la mesa en el dormitorio de Irene y las fuentes de comida fiambre.[22]

Irene estaba contenta porque le quedaba más tiempo para tejer. Yo andaba un poco perdido a causa de los libros, pero por no afligir a mi hermana me puse a revisar la colección de estampillas de papá, y eso me
115 sirvió para matar el tiempo. Nos divertíamos mucho, cada uno en sus cosas, casi siempre reunidos en el dormitorio de Irene que era más cómodo. A veces Irene decía:

—Fíjate este punto que se me ha ocurrido.[23] ¿No da un dibujo de trébol?

Un rato después era yo el que le ponía ante los ojos un cuadradito de
120 papel para que viese el mérito de algún sello de Eupen y Malmédy.* Estábamos bien, y poco a poco empezábamos a no pensar. Se puede vivir sin pensar.

(Cuando Irene soñaba en alta voz yo me desvelaba en seguida. Nunca pude habituarme a esa voz de estatua o papagayo, voz que viene de los sue-
125 ños y no de la garganta. Irene decía que mis sueños consistían en grandes sacudones que a veces hacían caer el cobertor.[24] Nuestros dormitorios tenían el living de por medio, pero de noche se escuchaba cualquier cosa en la casa. Nos oíamos respirar, toser, presentíamos el ademán[25] que conduce a la llave del velador,[26] los mutuos y frecuentes insomnios.
130 Aparte de eso todo estaba callado en la casa. De día eran los rumores domésticos, el roce metálico de las agujas de tejer, un crujido al pasar las hojas del álbum filatélico. La puerta de roble, creo haberlo dicho, era maciza. En la cocina y el baño, que quedaban tocando la parte tomada, nos

[21]no... *it was not yet eleven o'clock and already we had nothing more to do*  [22]fuentes... *platters of cold cuts*
[23]Fíjate... *Look at this stitch that I discovered.*  [24]sacudones... *jolts that caused the bedspread to fall*
[25]*gesture*  [26]*nightstand*

*Eupen and Malmedy are neighboring cities that were transferred to Belgium in the World War I Treaty of Versailles (1919). Belgium overprinted 468 stamps of Eupen and Malmedy (now very valuable) during its occupation just before the Treaty.

poníamos a hablar en voz más alta o Irene cantaba canciones de cuna.[27] En una cocina hay demasiado ruido de loza[28] y vidrios para que otros sonidos irrumpan en ella. Muy pocas veces permitíamos allí el silencio, pero cuando tornábamos a los dormitorios y al living, entonces la casa se ponía callada y a media luz, hasta pisábamos más despacio para no molestarnos. Yo creo que era por eso que de noche, cuando Irene empezaba a soñar en alta voz, me desvelaba en seguida.)

Es casi repetir lo mismo salvo las consecuencias. De noche siento sed, y antes de acostarnos le dije a Irene que iba hasta la cocina a servirme un vaso de agua. Desde la puerta del dormitorio (ella tejía) oí ruido en la cocina; tal vez en la cocina o tal vez en el baño porque el codo del pasillo apagaba el sonido. A Irene le llamó la atención mi brusca manera de detenerme, y vino a mi lado sin decir palabra. Nos quedamos escuchando los ruidos, notando claramente que eran de este lado de la puerta de roble, en la cocina y el baño, o en el pasillo mismo donde empezaba el codo casi al lado nuestro.

No nos miramos siquiera. Apreté el brazo de Irene y la hice correr conmigo hasta la puerta cancel, sin volvernos hacia atrás. Los ruidos se oían más fuerte pero siempre sordos, a espaldas nuestras. Cerré de un golpe la cancel y nos quedamos en el zaguán. Ahora no se oía nada.

—Han tomado esta parte —dijo Irene. El tejido le colgaba de las manos y las hebras iban hasta la cancel y se perdían dabajo. Cuando vio que los ovillos habían quedado del otro lado, soltó el tejido sin mirarlo.

—¿Tuviste tiempo de traer alguna cosa? —le pregunté inútilmente.

—No, nada.

Estábamos con lo puesto.[29] Me acordé de los quince mil pesos en el armario de mi dormitorio. Ya era tarde ahora.

Como me quedaba el reloj pulsera,[30] vi que eran las once de la noche. Rodeé con mi brazo la cintura de Irene (yo creo que ella estaba llorando) y salimos así a la calle. Antes de alejarnos tuve lástima, cerré bien la puerta de entrada y tiré la llave a la alcantarilla.[31] No fuese que a algún pobre diablo se le ocurriera robar y se metiera en la casa, a esa hora y con la casa tomada. 🏵️

---

[27]canciones... *lullabies*   [28]*china*   [29]Estábamos... *We were left with just our clothes.*   [30]Como... *Because I still had my wristwatch*   [31]tiré... *I threw the key down the sewer*

# DESPUÉS DE LEER

1. ¿Por qué les gustaba la casa a los hermanos?
2. ¿Qué hacían usualmente los hermanos por la mañana?
3. ¿Qué querían hacer los hermanos con la casa antes de morir?
4. ¿Cómo se pasa el resto del día Irene?
5. ¿Cómo se entretiene su hermano?
6. ¿De qué viven los hermanos?
7. ¿Cuántas habitaciones tenía la casa?
8. ¿Qué parte de la casa ocupaban casi siempre los hermanos?
9. ¿Por qué es difícil mantener la casa limpia según los hermanos?
10. ¿Cómo se dieron cuenta de que alguien había entrado en la casa? ¿Qué hizo el hermano al enterarse de que alguien había entrado?
11. De las cosas que había dejado en la parte tomada, ¿cuáles extrañaba Irene?
12. ¿Por qué estaba contenta Irene después de que le tomaron parte de la casa?
13. ¿Cómo se ponía la casa cuando los hermanos tornaban a los dormitorios?
14. ¿Qué hicieron los hermanos cuando se enteraron de que los ruidos habían llegado a su lado de la puerta de roble?
15. ¿Dónde tiraron la llave? ¿Por qué la tiraron?

## ESTUDIO DE PALABRAS

**A.** Complete las oraciones con palabras o expresiones de **Palabras importantes y modismos.**

1. Irene y su hermano _____ a vivir solos en la casa.
2. Ellos solos _____ para mantener la casa limpia.
3. ¿Cuántos años tenían los hermanos? _____ los cuarenta.
4. ¿Dónde piensan que van a morir los hermanos? _____ en su casa.
5. Los hermanos piensan _____ la casa antes de que sea demasiado tarde.
6. Irene _____ tejer.
7. Al hermano _____ viendo tejer a su hermana.
8. Avanzó por el pasillo y _____ la puerta de roble.
9. Sacar bien el polvo con el plumero _____.
10. Irene estaba tejiendo, y _____ poner la pavita del mate.

1. Describa lo que hacían los hermanos cada mañana.
2. ¿Por qué nunca se casaron los hermanos?
3. ¿Qué harían los primos con la casa después de la muerte de los hermanos?
4. ¿Cuáles son algunas de las cosas que tejía Irene?
5. ¿Por qué los hermanos no necesitaban ganarse la vida?
6. Describa lo que tenían que hacer los hermanos para llegar a sus dormitorios.
7. ¿Cómo era Buenos Aires según los hermanos?
8. ¿Qué hizo el hermano después de oír un susurro de conversaciones que venía de la biblioteca?
9. Entre las cosas que habían dejado en la parte de la casa tomada, ¿cuáles extrañaban?
10. Describa algunas de las ventajas que tenían limitados a la parte más pequeña de la casa.
11. Describa algunos de los rumores domésticos que se oían durante el día.
12. ¿Qué hacen los hermanos cuando se dan cuenta de que toda la casa ha sido tomada?

## *ANÁLISIS DEL TEXTO*

1. ¿Qué tipo de relaciones hay entre los hermanos? ¿Considera Ud. que son relaciones típicas entre hermano y hermana?
2. Tomando en cuenta que el cuento fue publicado en 1951, ¿cómo interpreta Ud. la frase «Desde 1939 no llegaba nada valioso a Argentina»?
3. Explique lo que simboliza el acto de tejer.
4. ¿Cuál diría Ud que es el tema principal de este cuento?
5. ¿Cómo se crea el ambiente de tensión en este cuento?
6. ¿Qué puede significar la pasividad de los dos hermanos?
7. ¿Cómo interpreta Ud. el último párrafo del cuento? ¿Es posible que tenga un significado político? Explique.

 ## *EN GRUPOS*

Completen las siguientes actividades en grupos.

A. **La economía argentina.** En grupos de tres o cuatro estudiantes, busquen información sobre la situación económica de Argentina en el presente y coméntenla.
B. **El gobierno argentino.** ¿Qué tipo de gobierno tiene el país actualmente? Traten de señalar las semejanzas y diferencias entre el sistema de gobierno con el del país de Uds.

**C. La historia oficial.** Vean la película *La historia oficial* para luego comentar en clase los temas principales.

**D. La guerra sucia.** Investiguen el trasfondo histórico de la «guerra sucia» y coméntenlo. Muchos han defendido la «guerra sucia». La clase debe dividirse en dos grupos asumiendo una posición en contra y otra a favor de este tema.

## BIBLIOGRAFÍA

### Printed Materials

Brandt Rojas, José H. "Asedios a 'Casa tomada' de Julio Cortázar." *Revista de Estudios Hispánicos* 7 (1980):75–84.

Fouques, Bernard. "'Casa tomada', o la auto-significación del relato." *Revista Iberoamericana* 42 (1976):527–533.

Moreno Turner, Fernando. "El texto en movimiento, movimientos del texto: Nuevo asalto a 'Casa tomada' de Julio Cortázar." *Acta Literaria* 23 (1998):69–80.

Pérez Venzala, Valentín. "Incesto y espacialización del psiquismo en 'Casa tomada' de Cortázar." *Espéculo: Revista de Estudios Literarios* (www.ucm.es/info/especulo/numero10/cort_poe.html)

Ramond, Michele. "La casa de sus sueños: Sobre 'Casa tomada' de Julio Cortázar." *Coloquio Internacional: Lo lúdico y lo fantástico en la obra de Cortázar II.* Madrid: Fundamentos, 1986:97–109.

Scasso Rossi, Pablo. "'Casa tomada': aproximaciones a una interpretación." (http://209.197.88.127/smu/publicaciones/noticias/separ115/art-17.pdf)

### Audiovisual

*Julio Cortázar: Argentina's Iconoclast.* (Spanish with English subtitles, 26 minutes, color) Films for the Humanities and Sciences. (www.films.com)

*Julio Cortázar: Fantasy, Reality, and Revolution.* (Spanish, 60 minutes) Films for the Humanities and Sciences. (www.films.com)

Piedra de sacrificios precolombina

# La noche boca arriba[1]

«La noche boca arriba», cuento incluido en la primera edición de *Final del juego*, juega con dos niveles diferenciados de la realidad: el nivel consciente del mundo «real», y el nivel subconsciente del mundo onírico.[2] Al leer este cuento trate de descubrir las técnicas que usa el narrador para mantener la tensión entre estos dos mundos. Fíjese en el lenguaje que se emplea para crear un ambiente de miedo y confusión.

[1]boca... face up   [2]*dream world*

# Antes de leer

## PALABRAS IMPORTANTES Y MODISMOS

| | | | |
|---|---|---|---|
| **a tientas** | gropingly | **esconderse** | to hide |
| **agacharse** | to crouch | **hacer (*irreg.*)** | to wet one's |
| **costarle (ue)** | to be difficult for | **un buche** | mouth |
| **a alguien** | someone to | **hacer una** | to (make a) |
| **+ *infinitivo*** | (*do something*) | **seña** | signal |
| **de cuando en** | from time to | **ir (*irreg.*)** | to overcome |
| **cuando** | time | **ganando** | |
| **defenderse** | to defend oneself | | |

## Themes (*temas*)

Although a work concretely presents the subject matter or action of its story, its theme or themes are often found on levels that are more abstract. Even though the themes might actually be stated overtly, quite often this does not prove to be the case. The need for greater understanding or unity, for example, could be seen as one of several themes arising from conflicts that normally lead to physical violence. In this particular scenario, the theme need not be stated directly, whereas the conflicts or physical violence *would* be mentioned.

The theme of "La noche boca arriba" is similar to that of many of Cortázar's stories in that one's understanding of reality is questioned. As you read the story quickly for the first time, take special note of the different realities that alternate—the conscious or "real" world and the subconscious or "dream" world—and of how these realities are linked in the story. What causes the temporal and spatial shifts from one reality to the other? This movement between two seemingly disparate realities, a movement that can be seen as a destabilizing force, is a source of great tension in the story. Although you will ultimately see what triggers the shifts between realities, the tension remains until the very end of the story when the theme is more fully elaborated. In other words, you will discover that your role as reader has been more active than passive.

Try to answer the following questions before your second reading. In what ways are you, the reader, suddenly forced at the end to confront the assumptions that you made earlier while reading? How is the theme more fully explored at the end of the story? After you reread "La noche boca arriba," the implications of the theme will become much more profound.

**C**ONTEXTO CULTURAL

Al principio del cuento, Cortázar hace una referencia al pasado azteca y a las llamadas «guerras floridas», en las cuales los aztecas «cazaban»[1] indígenas de otras tribus para luego sacrificarlos para aplacar a los dioses. En su «Segunda carta de relación» del 30 de octubre de 1520, escrita al Emperador Carlos V (1517–1556), quien llevaba también el título de Carlos I Rey de España, Cortés detalla minuciosamente estas ceremonias rituales. Señala, por ejemplo, su enorme impresión al ver tanta sangre y violencia. Tan fuerte es su reacción que luego el conquistador trata de reemplazar las estatuas de los dioses paganos por algunas imágenes de la Virgen María y de los santos. Aunque Cortés queda escandalizado por la conducta salvaje de los indígenas, esto no le impide al conquistador emprender una

[1]*hunted*

destrucción metódica y aun más cruel del imperio azteca siempre en nombre de la Iglesia Católica y del rey de España.

Para adquirir una perspectiva de la conquista desde el punto de vista de los indígenas basta leer la obra de Miguel León Portilla, «La visión de los vencidos», en particular el capítulo que se refiere a la masacre del Templo Mayor dirigida por Pedro de Alvarado, soldado de Cortés. Mientras los aztecas ofrecían sacrificios humanos a su dios Huitzilopochtli en la fiesta de Toxcatl, Alvarado y sus hombres atacaron en el templo y mataron en forma brutal a los indígenas. Existen también otras memorias y versiones de misioneros, como la de fray Bartolomé de Las Casas, que describen la crueldad de la conquista.

# ▦ *La noche boca arriba* ▦

*Y salían en ciertas épocas a cazar enemigos; le llamaban la guerra florida.*[1]

A MITAD DEL LARGO zaguán[2] del hotel pensó que debía ser tarde, y se apuró a salir a la calle y sacar la motocicleta del rincón donde el portero de al lado le permitía guardarla. En la joyería de la esquina vio que eran las nueve menos diez; llegaría con tiempo
5 sobrado adonde iba.[3] El sol se filtraba entre los altos edificios del centro, y él —porque para sí mismo, para ir pensando, no tenía nombre— montó en la máquina saboreando el paseo. La moto ronroneaba[4] entre sus piernas, y un viento fresco le chicoteaba[5] los pantalones.

Dejó pasar los ministerios[6] (el rosa, el blanco) y la serie de comercios
10 con brillantes vitrinas de la calle Central. Ahora entraba en la parte más agradable del trayecto, el verdadero paseo: una calle larga, bordeada de árboles, con poco tráfico y amplias villas que dejaban venir los jardines hasta las aceras,[7] apenas demarcadas por setos[8] bajos. Quizá algo distraído, pero corriendo sobre la derecha como correspondía, se dejó llevar por la
15 tersura,[9] por la leve crispación[10] de ese día apenas empezado. Tal vez su involuntario relajamiento le impidió prevenir el accidente. Cuando vio que la mujer parada en la esquina se lanzaba a la calzada[11] a pesar de las luces verdes, ya era tarde para las soluciones fáciles. Frenó con el pie y la mano, desviándose a la izquierda; oyó el grito de la mujer, y junto con el choque
20 perdió la visión. Fue como dormirse de golpe.

Volvió bruscamente del desmayo. Cuatro o cinco hombres jóvenes lo estaban sacando de debajo de la moto. Sentía gusto a sal y sangre, le dolía una rodilla, y cuando lo alzaron gritó, porque no podía soportar la presión en el brazo derecho. Voces que no parecían pertenecer a las caras
25 suspendidas sobre él, lo alentaban con bromas y seguridades. Su único

---

[1]guerra... *ritualistic Aztec wars in which victims were offered as sacrifices to the gods*   [2]*entrance hall*
[3]llegaría... *he would arrive at his destination in plenty of time*   [4]*purred*   [5]*whipped*   [6]*government office buildings*   [7]*sidewalks*   [8]*hedges*   [9]*brilliance*   [10]*element of tension*   [11]se... *thrust herself into the street*

alivio fue oír la confirmación de que había estado en su derecho al cruzar la esquina. Preguntó por la mujer, tratando de dominar la náusea que le ganaba la garganta.[12] Mientras lo llevaban boca arriba hasta una farmacia próxima, supo que la causante del accidente no tenía más que rasguños en las piernas. «Usté la agarró apenas, pero el golpe le hizo saltar la máquina de costado... » Opiniones, recuerdos, despacio, éntrenlo de espaldas,[13] así va bien, y alguien con guardapolvo[14] dándole a beber un trago que lo alivió en la penumbra de una pequeña farmacia de barrio.

La ambulancia policial llegó a los cinco minutos, y lo subieron a una camilla[15] blanda donde pudo tenderse a gusto. Con toda lucidez, pero sabiendo que estaba bajo los efectos de un shock terrible, dio sus señas[16] al policía que lo acompañaba. El brazo casi no le dolía; de una cortadura en la ceja goteaba sangre por toda la cara. Una o dos veces se lamió[17] los labios para beberla. Se sentía bien, era un accidente, mala suerte; unas semanas quieto y nada más. El vigilante le dijo que la motocicleta no parecía muy estropeada.[18] «Natural», dijo él, «Como que me la ligué encima... »[19] Los dos se rieron, y el vigilante le dio la mano al llegar al hospital y le deseó buena suerte. Ya la náusea volvía poco a poco; mientras lo llevaban en una camilla de ruedas hasta un pabellón del fondo, pasando bajo árboles llenos de pájaros, cerró los ojos y deseó estar dormido o cloroformado.[20] Pero lo tuvieron largo rato en una pieza con olor a hospital, llenando una ficha, quitándole la ropa y vistiéndolo con una camisa grisácea y dura. Le movían cuidadosamente el brazo, sin que le doliera. Las enfermeras bromeaban todo el tiempo, y si no hubiera sido por las contracciones del estómago se habría sentido muy bien, casi contento.

Lo llevaron a la sala de radio,[21] y veinte minutos después, con la placa todavía húmeda puesta sobre el pecho como una lápida negra,[22] pasó a la sala de operaciones. Alguien de blanco, alto y delgado, se le acercó y se puso a mirar la radiografía. Manos de mujer le acomodaban la cabeza, sintió que lo pasaban de una camilla a otra. El hombre de blanco se le acercó otra vez, sonriendo, con algo que le brillaba en la mano derecha. Le palmeó la mejilla e **hizo una seña** a alguien parado atrás.

Como sueño era curioso porque estaba lleno de olores y él nunca soñaba olores. Primero un olor a pantano,[23] ya que a la izquierda de la calzada empezaban las marismas,[24] los tembladerales[25] de donde no volvía nadie. Pero el olor cesó, y en cambio vino una fragancia compuesta y oscura como la noche en que se movía huyendo de los aztecas. Y todo era tan natural, tenía que huir de los aztecas que andaban a caza de hombre, y su única probabilidad era la de **esconderse** en lo más denso de la selva, cuidando de no apartarse de la estrecha calzada que sólo ellos, los motecas,[26] conocían.

[12]que... *that was getting the better of him*    [13]éntrenlo... *take him in backward*    [14]*dustcoat*    [15]*stretcher*    [16]*address*    [17]se... *he licked*    [18]*damaged*    [19]Como... *That's because it fell on top of me ...*    [20]*anesthetized*    [21]sala... *X-ray room*    [22]con... *with the still-wet X-ray picture on top of his chest like a black tombstone*    [23]olor... *swampy smell*    [24]a... *to the left of the causeway the marshes began*    [25]*quagmires*    [26]*adversaries of the Aztecs in ritual wars*

Lo que más lo torturaba era el olor, como si aun en la absoluta aceptación del sueño algo se rebelara contra eso que no era habitual, que hasta
entonces no había participado del juego. «Huele a guerra», pensó, tocando
instintivamente el puñal de piedra atravesado en su ceñidor[27] de lana tejida.
70 Un sonido inesperado lo hizo **agacharse** y quedar inmóvil, temblando.
Tener miedo no era extraño, en sus sueños abundaba el miedo. Esperó,
tapado por las ramas de un arbusto[28] y la noche sin estrellas. Muy lejos,
probablemente del otro lado del gran lago, debían estar ardiendo fuegos de
vivac[29]; un resplandor rojizo teñía esa parte del cielo. El sonido no se repi-
75 tió. Había sido como una rama quebrada. Tal vez un animal que escapaba
como él del olor de la guerra. Se enderezó despacio, venteando.[30] No se oía
nada, pero el miedo seguía, allí como el olor, ese incienso dulzón[31] de la
guerra florida. Había que seguir, llegar al corazón de la selva evitando las
ciénagas.[32] **A tientas, agachándose** a cada instante para tocar el suelo más
80 duro de la calzada, dio algunos pasos. Hubiera querido echar a correr, pero
los tembladerales palpitaban a su lado. En el sendero en tinieblas, buscó el
rumbo. Entonces sintió una bocanada[33] horrible del olor que más temía, y
saltó desesperado hacia adelante.

—Se va a caer de la cama —dijo el enfermo de al lado—. No brinque
85 tanto,[34] amigo.

Abrió los ojos y era de tarde, con el sol ya bajo en los ventanales de la
larga sala. Mientras trataba de sonreír a su vecino, se despegó casi físicamente de la última visión de la pesadilla. El brazo, enyesado, colgaba de un
aparato con pesas y poleas.[35] Sintió sed, como si hubiera estado corriendo
90 kilómetros, pero no querían darle mucha agua, apenas para mojarse los
labios y **hacer un buche**. La fiebre **lo iba ganando** despacio y hubiera
podido dormirse otra vez, pero saboreaba el placer de quedarse despierto,
entornados los ojos, escuchando el diálogo de los otros enfermos, respon-
diendo **de cuando en cuando** a alguna pregunta. Vio llegar un carrito blanco
95 que pusieron al lado de su cama, una enfermera rubia le frotó con alcohol la
cara anterior del muslo y le clavó una gruesa aguja conectada con un tubo
que subía hasta un frasco lleno de líquido opalino. Un médico joven vino
con un aparato de metal y cuero que le ajustó al brazo sano para verificar
alguna cosa. Caía la noche, y la fiebre lo iba arrastrando blandamente a un
100 estado donde las cosas tenían un relieve como de gemelos de teatro,[36] eran
reales y dulces y a la vez ligeramente repugnantes; como estar viendo una
película aburrida y pensar que sin embargo en la calle es peor; y quedarse.
Vino una taza de maravilloso caldo de oro oliendo a puerro, a apio, a
perejil.[37] Un trocito de pan, más precioso que todo un banquete, se fue des-
105 migajando poco a poco.[38] El brazo no le dolía nada y solamente en la ceja,

---

[27]*belt*   [28]*shrub*   [29]fuegos... *troop encampment campfires*   [30]*sniffing*   [31]incienso... *sweetish incense*
[32]*marshes*   [33]*gust*   [34]*No... Don't jump around so much*   [35]pesas... *weights and pulleys*   [36]tenían... *were
brought into focus as if seen through opera glasses*   [37]oliendo... *smelling of leeks, celery, and parsley*
[38]se... *was crumbling, little by little*

donde lo habían suturado, chirriaba a veces una punzada caliente y rápida. Cuando los ventanales de enfrente viraron a manchas de un azul oscuro, pensó que no le iba a ser difícil dormirse. Un poco incómodo, de espaldas, pero al pasarse la lengua por los labios resecos y calientes sintió el sabor del caldo, y suspiró de felicidad, abandonándose.

110

Primero fue una confusión, un atraer hacia sí todas las sensaciones por un instante embotadas[39] o confundidas. Comprendía que estaba corriendo en plena oscuridad, aunque arriba el cielo cruzado de copas de árboles era menos negro que el resto. «La calzada», pensó. «Me salí de la calzada.» Sus pies se hundían en un colchón de hojas y barro, y ya no podía dar un paso sin que las ramas de los arbustos le azotaran el torso y las piernas. Jadeante, sabiéndose acorralado a pesar de la oscuridad y el silencio, se agachó para escuchar. Tal vez la calzada estaba cerca, con la primera luz del día iba a verla otra vez. Nada podía ayudarlo ahora a encontrarla. La mano que sin saberlo él aferraba el mango del puñal, subió como el escorpión de los pantanos hasta su cuello, donde colgaba el amuleto protector.[40] Moviendo apenas los labios musitó la plegaria del maíz que trae las lunas felices,[41] y la súplica a la Muy Alta, a la dispensadora de los bienes motecas. Pero sentía al mismo tiempo que los tobillos se le estaban hundiendo despacio en el barro, y la espera en la oscuridad del chaparral[42] desconocido se le hacía insoportable. La guerra florida había empezado con la luna y llevaba ya tres días y tres noches. Si conseguía refugiarse en lo profundo de la selva, abandonando la calzada más allá de la región de las ciénagas, quizá los guerreros no le siguieran el rastro. Pensó en los muchos prisioneros que ya habrían hecho. Pero la cantidad no contaba, sino el tiempo sagrado. La caza continuaría hasta que los sacerdotes dieran la señal del regreso. Todo tenía su número y su fin, y él estaba dentro del tiempo sagrado del otro lado de los cazadores.

115

120

125

130

Oyó los gritos y se enderezó de un salto, puñal en mano. Como si el cielo se incendiara en el horizonte, vio antorchas moviéndose entre las ramas, muy cerca. El olor a guerra era insoportable, y cuando el primer enemigo le saltó al cuello casi sintió placer en hundirle la hoja de piedra en pleno pecho. Ya lo rodeaban las luces, los gritos alegres. Alcanzó a cortar el aire una o dos veces, y entonces una soga lo atrapó desde atrás.

135

—Es la fiebre —dijo el de la cama de al lado—. A mí me pasaba igual cuando me operé del duodeno. Tome agua y va a ver que duerme bien.

140

Al lado de la noche de donde volvía, la penumbra tibia de la sala le pareció deliciosa. Una lámpara violeta velaba en lo alto de la pared del fondo como un ojo protector. Se oía toser, respirar fuerte, a veces un diálogo en voz baja. Todo era grato y seguro, sin ese acoso, sin... Pero no quería seguir pensando en la pesadilla. Había tantas cosas en que entretenerse. Se puso

145

[39]pent up  [40]amuleto... good luck charm  [41]musitó... he mumbled the prayer to the corn that brings many happy moons  [42]thicket

a mirar el yeso del brazo,[43] las poleas que tan cómodamente se lo sostenían en el aire. Le habían puesto una botella de agua mineral en la mesa de noche. Bebió del gollete,[44] golosamente. Distinguía ahora las formas de la

150 sala, las treinta camas, los armarios con vitrinas. Ya no debía tener tanta fiebre, sentía fresca la cara. La ceja le dolía apenas, como un recuerdo. Se vio otra vez saliendo del hotel, sacando la moto. ¿Quién hubiera pensado que la cosa iba a acabar así? Trataba de fijar el momento del accidente, y le dio rabia advertir que había ahí como un hueco, un vacío que no alcanzaba

155 a rellenar. Entre el choque y el momento en que lo habían levantado del suelo, un desmayo o lo que fuera no le dejaba ver nada. Y al mismo tiempo tenía la sensación de que ese hueco, esa nada, había durado una eternidad. No, ni siquiera tiempo, más bien como si en ese hueco él hubiera pasado a través de algo o recorrido distancias inmensas. El choque, el golpe brutal

160 contra el pavimento. De todas maneras al salir del pozo negro había sentido casi un alivio mientras los hombres lo alzaban del suelo. Con el dolor del brazo roto, la sangre de la ceja partida, la contusión en la rodilla; con todo eso, un alivio al volver al día y sentirse sostenido y auxiliado. Y era raro. Le preguntaría alguna vez al médico de la oficina. Ahora volvía a ganarlo el

165 sueño, a tirarlo despacio hacia abajo. La almohada era tan blanda, y en su garganta afiebrada la frescura del agua mineral. Quizá pudiera descansar de veras, sin las malditas pesadillas. La luz violeta de la lámpara en lo alto se iba apagando poco a poco.

Como dormía de espaldas, no lo sorprendió la posición en que volvía

170 a reconocerse, pero en cambio el olor a humedad, a piedra rezumante de filtraciones,[45] le cerró la garganta y lo obligó a comprender. Inútil abrir los ojos y mirar en todas direcciones; lo envolvía una oscuridad absoluta. Quiso enderezarse y sintió las sogas en las muñecas y los tobillos. Estaba estaqueado en el suelo, en un piso de lajas[46] helado y húmedo. El frío le

175 ganaba la espalda desnuda, las piernas. Con el mentón buscó torpemente el contacto con su amuleto, y supo que se lo habían arrancado. Ahora estaba perdido, ninguna plegaria podía salvarlo del final. Lejanamente, como filtrándose entre las piedras del calabozo,[47] oyó los atabales[48] de la fiesta. Lo habían traído al teocalli,[49] estaba en las mazmorras[50] del templo a la

180 espera de su turno.

Oyó gritar, un grito ronco que rebotaba en las paredes. Otro grito, acabando en un quejido. Era él que gritaba en las tinieblas, gritaba porque estaba vivo, todo su cuerpo **se defendía** con el grito de lo que iba a venir, del final inevitable. Pensó en sus compañeros que llenarían otras mazmo-

185 rras, y en los que ascendían ya los peldaños del sacrificio. Gritó de nuevo sofocadamente, casi no podía abrir la boca, tenía las mandíbulas agarrotadas[51] y a la vez como si fueran de goma y se abrieran lentamente, con un esfuerzo interminable. El chirriar de los cerrojos lo sacudió como un

---

[43]yeso... *cast on his arm*   [44]*long neck of the bottle*   [45]olor... *damp, cave-like smell*   [46]Estaba... *He was staked to the ground, on a stone slab floor*   [47]*cell*   [48]*kettledrums*   [49]*Aztec ceremonial building*   [50]*underground dungeons*   [51]*stiff*

látigo. Convulso, retorciéndose, luchó por zafarse de las cuerdas[52] que se
le hundían en la carne. Su brazo derecho, el más fuerte, tiraba hasta que el
dolor se hizo intolerable y tuvo que ceder. Vio abrirse la doble puerta, y el
olor de las antorchas le llegó antes que la luz. Apenas ceñidos con el taparrabos[53] de la ceremonia, los acólitos[54] de los sacerdotes se le acercaron
mirándolo con desprecio. Las luces se reflejaban en los torsos sudados, en
el pelo negro lleno de plumas. Cedieron las sogas, y en su lugar lo aferraron
manos calientes, duras como bronce; se sintió alzado, siempre boca arriba,
tironeado[55] por los cuatro acólitos que lo llevaron por el pasadizo. Los portadores de antorchas iban adelante, alumbrando vagamente el corredor de
paredes mojadas y techo tan bajo que los acólitos debían agachar la cabeza.
Ahora lo llevaban, lo llevaban, era el final. Boca arriba, a un metro del techo
de roca viva que por momentos se iluminaba con un reflejo de antorcha.
Cuando en vez de techo nacieran las estrellas y se alzara frente a él la escalinata incendiada de gritos y danzas, sería el fin. El pasadizo no acababa
nunca, pero ya iba a acabar, de repente olería el aire lleno de estrellas, pero
todavía no, andaban llevándolo sin fin en la penumbra roja, tironeándolo
bruscamente, y él no quería, pero cómo impedirlo si le habían arrancado el
amuleto que era su verdadero corazón, el centro de la vida.

   Salió de un brinco a la noche del hospital, al alto cielo raso dulce, a la
sombra blanda que lo rodeaba. Pensó que debía haber gritado, pero sus
vecinos dormían callados. En la mesa de noche, la botella de agua tenía algo
de burbuja, de imagen traslúcida contra la sombra azulada de los ventanales. Jadeó, buscando el alivio de los pulmones, el olvido de esas imágenes
que seguían pegadas a sus párpados. Cada vez que cerraba los ojos las veía
formarse instantáneamente, y se enderezaba aterrado pero gozando a la vez
del saber que ahora estaba despierto, que la vigilia lo protegía, que pronto
iba a amanecer, con el buen sueño profundo que se tiene a esa hora, sin
imágenes, sin nada... **Le costaba** mantener los ojos abiertos, la modorra[56]
era más fuerte que él. Hizo un último esfuerzo, con la mano sana esbozó un
gesto[57] hacia la botella de agua; no llegó a tomarla, sus dedos se cerraron en
un vacío otra vez negro, y el pasadizo seguía interminable, roca tras roca,
con súbitas fulguraciones rojizas, y él boca arriba gimió apagadamente
porque el techo iba a acabarse, subía, abriéndose como una boca de sombra, y los acólitos se enderezaban y de la altura una luna menguante[58] le
cayó en la cara donde los ojos no querían verla, desesperadamente se cerra-
ban y abrían buscando pasar al otro lado, descubrir de nuevo el cielo raso
protector de la sala. Y cada vez que se abrían era la noche y la luna mientras
lo subían por la escalinata, ahora con la cabeza colgando hacia abajo, y en
lo alto estaban las hogueras, las rojas columnas de humo perfumado, y de
golpe vio la piedra roja, brillante de sangre que chorreaba, y el vaivén de
los pies del sacrificado que arrastraban para tirarlo rodando por las escali-

---

[52]luchó... *he fought to break loose from the ropes*  [53]*loincloth*  [54]*temple attendants*  [55]*hauled*
[56]*drowsiness*  [57]esbozó... *he made an attempt*  [58]*waning*

natas del norte. Con una última esperanza apretó los párpados, gimiendo por despertar. Durante un segundo creyó que lo lograría, porque otra vez estaba inmóvil en la cama, a salvo del balanceo cabeza abajo. Pero olía la muerte, y cuando abrió los ojos vio la figura ensangrentada del sacrificador
235 que venía hacia él con el cuchillo de piedra en la mano. Alcanzó a cerrar otra vez los párpados, aunque ahora sabía que no iba a despertarse, que estaba despierto, que el sueño maravilloso había sido el otro, absurdo como todos los sueños; un sueño en el que había andado por extrañas avenidas de una ciudad asombrosa, con luces verdes y rojas que ardían sin llama ni
240 humo, con un enorme insecto de metal que zumbaba bajo sus piernas. En la mentira infinita de ese sueño también lo habían alzado del suelo, también alguien se le había acercado con un cuchillo en la mano, a él tendido boca arriba, a él boca arriba con los ojos cerrados entre las hogueras. 🏵

# Después de leer

## Cuestionario

1. ¿Cómo trató el hombre de evitar el accidente?
2. Describa la condición del hombre después del accidente.
3. ¿Cuál es el papel de los olores en el sueño del hombre?
4. ¿Qué le hizo la enfermera rubia al hombre?
5. ¿Qué le pasó al hombre después de haber tomado una taza del maravilloso caldo?
6. Describa el ambiente del segundo sueño.
7. ¿Cómo pensaba salvarse el hombre de la guerra florida?
8. ¿Por qué tuvo dificultad el hombre al tratar de determinar el momento exacto del accidente?
9. ¿Por qué no pudo enderezarse el hombre?
10. ¿Cómo estaban vestidos los acólitos?
11. ¿Qué hicieron con el hombre los portadores de antorchas?
12. ¿Cómo era la última escena del sacrificio?

## Estudio de palabras

Complete las oraciones con palabras o expresiones de **Palabras importantes y modismos.**

1. El hombre quería comunicarnos algo y por necesidad _____ con las manos.
2. Su única probabilidad de salvarse era la de _____ en lo más denso de la selva.
3. Oyó un sonido inesperado y _____, temblando.

4. El enfermo _____ con un poco de agua.
5. La fiebre _____ al enfermo despacio.
6. El hombre no podía ver bien y _____ dio algunos pasos.
7. Cuando llegaron para sacrificarlo, _____ con las manos; resistió hasta el último momento.
8. Los médicos entraban a veces en su cuarto; es decir, entraban _____.
9. Tenía sueño y por eso _____ mantener los ojos abiertos.

## CONSIDERACIONES

1. Describa detalladamente el paseo de la calle Central.
2. Describa con sus propias palabras cómo ocurrió el accidente.
3. ¿Cuáles son las palabras que describen los efectos del estado de shock en el hombre?
4. ¿Qué palabras describen los olores que permeaban el ambiente de la guerra florida?
5. ¿Qué importancia le da el hombre a su amuleto?
6. ¿Qué diferencias básicas hay entre las dos realidades?
7. ¿Qué palabras se utilizan para describir el estado del protagonista cuando se entera de que no está soñando?

## ANÁLISIS DEL TEXTO

1. ¿Cómo se crea el ambiente de terror en este cuento? Dé ejemplos específicos.
2. Explique la función de las descripciones del medio ambiente en cuanto a su relación con los dos niveles de la realidad presentados en el cuento.
3. ¿Cuál es el punto culminante del cuento? Explique.

 ## EN GRUPOS

Completen las siguientes actividades en grupos.

A. **Anacronismos.** Hagan una lista de los elementos anacrónicos en este cuento y luego comenten su significado.
B. **La leyenda negra.** Busquen información sobre «La leyenda negra» para luego comentarla con la clase.
C. **La conquista.** ¿Qué opinan Uds. de la conquista? Comenten los rasgos positivos y negativos de la conquista.
D. **El sacrificio.** Comenten el uso y significado del sacrificio en general y para los aztecas. ¿Por qué los aztecas recurrían a sacrificios humanos?

# BIBLIOGRAFÍA

**Printed Material**

Amícola, José, "'La noche boca arriba' como encrucijada literaria." *Revista Iberoamericana* 63.180 (July–September 1997):459–464.

García, Erica and Dorine Nieuwenhuijsen. "Revolución en 'La noche boca arriba.'" *Nueva Revista de Filología Hispánica* 36.2 (1988):1277–1300.

Gyurko, Lanin A. "Cyclic Time and Blood Sacrifice in Three Stories by Cortázar." *Revista Hispánica Moderna* 4 (October–December 1969):341–342.

**Audiovisual**

*Julio Cortázar: Argentina's Iconoclast.* (Spanish with English subtitles, 26 minutes, color) Films for the Humanities and Sciences. (www.films.com)

*Julio Cortázar: Fantasy, Reality, and Revolution.* (Spanish, 60 minutes) Films for the Humanities and Sciences. (www.films.com)

# El mundo de los espejos

Jorge Luis Borges (1899–1986) nació en el seno de una familia ilustre y aristocrática de Buenos Aires. Muy temprano en su educación recibió la influencia de su abuela inglesa, la cual despertó en él interés y aprecio por la lengua y cultura inglesas, algo que mantuvo toda su vida. En 1914 la familia se trasladó a Suiza y es allí donde Borges inició su estudio de los poetas simbolistas franceses y de las obras de Heine, Whitman, Chesterton y Schopenhauer.

Durante los siete años que vivió en Europa, Borges pudo viajar a España y es allí donde se puso en contacto con los distintos movimientos vanguardistas que estaban revolucionando las letras y el arte. Bajo la influencia de las técnicas narrativas del movimiento ultraísta, encabezado por Rafael Cansinos–Asséns e Isaac del Vando–Villar, Borges logró perfeccionar tales técnicas para luego introducirlas al mundo hispanoamericano en 1921 a su vuelta a Buenos Aires.

Los primeros libros de poesía de Borges, *Fervor de Buenos Aires* (1923), *Luna de enfrente* (1925) y *Cuaderno de San Martín* (1929), muestran una fuerte tendencia ultraísta. En estos primeros libros, Borges introduce algunos de sus temas favoritos: una visión cíclica del tiempo, la búsqueda del absoluto, el mundo como laberinto y el juego entre lector y escritor. Son temas éstos que perdurarán a lo largo de toda su obra.

Borges fue cuidadoso editor de sus textos. Toda su obra muestra un hilo unificador: el tratar de encontrar un orden en un mundo tan caótico que a veces queda fuera de nuestra comprensión. En sus numerosos ensayos, poemas y cuentos, Borges muestra una aguda percepción de los problemas metafísicos de nuestros tiempos. En su constante reelaboración de textos podemos ver una tentativa de llegar al orden y a la perfección fuera de nuestro alcance.

El barrio de San Telmo representa la elegancia colonial de Buenos Aires.

# Emma Zunz

*Ficciones* (1944) y *El Aleph* (1949) son las colecciones de cuentos más exitosas de Borges. «Emma Zunz», uno de los cuentos favoritos de Borges que forma parte de *El Aleph*, ha sido adaptado al cine. Borges no dedica mucha atención a los personajes femeninos, pero este cuento es una excepción. El personaje de Emma está trazado con una fuerza psicológica que demuestra el conflicto entre lo racional y lo emotivo.

Este cuento, al igual que «La historia del guerrero y de la cautiva», son los únicos de *El Aleph* que no se consideran cuentos fantásticos. Al leer este cuento trate de prestar atención al plan meticuloso de venganza llevado a cabo por Emma Zunz. Note el tema del laberinto en este cuento, así como el énfasis que Borges pone en la capacidad limitada de la mente racional para mantener el control de las situaciones.

# Antes de leer

## PALABRAS IMPORTANTES Y MODISMOS

| | | | |
|---|---|---|---|
| **a primera vista** | at first glance | **hacer (*irreg.*) fuego** | to shoot |
| **a trueque de** | in exchange for | | |
| **acto continuo** | immediately afterward | **romper a + *infinitivo*** | to start to (*do something*) |
| **de vuelta** | back | **sin que** | without |
| **declararse contra** | to come out against | | |

## Second Reading

As you read this story for the first time, try to establish a connection between Emma's name and that of her father. What does this suggest about a possible relationship that could have existed between the two? What does Emma achieve by murdering Loewenthal? Try to decipher the last paragraph of the story, especially the suggestion that the substance of the story was correct and that only the circumstances, the hour, and one or two names were false. Then reread the story to see if you can pick up clues that would lead you to question its logical progression.

---

**CONTEXTO CULTURAL** Argentina es un país de inmigrantes, y su capital, Buenos Aires, es una ciudad cosmopolita con distintos barrios étnicos. En las últimas décadas del siglo XIX, y a principios del siglo XX, un gran número de inmigrantes llegó a Argentina procedente de Europa Occidental, muchos de ellos judíos. Durante la primera mitad del siglo pasado, tal fue la influencia de la cultura judía que en Buenos Aires existían diarios publicados en yídish, así como un vasto repertorio teatral escrito en este idioma. Hoy día la población judía de Buenos Aires es bastante grande y representa un amplio sector de la sociedad argentina, especialmente en los campos político, artístico, cultural, comercial y financiero. Buenos Aires es también el puerto más importante de Argentina adonde llegan barcos de todas partes del mundo.

---

# Emma Zunz

EL CATORCE DE enero de 1922, Emma Zunz, al volver de la fábrica de tejidos Tarbuch y Loewenthal, halló en el fondo del zaguán[1] una carta, fechada en el Brasil, por la que supo que su padre había muerto. La engañaron, **a primera vista,** el sello y el sobre; luego, la inquietó la letra desconocida. Nueve o diez líneas borroneadas[2] querían colmar la hoja; Emma leyó que el señor Maier había ingerido por error una fuerte dosis de veronal[3] y había fallecido el tres del corriente en el hospital de Bagé. Un compañero de pensión de su padre firmaba la noticia, un tal Fein o Fain, de Río Grande, que no podía saber que se dirigía a la hija del muerto.

Emma dejó caer el papel. Su primera impresión fue de malestar en el vientre y en las rodillas; luego de ciega culpa, de irrealidad, de frío, de

[1]*entrance hall*  [2]Nueve... *Nine or ten scribbled lines*  [3]*a barbiturate*

temor; luego, quiso ya estar en el día siguiente. **Acto continuo** comprendió que esa voluntad era inútil porque la muerte de su padre era lo único que había sucedido en el mundo, y seguiría sucediendo sin fin. Recogió el papel y se fue a su cuarto. Furtivamente lo guardó en un cajón, como si de algún modo ya conociera los hechos ulteriores. Ya había empezado a vislumbrarlos,[4] tal vez; ya era la que sería.

En la creciente oscuridad, Emma lloró hasta el fin de aquel día el suicidio de Manuel Maier, que en los antiguos días felices fue Emanuel Zunz. Recordó veraneos en una chacra,[5] cerca de Gualeguay, recordó (trató de recordar) a su madre, recordó la casita de Lanús que les remataron,[6] recordó los amarillos losanges[7] de una ventana, recordó el auto de prisión, el oprobio,[8] recordó los anónimos con el suelto sobre «el desfalco del cajero»,[9] recordó (pero eso jamás lo olvidaba) que su padre, la última noche, le había jurado que el ladrón era Loewenthal. Loewenthal, Aarón Loewenthal, antes gerente de la fábrica y ahora uno de los dueños. Emma, desde 1916, guardaba el secreto. A nadie se lo había revelado, ni siquiera a su mejor amiga, Elsa Urstein. Quizá rehuía[10] la profana incredulidad; quizá creía que el secreto era un vínculo entre ella y el ausente. Loewenthal no sabía que ella sabía; Emma Zunz derivaba de ese hecho ínfimo un sentimiento de poder.

No durmió aquella noche, y cuando la primera luz definió el rectángulo de la ventana, ya estaba perfecto su plan. Procuró que ese día, que le pareció interminable, fuera como los otros. Había en la fábrica rumores de huelga; Emma **se declaró,** como siempre, **contra** toda violencia. A las seis, concluido el trabajo, fue con Elsa a un club de mujeres, que tiene gimnasio y pileta.[11] Se inscribieron; tuvo que repetir y deletrear su nombre y su apellido, tuvo que festejar las bromas vulgares que comentan la revisación.[12] Con Elsa y con la menor de las Kronfuss discutió a qué cinematógrafo irían el domingo a la tarde. Luego, se habló de novios y nadie esperó que Emma hablara. En abril cumpliría diecinueve años, pero los hombres le inspiraban, aún, un temor casi patológico... **De vuelta,** preparó una sopa de tapioca y unas legumbres, comió temprano, se acostó y se obligó a dormir. Así, laborioso y trivial, pasó el viernes quince, la víspera.

El sábado, la impaciencia la despertó. La impaciencia, no la inquietud, y el singular alivio de estar en aquel día, por fin. Ya no tenía que tramar y que imaginar; dentro de algunas horas alcanzaría la simplicidad de los hechos. Leyó en *La Prensa* que el *Nordstjärnan,* de Malmö, zarparía[13] esa noche del dique 3; llamó por teléfono a Loewenthal, insinuó que deseaba comunicar, **sin que** lo supieran las otras, algo sobre la huelga y prometió pasar por el escritorio, al oscurecer. Le temblaba la voz; el temblor convenía a una delatora.[14] Ningún otro hecho memorable ocurrió esa mañana. Emma trabajó hasta las doce y fijó con Elsa y con Perla Kronfuss los pormenores del paseo del domingo. Se acostó después de almorzar y recapituló, ce-

[4]*discern them* [5]*farm* [6]*they auctioned off* [7]*diamond-shaped panes* [8]*disgrace* [9]*anónimos... anonymous newspaper articles about the "cashier's embezzlement"* [10]*avoided* [11]*pool* [12]*physical checkup before participating* [13]*would sail* [14]convenía... *was fitting for informer*

55 rrados los ojos, el plan que había tramado. Pensó que la etapa final sería
menos horrible que la primera y que le depararía,[15] sin duda, el sabor de
la victoria y de la justicia. De pronto, alarmada, se levantó y corrió al cajón
de la cómoda. Lo abrió; debajo del retrato de Milton Sills,[16] donde la había
dejado la antenoche, estaba la carta de Fain. Nadie podía haberla visto; la
60 empezó a leer y la rompió.

   Referir con alguna realidad los hechos de esa tarde sería difícil y quizá
improcedente. Un atributo de lo infernal es la irrealidad, un atributo que parece mitigar sus terrores y que los agrava tal vez. ¿Cómo hacer verosímil una
acción en la que casi no creyó quien la ejecutaba, cómo recuperar ese breve
65 caos que hoy la memoria de Emma Zunz repudia y confunde? Emma vivía
por Almagro, en la calle Liniers; nos consta[17] que esa tarde fue al puerto.
Acaso en el infame Paseo de Julio* se vio multiplicada en espejos, publicada
por luces y desnudada por los ojos hambrientos, pero más razonable es
conjeturar que al principio erró, inadvertida, por la indiferente recova...[18]
70 Entró en dos o tres bares, vio la rutina o los manejos[19] de otras mujeres.
Dio al fin con hombres del *Nordstjärnan*. De uno, muy joven, temió que le
inspirara alguna ternura y optó por otro, quizá más bajo que ella y grosero,
para que la pureza del horror no fuera mitigada.[20] El hombre la condujo a
una puerta y después a un turbio zaguán y después a una escalera tortuosa
75 y después a un vestíbulo (en el que había una vidriera con losanges idénticos a los de la casa en Lanús) y después a un pasillo y después a una puerta
que se cerró. Los hechos graves están fuera del tiempo, ya porque en ellos
el pasado inmediato queda como tronchado[21] del porvenir, ya porque no
parecen consecutivas las partes que los forman.

80    ¿En aquel tiempo fuera del tiempo, en aquel desorden perplejo de sensaciones inconexas y atroces, pensó Emma Zunz *una sola vez* en el muerto
que motivaba el sacrificio? Yo tengo para mí que pensó una vez y que en ese
momento peligró[22] su desesperado propósito. Pensó (no pudo no pensar)
que su padre le había hecho a su madre la cosa horrible que a ella ahora le
85 hacían. Lo pensó con débil asombro y se refugió, en seguida, en el vértigo.
El hombre, sueco o finlandés, no hablaba español; fue una herramienta[23]
para Emma como ésta lo fue para él, pero ella sirvió para el goce y él para
la justicia.

   Cuando se quedó sola, Emma no abrió en seguida los ojos. En la mesa
90 de luz estaba el dinero que había dejado el hombre: Emma se incorporó y
lo rompió como antes había roto la carta. Romper dinero es una impiedad,[24]
como tirar el pan; Emma se arrepintió, apenas lo hizo. Un acto de soberbia
y en aquel día... El temor se perdió en la tristeza de su cuerpo, en el asco.
El asco y la tristeza la encadenaban, pero Emma lentamente se levantó y

---

[15]*would bring*  [16]Milton... *silent film star*  [17]nos... *we know for certain*  [18]erró... *she wandered unnoticed through the indifferent marketplace . . .*  [19]*behavior* (ways)  [20]*reduced*  [21]*split*  [22]*risked (not fulfilling)*
[23]*tool*  [24]*sin*

---

*Now called **Avenida Leandro N. Alem**, **Paseo de Julio** was a river-front red-light district.*

95 procedió a vestirse. En el cuarto no quedaban colores vivos; el último crepúsculo se agravaba. Emma pudo salir sin que la advirtieran; en la esquina
subió a un Lacroze,[25] que iba al oeste. Eligió, conforme a su plan, el asiento
más delantero, para que no le vieran la cara. Quizá le confortó verificar, en
el insípido trajín de las calles, que lo acaecido no había contaminado las
100 cosas. Viajó por barrios decrecientes y opacos, viéndolos y olvidándolos en
el acto, y se apeó en una de las bocacalles de Warnes. Paradójicamente su
fatiga venía a ser una fuerza, pues la obligaba a concentrarse en los pormenores de la aventura y le ocultaba el fondo y el fin.

Aarón Loewenthal era, para todos, un hombre serio; para sus pocos
105 íntimos, un avaro.[26] Vivía en los altos de la fábrica, solo. Establecido en
el desmantelado arrabal,[27] temía a los ladrones; en el patio de la fábrica
había un gran perro y en el cajón de su escritorio, nadie lo ignoraba, un
revólver. Había llorado con decoro, el año anterior, la inesperada muerte
de su mujer —una Gauss, que le trajo una buena dote[28]—, pero el dinero
110 era su verdadera pasión. Con íntimo bochorno[29] se sabía menos apto para
ganarlo que para conservarlo. Era muy religioso; creía tener con el Señor
un pacto secreto, que lo eximía de obrar bien, **a trueque de** oraciones y
devociones. Calvo, corpulento, enlutado, de quevedos ahumados[30] y barba
rubia, esperaba de pie, junto a la ventana, el informe confidencial de la
115 obrera Zunz.

La vio empujar la verja (que él había entornado a propósito) y cruzar
el patio sombrío. La vio hacer un pequeño rodeo cuando el perro atado
ladró. Los labios de Emma se atareaban[31] como los de quien reza en voz
baja; cansados, repetían la sentencia que el señor Loewenthal oiría antes
120 de morir.

Las cosas no ocurrieron como había previsto Emma Zunz. Desde la
madrugada anterior, ella se había soñado muchas veces, dirigiendo el firme
revólver, forzando al miserable a confesar la miserable culpa y exponiendo
la intrépida estratagema que permitiría a la Justicia de Dios triunfar de la
125 justicia humana. (No por temor, sino por ser un instrumento de la Justicia,
ella no quería ser castigada.) Luego, un solo balazo en mitad del pecho ru-
bricaría[32] la suerte de Loewenthal. Pero las cosas no ocurrieron así.

Ante Aarón Loewenthal, más que la urgencia de vengar a su padre,
Emma sintió la de castigar el ultraje[33] padecido por ello. No podía no
130 matarlo, después de esa minuciosa deshonra. Tampoco tenía tiempo que
perder en teatralerías. Sentada, tímida, pidió excusas a Loewenthal, invocó
(a fuer de[34] delatora) las obligaciones de la lealtad, pronunció algunos nombres, dio a entender otros y se cortó[35] como si la venciera el temor. Logró
que Loewenthal saliera a buscar una copa de agua. Cuando éste, incrédulo
135 de tales aspavientos,[36] pero indulgente, volvió del comedor, Emma ya había

---

[25]*type of bus, named for its route or destination*  [26]*miser*  [27]desmantelado... *dilapidated neighborhood*
[28]*dowry*  [29]*embarrassment*  [30]quevedos... *dark glasses*  [31]se... *moved rapidly*  [32]*would seal*  [33]*insult*
[34]a... *as a*  [35]se... *she stopped*  [36]*fuss*

sacado del cajón el pesado revólver. Apretó el gatillo dos veces. El considerable cuerpo se desplomó como si los estampidos[37] y el humo lo hubieran
roto, el vaso de agua se rompió, la cara la miró con asombro y cólera, la
boca de la cara la injurió en español y en ídisch. Las malas palabras no ce-
140 jaban[38]; Emma tuvo que **hacer fuego** otra vez. En el patio, el perro encadenado **rompió a** ladrar, y una efusión de brusca sangre manó de los labios
obscenos y manchó la barba y la ropa. Emma inició la acusación que tenía
preparada («He vengado a mi padre y no me podrán castigar... »), pero no
la acabó, porque el señor Loewenthal ya había muerto. No supo nunca si
145 alcanzó a comprender.

Los ladridos tirantes le recordaron que no podía, aún, descansar. Des-
ordenó el diván, desabrochó el saco del cadáver, le quitó los quevedos
salpicados y los dejó sobre el fichero. Luego tomó el teléfono y repitió lo
que tantas veces repetiría, con esas y con otras palabras: *Ha ocurrido una*
150 *cosa que es increíble... El señor Loewenthal me hizo venir con el pretexto de*
*la huelga... Abusó de mí, lo maté...*

La historia era increíble, en efecto, pero se impuso a todos, porque sustancialmente era cierta. Verdadero era el tono de Emma Zunz, verdadero
el pudor,[39] verdadero el odio. Verdadero también era el ultraje que había
155 padecido; sólo eran falsas las circunstancias, la hora y uno o dos nombres
propios. ✿

[37]*gunshots*  [38]*no... didn't cease*  [39]*modesty (shame)*

# DESPUÉS DE LEER

## CUESTIONARIO

1. ¿Qué cosa encuentra Emma Zunz al volver de la fábrica la tarde del 14 de enero de 1922?
2. ¿Cómo había muerto el Sr. Maier?
3. ¿Por qué tuvo Emanuel Zunz que cambiar su nombre por el de Manuel Maier?
4. ¿Qué secreto guardaba Emma Zunz desde 1916?
5. ¿Cuántos años tiene Emma?
6. ¿Por qué llamó Emma por teléfono a Loewenthal?
7. ¿Qué hizo Emma con el hombre del *Nordstjärnan*?
8. ¿Qué tipo de hombre era Aarón Loewenthal?
9. Describa cómo vivía Loewenthal.
10. ¿Cuál era el plan de Emma?
11. ¿Qué hizo Emma después de matar a Loewenthal?

Complete las oraciones con palabras o expresiones de **Palabras impor-tantes y modismos.**

1. _____ el sello y el sobre engañaron a Emma Zunz; luego, la inquie-tó la letra desconocida.
2. Por un instante quiso ya estar en el día siguiente, pero, _____, com-prendió que ese deseo era inútil.
3. Cuando oyó de la huelga, Emma _____ toda violencia.
4. _____ en su casa, preparó una sopa de tapioca y unas legumbres, comió temprano, se acostó y se obligó a dormir.
5. Emma pudo salir _____ la advirtieran.
6. Era muy religioso; creía tener con el Señor un pacto secreto que lo eximía de obrar bien _____ oraciones y devociones.
7. El hombre no murió y Emma tuvo que _____ otra vez.
8. En el patio, el perro encadenado _____ ladrar.

## CONSIDERACIONES

1. Describa detalladamente la reacción de Emma después de ente-rarse de la muerte de su padre.
2. ¿Cuáles son algunos de los rasgos de la personalidad de Emma?
3. ¿Qué hace Emma a partir del momento en que sale de su casa hasta el encuentro con el marinero del *Nordstjärnan?*
4. ¿En qué sentido queda frustrado el plan de Emma?
5. Haga una descripción de la casa de Loewenthal.
6. Haga una descripción física de Loewenthal.
7. Describa las acciones de Emma a partir de su enfrentamiento con Loewenthal.
8. Describa en detalle algunos de los «laberintos» que se plantean en este cuento.

## ANÁLISIS DEL TEXTO

1. ¿Cuál es el tema principal de este cuento?
2. ¿A qué se puede atribuir la actitud de Emma Zunz hacia el sexo?
3. ¿Quedó frustrada Emma Zunz en su meticuloso plan de venganza? ¿Por qué?
4. Comente el aspecto racional y emotivo en las acciones de Emma Zunz.
5. ¿Cómo se contrasta el ambiente realista de la obra con el estado del alma de Emma Zunz?

Completen las siguientes actividades en grupos.

A. **La conclusión.** Comparen el efecto que produce en Uds. el último párrafo del cuento.

B. **Emma y Emanuel.** A lo largo del cuento Borges nos ha dado claves que sugieren que las relaciones entre padre e hija eran mucho más complicadas de lo que parecen. Fíjense en los nombres propios y en la reacción de Emma al saber de la muerte de su padre para luego concluir si el último párrafo les sugiere otra interpretación.

C. **La venganza.** ¿Es lógico que una mujer que tuviera un temor casi patológico por el acto sexual, lo usara para vengarse? Comenten este tema.

D. **Emma y Loewenthal.** Emma no logra completamente su objetivo al final del cuento. Las cosas no ocurren como ella las planeó. Siguiendo el plan original de Emma, reescriban la escena del encuentro entre ella y Loewenthal.

## BIBLIOGRAFÍA

### Printed Materials

Álvarez, Nicolás Emilio. "La realidad trascendida: dualismo y rectangularidad en 'Emma Zunz.'" *Explicación de textos literarios* 12 (1983–1984):27–36.

Anton, Karl-Heinz. "En el laberinto de Borges." *Explicación de textos literarios* 2 (1973):45–49.

Costa, Horacio and Grínor Rojo. "Sobre 'Emma Zunz.'" *Revista Chilena de Literatura* 45 (November 1994):87–106.

Ludmer, Josefina. "Las justicias de Emma." *Cuadernos Hispanoamericanos* 505–507 (July–September 1992):473–480.

Martínez, Zulma Nelly. "El símbolo de la trama y el tema de la venganza en dos historias de Borges." *Sin nombre* 1 (January–March 1971):80–85.

McMurray, George R. *Jorge Luis Borges.* New York: Frederick Ungar, 1980. See especially 35–37.

Murillo, L. A. "The Labyrinths of Jorge Luis Borges. An Introduction to the Stories of *El Aleph.*" *Modern Language Quarterly* 20 (September 1959):259–266.

Páramo Ortega, Raúl. "Intento de interpretación psicoanalítica de un cuento de J. L. Borges." *Eco* 23 (October–November 1971):587–599.

### Audiovisual

*Emma Zunz.* (Spanish, 52 minutes, color) Films for the Humanities and Sciences. (www.films.com)

Las ruinas muestran la perfección de la simetría.

# *Las ruinas circulares*

**E**ste cuento, que ha formado parte de muchas antologías, es uno de los mejores de Borges. «Las ruinas circulares» publicado en *Ficciones* (1944), desarrolla uno de los temas favoritos del escritor: su concepción del mundo basada en el idealismo. Esta postura filosófica, introducida por el filosófo George Berkeley (1685–1753), propone que la mente es la base de nuestra realidad: si algo existe en nuestra mente, existe realmente. Borges desarrolló esta idea en varias de sus obras, particularmente en el cuento «Tlon, Uqbar, Orbis Tertius», y en el poema «Amanecer». Ya que el cuento tiene que ver con el proceso creativo, se podría interpretar como una representacíon gnóstica del mundo, o una creación por la mano de demiurgos o dioses imperfectos.

# **A**NTES DE LEER

## *PALABRAS IMPORTANTES Y MODISMOS*

| | | | |
|---|---|---|---|
| **aguas arriba** | upstream | **encargarse** | to take charge |
| **abajo** | downstream | **(gu) (de)** | (of) |
| **al pronto** | at first | **estar (*irreg.*)** | to be fulfilled |
| **borrarse** | to disappear | **colmado/a** | |
| **cernirse (ie)** | to move from side to side | **refugiarse** | to take refuge |

| **sumirse** | to sink or be immersed | **taparse** | to cover oneself |

## Narrative Structure

As you read the story, try to think about the many possible interpretations implied by its circular structure. If one accepts the premise that one person who tries to create another becomes himself a creation of another, this sets up a never-ending system of repetitions, or what in literary terms is referred to as "mise en abyme" (a story-within-a-story or a play-within-a-play). If you apply this concept to commonly held notions about creation myths, you can arrive at the conclusion that the myth of one god is indeed a false one since you will never arrive at the one first cause, or the one prime mover, which for many constitutes the one true god.

**CONTEXTO CULTURAL**

Este cuento fantástico se sitúa en plena corriente posmoderna. Cuestiona algunos valores sacrosantos de la tradición occidental. En el posmodernismo predomina una filosofía escéptica frente al colapso de esta tradición. El mundo ordenado y coherente del pasado es interpretado ahora como algo imperfecto y caótico. La razón es reemplazada por la duda. La literatura también refleja estas preocupaciones, y la realidad se presenta de manera multifacética sin pretensiones dogmáticas. El autor se esconde detrás de su escritura y muchos de los textos se centran en el acto mismo de escribir o de hacer literatura: el aspecto metapoético.

# ▓ *Las ruinas circulares* ▓

*And if he left off dreaming about you...*
Through the Looking-Glass, IV.

N ADIE LO VIÓ desembarcar en la unánime noche, nadie vió la canoa de bambú **sumiéndose** en el fango sagrado, pero a los pocos días nadie ignoraba que el hombre taciturno venía del Sur y que su patria era una de las infinitas aldeas que están **aguas arriba,**
5  en el flanco violento de la montaña, donde el idioma zend no está contaminado de griego y donde es infrecuente la lepra. Lo cierto es que el hombre gris besó el fango,[1] repechó la ribera sin apartar (probablemente, sin sentir)

[1] *mud*

las cortaderas que le dilaceraban las carnes[2] y se arrastró, mareado y ensangrentado, hasta el recinto[3] circular que corona un tigre o caballo de piedra,
10  que tuvo alguna vez el color del fuego y ahora el de la ceniza.[4] Ese redondel
es un templo que devoraron los incendios antiguos, que la selva palúdica[5]
ha profanado y cuyo dios no recibe honor de los hombres. El forastero se
tendió bajo el pedestal. Lo despertó el sol alto. Comprobó sin asombro
que las heridas habían cicatrizado[6]; cerró los ojos pálidos y durmió, no
15  por flaqueza de la carne sino por determinación de la voluntad. Sabía que
ese templo era el lugar que requería su invencible propósito; sabía que los
árboles incesantes no habían logrado estrangular, río abajo, las ruinas de
otro templo propicio, también de dioses incendiados y muertos; sabía que
su inmediata obligación era el sueño. Hacia la medianoche lo despertó el
20  grito inconsolable de un pájaro. Rastros de pies descalzos,[7] unos higos[8] y
un cántaro[9] le advirtieron que los hombres de la región habían espiado con
respeto su sueño y solicitaban su amparo[10] o temían su magia. Sintió el frío
del miedo y buscó en la muralla dilapidada un nicho sepulcral y **se tapó**
con hojas desconocidas.
25      El propósito que lo guiaba no era imposible, aunque sí sobrenatural.
Quería soñar un hombre: quería soñarlo con integridad minuciosa e impo-
nerlo a la realidad. Ese proyecto mágico había agotado el espacio entero
de su alma; si alguien le hubiera preguntado su propio nombre o cualquier
rasgo de su vida anterior, no habría acertado a responder. Le convenía el
30  templo inhabitado y despedazado, porque era un mínimo de mundo visi-
ble; la cercanía de los labradores también, porque éstos **se encargaban de**
subvenir a sus necesidades frugales. El arroz y las frutas de su tributo eran
pábulo[11] suficiente para su cuerpo, consagrado a la única tarea de dormir
y soñar.
35      Al principio, los sueños eran caóticos; poco después, fueron de naturaleza dialéctica. El forastero se soñaba en el centro de un anfiteatro circular
que era de algún modo el templo incendiado: nubes de alumnos taciturnos
fatigaban las gradas;[12] las caras de los últimos pendían a muchos siglos de
distancia[13] y a una altura estelar,[14] pero eran del todo precisas. El hombre
40  les dictaba lecciones de anatomía, de cosmografía, de magia: los rostros es-
cuchaban con ansiedad y procuraban responder con entendimiento, como
si adivinaran la importancia de aquel examen, que redimiría a uno de ellos
de su condición de vana apariencia y lo interpolaría en el mundo real. El
hombre, en el sueño y en la vigilia, consideraba las respuestas de sus fan-
45  tasmas, no se dejaba embaucar[15] por los impostores, adivinaba en ciertas
perplejidades una inteligencia creciente. Buscaba un alma que mereciera
participar en el universo.

[2]repechó... *went toward the shore without removing (probably, without feeling) the slashes that were tearing to pieces his flesh* [3]enclosure [4]ashes [5]swampy [6]healed up [7]Rastros... *Footprints* [8]figs [9]pitcher [10]help [11]food [12]fatigaban... *filled the tiers of seats* [13]pendían... *hung at a distance of many centuries* [14]a... *as high as the stars* [15]no... *he would not allow himself to be deceived*

A las nueve o diez noches comprendió con alguna amargura[16] que nada
podía esperar de aquellos alumnos que aceptaban con pasividad su doc-
50 trina y sí de aquellos que arriesgaban, a veces, una contradicción razonable.
Los primeros, aunque dignos de amor y de buen afecto, no podían ascender a individuos; los últimos preexistían un poco más. Una tarde (ahora
también las tardes eran tributarias del sueño, ahora no velaba sino un par
de horas en el amanecer) licenció para siempre el vasto colegio ilusorio[17] y
55 se quedó con un solo alumno. Era un muchacho taciturno, cetrino, díscolo
a veces,[18] de rasgos afilados[19] que repetían los de su soñador. No lo des-
concertó por mucho tiempo la brusca eliminación de los condiscípulos; su
progreso, al cabo de unas pocas lecciones particulares, pudo maravillar al
maestro. Sin embargo, la catástrofe sobrevino. El hombre, un día, emergió
60 del sueño como de un desierto viscoso, miró la vana luz de la tarde que **al**
**pronto** confundió con la aurora y comprendió que no había soñado. Toda
esa noche y todo el día la intolerable lucidez del insomnio se abatió contra
él. Quiso explorar la selva, extenuarse; apenas alcanzó entre la cicuta unas
rachas de sueño débil,[20] veteadas fugazmente[21] de visiones de tipo rudi-
65 mental: inservibles. Quiso congregar el colegio y apenas hubo articulado
unas breves palabras de exhortación, éste se deformó, **se borró.** En la casi
perpetua vigilia, lágrimas de ira le quemaban los viejos ojos.

Comprendió que el empeño[22] de modelar la materia incoherente y verti-
ginosa de que se componen los sueños es el más arduo que puede acome-
70 ter un varón, aunque penetre todos los enigmas del orden superior y del
inferior: mucho más arduo que tejer una cuerda de arena o que amonedar
el viento sin cara.[23] Comprendió que un fracaso inicial era inevitable. Juró
olvidar la enorme alucinación que lo había desviado al principio y buscó
otro método de trabajo. Antes de ejercitarlo, dedicó un mes a la reposición
75 de las fuerzas que había malgastado el delirio. Abandonó toda premedita-
ción de soñar y casi acto continuo logró dormir un trecho razonable del día.
Las raras veces que soñó durante ese período, no reparó en[24] los sueños.
Para reanudar la tarea, esperó que el disco de la luna fuera perfecto. Luego,
en la tarde, se purificó en las aguas del río, adoró los dioses planetarios,
80 pronunció las sílabas lícitas de un nombre poderoso y durmió. Casi inmediatamente, soñó con un corazón que latía.

Lo soñó activo, caluroso, secreto, del grandor de un puño cerrado, color
granate en la penumbra de un cuerpo humano aun sin cara ni sexo; con
minucioso amor lo soñó, durante catorce lúcidas noches. Cada noche, lo
85 percibía con mayor evidencia. No lo tocaba: se limitaba a atestiguarlo, a
observarlo, tal vez a corregirlo con la mirada. Lo percibía, lo vivía, desde
muchas distancias y muchos ángulos. La noche catorcena rozó la arteria

---

[16]*bitterness*    [17]licenció... *he dismissed once and for all the vast illusory body of students*    [18]taciturno...
*quiet, melancholy, at times ungovernable*    [19]rasgos... *slender features*    [20]entre... *among the hemlocks a
few moments of sleep*    [21]veteadas... *streaked fleetingly*    [22]*determination*    [23]mucho... *much harder than
to weave a rope of sand or to coin the wind without a face*    [24]no... *he did not pay attention to*

pulmonar con el índice y luego todo el corazón, desde afuera y adentro. El examen lo satisfizo. Deliberadamente no soñó durante una noche: luego
90 retomó el corazón, invocó el nombre de un planeta y emprendió la visión de otro de los órganos principales. Antes de un año llegó al esqueleto, a los párpados. El pelo innumerable fue tal vez la tarea más difícil. Soñó un hombre íntegro, un mancebo,[25] pero éste no se incorporaba ni hablaba ni podía abrir los ojos. Noche tras noche, el hombre lo soñaba dormido.

95 En las cosmogonías gnósticas, los demiurgos amasan[26] un rojo Adán que no logra ponerse de pie, tan inhábil y rudo y elemental como ese Adán de polvo era el Adán de sueño que las noches del mago habían fabricado. Una tarde, el hombre casi destruyó toda su obra, pero se arrepintió. (Más le hubiera valido destruirla.) Agotados los votos a los númenes de la tierra
100 y del río,[27] se arrojó a los pies de la efigie que tal vez era un tigre y tal vez un potro,[28] e imploró su desconocido socorro. Ese crepúsculo, soñó con la estatua. La soñó viva, trémula: no era un atroz bastardo de tigre y potro, sino a la vez esas dos criaturas vehementes y también un toro, una rosa, una tempestad. Ese múltiple dios le reveló que su nombre terrenal era Fuego,
105 que en ese templo circular (y en otros iguales) le habían rendido sacrificios y culto y que mágicamente animaría al fantasma soñado, de suerte que todas las criaturas, excepto el Fuego mismo y el soñador, lo pensaran un hombre de carne y hueso. Le ordenó que una vez instruido en los ritos, lo enviaría al otro templo despedazado cuyas pirámides persisten **aguas**
110 **abajo,** para que alguna voz lo glorificara en aquel edificio desierto. En el sueño del hombre que soñaba, el soñado se despertó.

El mago ejecutó esas órdenes. Consagró un plazo (que finalmente abarcó dos años) a descubrirle los arcanos del universo y del culto del fuego.[29] Íntimamente, le dolía apartarse de él. Con el pretexto de la necesidad pe-
115 dagógica, dilataba[30] cada día las horas dedicadas al sueño. También rehizo el hombro derecho, acaso deficiente. A veces, lo inquietaba una impresión de que ya todo eso había acontecido... En general, sus días eran felices; al cerrar los ojos pensaba: *Ahora estaré con mi hijo.* O, más raramente: *El hijo que he engendrado me espera y no existirá si no voy.*

120 Gradualmente, lo fue acostumbrando a la realidad. Una vez le ordenó que embanderara una cumbre lejana.[31] Al otro día, flameaba la bandera en la cumbre. Ensayó otros experimentos análogos, cada vez más audaces. Comprendió con cierta amargura que su hijo estaba listo para nacer —y tal vez impaciente. Esa noche lo besó por primera vez y lo envió al otro templo
125 cuyos despojos blanquean río abajo, a muchas leguas de inextricable selva y de ciénaga. Antes (para que no supiera nunca que era un fantasma, para que se creyera un hombre como los otros) le infundió el olvido total de sus años de aprendizaje.

[25]joven  [26]*mold*  [27]Agotados... *Having exhausted his supplications to the deities of the earth and the river*  [28]*colt*  [29]Consagró... *He dedicated a period of time (that eventually turned out to be two years) to teach him the secrets of the universe and the cult of fire.*  [30]*prolonged*  [31]embanderara... *to raise a flag on a faraway hill*

Su victoria y su paz quedaron empañadas de hastío.[32] En los crepúscu-
130 los de la tarde y del alba, se prosternaba ante la figura de piedra, tal vez
imaginando que su hijo irreal ejecutaba idénticos ritos, en otras ruinas circulares, **aguas abajo**; de noche no soñaba, o soñaba como lo hacen todos
los hombres. Percibía con cierta palidez los sonidos y formas del universo:
el hijo ausente se nutría de esas disminuciones de su alma. El propósito de
135 su vida **estaba colmado**; el hombre persistió en una suerte de éxtasis. Al
cabo de un tiempo que ciertos narradores de su historia prefieren computar
en años y otros en lustros,[33] lo despertaron dos remeros[34] a medianoche: no
pudo ver sus caras, pero le hablaron de un hombre mágico en un templo del
Norte, capaz de hollar[35] el fuego y de no quemarse. El mago recordó brus-
140 camente las palabras del dios. Recordó que de todas las criaturas que componen el orbe, el fuego era la única que sabía que su hijo era un fantasma.
Ese recuerdo, apaciguador al principio, acabó por atormentarlo. Temió que
su hijo meditara en ese privilegio anormal y descubriera de algún modo
su condición de mero simulacro. No ser un hombre, ser la proyección del
145 sueño de otro hombre ¡qué humillación incomparable, qué vértigo! A todo
padre le interesan los hijos que ha procreado (que ha permitido) en una
mera confusión o felicidad; es natural que el mago temiera por el porvenir
de aquel hijo, pensado entraña por entraña y rasgo por rasgo, en mil y una
noches secretas.
150    El término de sus cavilaciones[36] fue brusco, pero lo prometieron algunos signos. Primero (al cabo de una larga sequía) una remota nube en un
cerro, liviana como un pájaro; luego, hacia el Sur, el cielo que tenía el color
rosado de la encía de los leopardos; luego las humaredas que herrumbraron
el metal[37] de las noches; después la fuga pánica[38] de las bestias. Porque se
155 repitió lo acontecido hace muchos siglos. Las ruinas del santuario del dios
del fuego fueron destruidas por el fuego. En un alba sin pájaros el mago vió
**cernirse** contra los muros el incendio concéntrico. Por un instante, pensó
**refugiarse** en las aguas, pero luego comprendió que la muerte venía a coronar su vejez y a absolverlo de sus trabajos. Caminó contra los jirones de
160 fuego. Éstos no mordieron su carne, éstos lo acariciaron y lo inundaron sin
calor y sin combustión. Con alivio, con humillación, con terror, comprendió
que él también era una apariencia, que otro estaba soñándolo. ✦

[32]empañadas... *tarnished by tedium*  [33]*five-year periods*  [34]*rowers*  [35]capaz... *able to tread*  [36]*misgivings*
[37]humaredas... *smoke that rusted the metal*  [38]fuga... *frightful flight*

# Después de leer

## Cuestionario

1. ¿Cuál era la patria del hombre?
2. ¿Qué hizo el forastero cuando el sol lo despertó?

3. ¿Cuál era su propósito principal?
4. ¿Qué hacía el hombre en el anfiteatro?
5. ¿De qué se dio cuenta después de nueve o diez noches con sus alumnos?
6. ¿Qué comprendió el hombre cuando trató de modelar la materia de que se componen los sueños?
7. ¿Cómo era la estatua que soñó el hombre?
8. ¿Qué hizo con el hijo después de besarlo por primera vez?
9. ¿De qué le hablaron al hombre los dos remeros que lo despertaron una medianoche?
10. ¿Por qué las llamas no mordieron al hombre?

## ESTUDIO DE PALABRAS

Complete las oraciones con palabras o expresiones de **Palabras importantes y modismos.**

1. La canoa de bambú _____ en el fango.
2. El hombre buscó un nicho sepulcral y _____ con hojas.
3. Su patria estaba situada_____ .
4. Los labradores _____ darle comida.
5. El hombre miró la luz de la tarde y _____ la confundió con la aurora.
6. Después de haber articulado unas palabras, el colegio se deformó y _____.
7. El hombre sintió una suerte de éxtasis al darse cuenta de que el propósito de su vida _____.
8. El mago vio _____ contra los muros el incendio concéntrico.
9. Pensó _____ en las aguas pero luego se dió cuenta de que iba a morir.

## CONSIDERACIONES

1. ¿Qué hizo el hombre después de desembarcar?
2. ¿Qué tipo de templo era?
3. ¿Qué comprobó el hombre después de despertarse?
4. Describa algunos de los sueños caóticos del hombre.
5. Describa con detalle el corazón que había soñado.
6. ¿Cuáles son algunas de las características del dios Fuego?
7. ¿Por qué el mago no le permite pensar a su hijo relegándolo a un estado de olvido total?
8. ¿Por qué se siente humillado el mago?
9. Describa con detalle cómo reaccionó el mago al verse circundado por el fuego.

# ANÁLISIS DEL TEXTO

1. ¿Qué función tiene el epígrafe en el desarrollo de este cuento?
2. El mago de este cuento puede ser un símbolo del artista y su proceso creativo. Comente las etapas de este proceso con referencias específicas al texto.
3. Señale algunos de los aspectos fantásticos de este cuento.

 EN GRUPOS

Completen las siguientes actividades en grupos.

A. **Una comparación.** Lean el capítulo IV de *Through the Looking Glass* y luego compárenlo con este cuento.
B. **El gnosticismo.** Busquen en un diccionario filosófico la definición del gnosticismo y hablen del concepto que tienen los gnósticos de la creación del universo. Comparen ese concepto con los de otras tradiciones religiosas.
C. **Los demiurgos.** ¿Cuál es la función de los demiurgos en las creencias de los gnósticos? ¿Hay algún paralelo o parecido en la tradición judeo-cristiana?
D. **El dormir.** Cuando una persona duerme, su mente pasa por varias fases durante el sueño. Investiguen esas fases y lo que sucede en cada una de ellas. ¿En que fase creen qué estaba el hombre cuando creó a su hijo–fantasma y por qué? ¿Creen Uds. que es posible crear a otro ser a través de los sueños?

# BIBLIOGRAFÍA

## Printed Materials

Abeyta, Michael. "Ironía retórica y el lector en 'Las ruinas circulares'." *Explicación de textos literarios* 19.1 (2001–2002): 76–81.

Arango, Guillermo. "La función del sueño en 'Las ruinas circulares,' de Jorge Luis Borges." *Hispania* 56 (1973):249–254.

Hahn, Oscar. "El motivo del Golem en 'Las ruinas circulares,' de Jorge Luis Borges." *Revista Chilena de Literatura* 4 (1971):103–108.

Penuel, Arnold M. "Paradox and Parable: The Theme of Creativity in Borges' 'The Circular Ruins.'" *Latin American Literary Review* 17, 34 (July–December 1989):52–61.

## Audiovisual

*The Many Faces of Borges.* (Spanish, 82 minutes, color) Films for the Humanities and Sciences. (www.films.com)

Un gaucho argentino

# El Sur

«El Sur» es un ejemplo excelente de un cuento sumamente estructurado. El mismo Borges ha sugerido que es probable que sea su mejor cuento, uno que puede ser leído en múltiples niveles. En el cuento, Borges menciona un incidente que ocurrió en su propia vida, una de las pocas alusiones autobiográficas de sus ficciones.

# ANTES DE LEER

## PALABRAS IMPORTANTES Y MODISMOS

| | | | |
|---|---|---|---|
| **a costa de** | at the expense of | **detenerse** | to come to a stop |
| **acurrucarse (qu)** | to hunker down, squat on one's haunches | **(irreg.)** | |
| | | **echarse a llorar** | to begin to cry |
| **auscultar** | to listen with a stethoscope | **hacer (irreg.) a un lado a alguien** | to push someone aside |
| **desembarcar (qu)** | to go ashore, disembark | | |
| | | **hundirse** | to set (*sun*) |

## Considering Multiple Interpretations of a Story

*Ficciones* (1944) contains many of Borges' best short stories such as "Tlön, Uqbar, Orbis Tertius," "Las ruinas circulares," "La lotería en Babilonia," "Pierre Menard, autor del Quijote," "La muerte y la brújula (*compass*)," "La Biblioteca de Babel," "El jardín de senderos que se bifurcan (*forking paths*)," and the often anthologized "El Sur." For the most part, these stories have profound philosophical significance. "La lotería," "La Biblioteca," and "Tlön" demonstrate humankind's futile attempts to establish some order in the world. What appears to be created with a definite design and purpose turns out to be chaotic or ambiguous. "La muerte y la brújula" questions humanity's rational limits as the main character of this classic detective story becomes entangled in his own machinations. "El Sur" is a complex work subject to many interpretations. Borges includes references to his own ancestors, whose epic past he tries to recapture. Critics have suggested that this story could symbolize the desire to recover autochthonous values represented by the gaucho past. As you read the story, keep in mind the subtle interplay between dreams and reality. Is the main character able to establish contact with the past, or is it all a dream? Make a list of elements that belongs to the world of reality and another of those that could be classified as part of a dream. These are the elements that contribute to the tension of the story.

**CONTEXTO CULTURAL** Las Pampas, al sur de Buenos Aires, una vasta extensión de tierras poco pobladas, ha sido el lugar donde habitaban los gauchos, míticos *cowboys* inmortalizados por José Hernández (1834–1886) en su poema épico «Martín Fierro». El protagonista de este poema, el gaucho Martín Fierro, fue elevado a un nivel mítico en un momento histórico en que Argentina intentaba definir una identidad nacional. El cuento «El Sur» subraya la gran diferencia que existe entre el mundo «civilizado» de Buenos Aires, donde vive su protagonista, Dahlmann, y la «barbarie» de las Pampas, lugar de los gauchos con sus valores tradicionales. Esta dicotomía entre «civilización y barbarie» (campo y ciudad) fue señalada por primera vez por Domingo Faustino Sarmiento en su obra *Civilización y barbarie: vida de Facundo Quiroga* (1845).

# ▦ *El Sur* ▦

**E**L HOMBRE QUE desembarcó en Buenos Aires en 1871 se llamaba Johannes Dahlmann y era pastor de la iglesia evangélica; en 1939, uno de sus nietos, Juan Dahlmann, era secretario de una biblioteca municipal en la calle Córdoba y se sentía hondamente argentino.
5 Su abuelo materno había sido aquel Francisco Flores, del 2 de infantería de línea, que murió en la frontera de Buenos Aires, lanceado por indios de Catriel; en la discordia de sus dos linajes, Juan Dahlmann (tal vez a impulso de la sangre germánica) eligió el de ese antepasado romántico, o de muerte romántica. Un estuche[1] con el daguerrotipo de un hombre
10 inexpresivo y barbado, una vieja espada, la dicha y el coraje de ciertas músicas, el hábito de estrofas del *Martín Fierro,* los años, el desgano[2] y la soledad, fomentaron ese criollismo algo voluntario, pero nunca ostentoso. **A costa de** algunas privaciones, Dahlmann había logrado salvar el casco de una estancia[3] en el Sur, que fue de los Flores; una de las costumbres de
15 su memoria era la imagen de los eucaliptos balsámicos y de la larga casa rosada que alguna vez fue carmesí.[4] Las tareas y acaso la indolencia lo retenían en la ciudad. Verano tras verano se contentaba con la idea abstracta de posesión y con la certidumbre de que su casa estaba esperándolo, en un sitio preciso de la llanura. En los últimos días de febrero de 1939, algo le
20 aconteció.

Ciego a las culpas,[5] el destino puede ser despiadado con las mínimas distracciones. Dahlmann había conseguido, esa tarde, un ejemplar descabalado de las *Mil y Una Noches* de Weil; ávido de examinar ese hallazgo, no esperó que bajara el ascensor y subió con apuro las escaleras; algo en
25 la oscuridad le rozó la frente ¿un murciélago, un pájaro? En la cara de la mujer que le abrió la puerta vio grabado el horror, y la mano que se pasó por la frente salió roja de sangre. La arista de un batiente[6] recién pintado que alguien se olvidó de cerrar le habría hecho esa herida. Dahlmann logró dormir, pero a la madrugada estaba despierto y desde aquella hora
30 el sabor de todas las cosas fue atroz. La fiebre lo gastó y las ilustraciones de las *Mil y Una Noches* sirvieron para decorar pesadillas. Amigos y parientes lo visitaban y con exagerada sonrisa le repetían que lo hallaban muy bien. Dahlmann los oía con una especie de débil estupor y le maravillaba que no supieran que estaba en el infierno. Ocho días pasaron, como ocho
35 siglos. Una tarde, el médico habitual se presentó con un médico nuevo y lo condujeron a un sanatorio de la calle Ecuador, porque era indispensable sacarle una radiografía. Dahlmann, en el coche de plaza[7] que los llevó, pensó que en una habitación que no fuera la suya podría, al fin, dormir. Se sintió feliz y conversador; en cuanto llegó, lo desvistieron, le raparon la

---

[1]*jewelry box*  [2]*lack of enthusiasm*  [3]*casco... old ranch*  [4]*crimson*  [5]*Ciego... Blind to faults*  [6]*arista... molding of a door jamb*  [7]*coche... taxi*

40 cabeza, lo sujetaron con metales a una camilla, lo iluminaron hasta la ceguera y el vértigo, lo **auscultaron** y un hombre enmascarado le clavó una aguja[8] en el brazo. Se despertó con náuseas, vendado, en una celda que tenía algo de pozo[9] y, en los días y noches que siguieron a la operación pudo entender que apenas había estado, hasta entonces, en un arrabal[10]

45 del infierno. El hielo no dejaba en su boca el menor rastro de frescura. En esos días, Dahlmann minuciosamente se odió; odió su identidad, sus necesidades corporales, su humillación, la barba que le erizaba la cara. Sufrió con estoicismo las curaciones, que eran muy dolorosas, pero cuando el cirujano le dijo que había estado a punto de morir de una septicemia,[11]

50 Dahlmann **se echó a llorar,** condolido de su destino. Las miserias físicas y la incesante previsión de las malas noches no le habían dejado pensar en algo tan abstracto como la muerte. Otro día, el cirujano le dijo que estaba reponiéndose y que, muy pronto, podría ir a convalecer a la estancia. Increíblemente, el día prometido llegó.

55 A la realidad le gustan las simetrías y los leves anacronismos; Dahlmann había llegado al sanatorio en un coche de plaza y ahora un coche de plaza lo llevaba a Constitución.[12] La primera frescura del otoño, después de la opresión del verano, era como un símbolo natural de su destino rescatado de la muerte y la fiebre. La ciudad, a las siete de la mañana, no

60 había perdido ese aire de casa vieja que le infunde la noche; las calles eran como largos zaguanes,[13] las plazas como patios. Dahlmann la reconocía con felicidad y con un principio de vértigo; unos segundos antes de que las registraran sus ojos, recordaba las esquinas, las carteleras, las modestas diferencias de Buenos Aires. En la luz amarilla del nuevo día, todas las

65 cosas regresaban a él.

Nadie ignora que el Sur empieza del otro lado de Rivadavia.[14] Dahlmann solía repetir que ello no es una convención y que quien atraviesa esa calle entra en un mundo más antiguo y más firme. Desde el coche buscaba entre la nueva edificación, la ventana de rejas, el llamador, el arco de la puerta,

70 el zaguán, el íntimo patio.

En el *hall* de la estación advirtió que faltaban treinta minutos. Recordó bruscamente que en un café de la calle Brasil (a pocos metros de la casa de Yrigoyen[15]) había un enorme gato que se dejaba acariciar por la gente, como una divinidad desdeñosa. Entró. Ahí estaba el gato, dormido. Pidió

75 una taza de café, la endulzó lentamente, la probó (ese placer le había sido vedado[16] en la clínica) y pensó, mientras alisaba el negro pelaje, que aquel contacto era ilusorio y que estaban como separados por un cristal, porque el hombre vive en el tiempo, en la sucesión, y el mágico animal, en la actualidad, en la eternidad del instante.

---

[8]clavó... *sunk a needle*  [9]tenía... *was like a well*  [10]*slum*  [11]*blood poisoning*  [12]*one of Buenos Aires's train stations*  [13]*entrance halls*  [14]*one of Buenos Aires's main avenues*  [15]*Hipólito Yrigoyen (1852–1933), leader of the Radical party in Argentina. Twice elected president (1916–1922 and 1928–1930).*  [16]*prohibido*

80   A lo largo del penúltimo andén[17] el tren esperaba. Dahlmann recorrió
los vagones y dio con uno casi vacío. Acomodó en la red la valija[18]; cuando
los coches arrancaron, la abrió y sacó, tras alguna vacilación, el primer
tomo de las *Mil y Una Noches*. Viajar con este libro, tan vinculado a la historia de su desdicha, era una afirmación de que esa desdicha había sido
85   anulada y un desafío[19] alegre y secreto a las frustradas fuerzas del mal.

A los lados del tren, la ciudad se desgarraba en suburbios[20]; esta visión
y luego la de jardines y quintas[21] demoraron el principio de la lectura. La
verdad es que Dahlmann leyó poco; la montaña de piedra imán y el genio
que ha jurado matar a su bienhechor eran, quién lo niega, maravillosos,
90   pero no mucho más que la mañana y que el hecho de ser. La felicidad lo
distraía de Shahrazad y de sus milagros superfluos; Dahlmann cerraba el
libro y se dejaba simplemente vivir.

El almuerzo (con el caldo servido en boles de metal[22] reluciente, como en
los ya remotos veraneos de la niñez) fue otro goce tranquilo y agradecido.
95   *Mañana me despertaré en la estancia,* pensaba, y era como si a un
tiempo fuera dos hombres: el que avanzaba por el día otoñal y por la
geografía de la patria, y el otro, encarcelado en un sanatorio y sujeto a
metódicas servidumbres. Vio casas de ladrillo sin revocar,[23] esquinadas y
largas, infinitamente mirando pasar los trenes; vio jinetes[24] en los terrosos
100  caminos; vio zanjas[25] y lagunas y haciendas; vio largas nubes luminosas
que parecían de mármol, y todas estas cosas eran casuales, como sueños
de la llanura. También creyó reconocer árboles y sembrados que no hubiera
podido nombrar, porque su directo conocimiento de la campiña era harto
inferior a su conocimiento nostálgico y literario.
105  Alguna vez durmió y en sus sueños estaba el ímpetu del tren. Ya el
blanco sol intolerable de las doce del día era el sol amarillo que precede
al anochecer y no tardaría en ser rojo. También el coche era distinto; no
era el que fue en Constitución, al dejar el andén: la llanura y las horas lo
habían atravesado y transfigurado. Afuera la móvil sombra del vagón se
110  alargaba hacia el horizonte. No turbaban la tierra elemental ni poblaciones
ni otros signos humanos. Todo era vasto, pero al mismo tiempo era íntimo
y, de alguna manera, secreto. En el campo desaforado,[26] a veces no había
otra cosa que un toro. La soledad era perfecta y tal vez hostil, y Dahlmann
pudo sospechar que viajaba al pasado y no sólo al Sur. De esa conjetura
115  fantástica lo distrajo el inspector, que al ver su boleto, le advirtió que el
tren no lo dejaría en la estación de siempre sino en otra, un poco anterior
y apenas conocida por Dahlmann. (El hombre añadió una explicación que
Dahlmann no trató de entender ni siquiera de oír, porque el mecanismo de
los hechos no le importaba.)
120  El tren laboriosamente **se detuvo,** casi en medio del campo. Del otro
lado de las vías quedaba la estación, que era poco más que un andén con

---

[17]*platform*   [18]Acomodó... *He placed the suitcase in the overhead baggage net*   [19]*challenge*   [20]se... *was breaking up into suburbs*   [21]*farm houses*   [22]boles... *metal bowls (anglicism)*   [23]casas... *brick houses with no plaster*   [24]*horseback riders*   [25]*ditches*   [26]En... *In the vastness of the countryside*

un cobertizo. Ningún vehículo tenían, pero el jefe opinó que tal vez pudiera conseguir uno en un comercio que le indicó a unas diez, doce, cuadras.

Dahlmann aceptó la caminata como una pequeña aventura. Ya **se había**
125 **hundido** el sol, pero un esplendor final exaltaba la viva y silenciosa llanura, antes de que la borrara la noche. Menos para no fatigarse que para hacer durar esas cosas, Dahlmann caminaba despacio, aspirando con grave felicidad el olor del trébol.

El almacén, alguna vez, había sido punzó,[27] pero los años habían mitigado
130 para su bien ese color violento. Algo en su pobre arquitectura le recordó un grabado en acero, acaso de una vieja edición de *Pablo y Virginia.*[28] Atados al palenque[29] había unos caballos. Dahlmann, adentro, creyó reconocer al patrón; luego comprendió que lo había engañado su parecido con uno de los empleados del sanatorio. El hombre, oído el caso, dijo que le haría atar
135 la jardinera; para agregar otro hecho a aquel día y para llenar ese tiempo, Dahlmann resolvió comer en el almacén.

En una mesa comían y bebían ruidosamente unos muchachones, en los que Dahlmann, al principio, no se fijó. En el suelo, apoyado en el mostrador, **se acurrucaba,** inmóvil como una cosa, un hombre muy viejo. Los
140 muchos años lo habían reducido y pulido como las aguas a una piedra o las generaciones de los hombres a una sentencia. Era oscuro, chico y reseco, y estaba como fuera del tiempo, en una eternidad. Dahlmann registró con satisfacción la vincha, el poncho de bayeta, el largo chiripá y la bota de potro[30] y se dijo, rememorando inútiles discusiones con gente de los parti-
145 dos del Norte o con entrerrianos,[31] que gauchos de esos ya no quedan más que en el Sur.

Dahlmann se acomodó junto a la ventana. La oscuridad fue quedándose con el campo, pero su olor y sus rumores aún le llegaban entre los barrotes de hierro. El patrón le trajo sardinas y después carne asada; Dahlmann las
150 empujó con unos vasos de vino tinto. Ocioso, paladeaba el áspero sabor y dejaba errar la mirada por el local, ya un poco soñolienta. La lámpara de kerosén pendía de uno de los tirantes; los parroquianos de la otra mesa eran tres: dos parecían peones de chacra;[32] otro, de rasgos achinados[33] y torpes, bebía con el chambergo puesto. Dahlmann, de pronto, sintió un
155 leve roce en la cara. Junto al vaso ordinario de vidrio turbio, sobre una de las rayas del mantel, había una bolita de miga.[34] Eso era todo, pero alguien se la había tirado.

Los de la otra mesa parecían ajenos a él. Dahlmann, perplejo, decidió que nada había ocurrido y abrió el volumen de las *Mil y Una Noches,* como
160 para tapar la realidad. Otra bolita lo alcanzó a los pocos minutos, y esta vez los peones se rieron. Dahlmann se dijo que no estaba asustado, pero que sería un disparate que él, un convaleciente, se dejara arrastrar por

---

[27]*brilliant red* [28]*Pablo... a romantic French novel by Bernardin de Saint-Pierre (1737–1814)* [29]*hitching post* [30]*vincha... headband, the woolen poncho, the large chaps, and the leather boots (typical gaucho apparel)* [31]*inhabitants of the province of Entre Ríos* [32]*peones...farmhands* [33]*rasgos... Indian features* [34]*bolita... little ball of crumbs*

desconocidos a una pelea confusa. Resolvió salir; ya estaba de pie cuando el patrón se le acercó y lo exhortó con voz alarmada:

165 —Señor Dahlmann, no les haga caso a esos mozos, que están medio alegres.[35]

Dahlmann no se extrañó de que el otro, ahora, lo conociera, pero sintió que estas palabras conciliadoras agravaban, de hecho, la situación. Antes, la provocación de los peones era a una cara accidental, casi a nadie; ahora
170 iba contra él y contra su nombre y lo sabrían los vecinos. Dahlmann **hizo a un lado** al patrón, se enfrentó con los peones y les preguntó qué andaban buscando.

El compadrito de la cara achinada se paró, tambaleándose.[36] A un paso de Juan Dahlmann, lo injurió a gritos,[37] como si estuviera muy lejos. Ju-
175 gaba a exagerar su borrachera y esa exageración era una ferocidad y una burla. Entre malas palabras y obscenidades, tiró al aire un largo cuchillo, lo siguió con los ojos, lo barajó,[38] e invitó a Dahlmann a pelear. El patrón objetó con trémula voz que Dahlmann estaba desarmado. En ese punto, algo imprevisible ocurrió.

180 Desde un rincón, el viejo gaucho extático, en el que Dahlmann vio una cifra del Sur (del Sur que era suyo), le tiró una daga desnuda que vino a caer a sus pies. Era como si el Sur hubiera resuelto que Dahlmann acepta- ra el duelo. Dahlmann se inclinó a recoger la daga y sintió dos cosas. La primera, que ese acto casi instintivo lo comprometía a pelear. La segunda,
185 que el arma, en su mano torpe, no serviría para defenderlo, sino para jus- tificar que lo mataran. Alguna vez había jugado con un puñal, como todos los hombres, pero su esgrima no pasaba de una noción de que los golpes deben ir hacia arriba y con el filo para adentro. *No hubieran permitido en el sanatorio que me pasaran estas cosas,* pensó.

190 —Vamos saliendo —dijo el otro.

Salieron, y si en Dahlmann no había esperanza, tampoco había temor. Sintió, al atravesar el umbral, que morir en una pelea a cuchillo, a cielo abierto y acometiendo, hubiera sido una liberación para él, una felicidad y una fiesta, en la primera noche del sanatorio, cuando le clavaron la aguja.
195 Sintió que si él, entonces, hubiera podido elegir o soñar su muerte, ésta es la muerte que hubiera elegido o soñado.

Dahlmann empuña con firmeza el cuchillo, que acaso no sabrá manejar, y sale a la llanura. 🏵️

---

[35]medio... *half drunk*   [36]*losing his balance*   [37]lo... *yelled insults at him*   [38]lo... *he caught it in mid-air*

# Después de leer

## Cuestionario

1. ¿Quién era Juan Dahlmann? ¿Qué le aconteció en los últimos días de febrero de 1939?
2. ¿Por qué lo condujeron los médicos a un sanatorio?
3. ¿Qué hicieron los médicos cuando Dahlmann llegó al sanatorio?
4. ¿Dónde empieza el Sur?
5. ¿De qué se acordó Dahlmann en la estación?
6. ¿Qué le advirtió el conductor del tren?
7. ¿Qué hacían los muchachos en el almacén?
8. ¿Qué hizo el compadrito de la cara achinada?
9. ¿Qué le dijo el patrón a Dahlmann?
10. ¿Cómo se sintió Dahlmann después de recoger la daga?

## Estudio de palabras

Complete las oraciones con palabras o expresiones de **Palabras importantes y modismos.**

1. El hombre que _____ en Buenos Aires se llamaba Johannes Dahlmann.
2. _____ algunas privaciones, Dahlmann había logrado salvar el casco de una estancia en el Sur.
3. Lo sujetaron con metales a una camilla, lo _____ y un hombre enmascarado le clavó una aguja en el brazo.
4. Dahlmann _____, condolido de su destino.
5. El tren laboriosamente _____, casi en medio del campo.
6. El sol _____, pero un esplendor final exaltaba la viva y silenciosa llanura.
7. En el suelo un hombre muy viejo _____, inmóvil como una cosa.
8. Dahlmann _____ al patrón y se enfrentó con los peones.

## Consideraciones

1. ¿Quiénes eran los antepasados de Juan Dahlmann?
2. ¿Qué le pasó a Juan Dahlmann mientras corría examinando un ejemplar de las *Mil y Una Noches*?
3. Describa la condición física de Dahlmann después del accidente.
4. ¿Por qué se odió Dahlmann a sí mismo? Describa su estado de ánimo mientras estaba en el sanatorio.
5. ¿Qué vio Dahlmann desde el tren? ¿Qué hizo durante el viaje?
6. Haga una descripción detallada de los hombres que estaban en el almacén.

7. Describa los incidentes que ocurrieron antes de la pelea.
8. ¿Cuál es la función del gaucho viejo en la acción del cuento?

## ANÁLISIS DEL TEXTO

1. ¿Cuáles son los temas principales de este cuento?
2. ¿Qué papel cumple la memoria en la personalidad del protagonista?
3. Comente el aspecto simbólico del Sur en la vida del protagonista.
4. Comente los rasgos estilísticos que contribuyen a crear un ambiente misterioso en este cuento.
5. ¿Cómo interpreta Ud. las últimas líneas del cuento?

 ## EN GRUPOS

Completen las siguientes actividades en grupos.

A. **Valores autóctonos.** Después de llegar a una definición del término «valores autóctonos», comenten el papel que éstos desempeñan en la cultura de un país.
B. **El gaucho.** ¿Cuál ha sido el papel del gaucho en la cultura argentina? Comparen algunas características del gaucho con las del *cowboy* norteamericano. ¿Cómo han cambiado los gauchos y los *cowboys* en nuestros días? Busquen información sobre los gauchos judíos que poblaron la Pampa el siglo pasado.
C. *Las mil y una noches.* Éste es el libro que atrae a Dalhmann. Identifiquen en el cuento los lugares en los que el protagonista tiene contacto con el libro. ¿De qué se trata este libro y por qué creen que Dalhmann siente tanta atracción por leerlo? ¿Existe alguna línea paralela entre el cuento y las *Mil y Una Noches*?
D. **El sur.** Investiguen las características geográficas del sur de Argentina. ¿Por qué es relevante el sur en el cuento? ¿Por qué creen que Dalhmann quiere visitar el sur? ¿Qué significa el sur para él?

## BIBLIOGRAFÍA

### Printed Materials
Gertel, Zunilda. "'El Sur' de Borges: Búsqueda de identidad en el laberinto." *Nueva Narrativa Hispanoamericana* 1.2 (1971):35–55.
Phillips, Allen. "'El Sur' de Borges." *Revista Hispánica Moderna* 29 (1963):140–147.
Saona, Margarita. "Borges, 'El sur' y la nación imaginada." *Inti: Revista de Literatura Hispánica* 55–56 (2002):139–148.

### Audiovisual
*El sur.* (Spanish, 52 minutes, color) Films for the Humanities and Sciences. (www.films.com)

# Tercer paso

Tercer piso

Mujeres protestando en la Plaza de Mayo, Argentina

# Los mejor calzados[1]

Luisa Valenzuela (1938–) nació en Buenos Aires y ha dedicado la mayor parte de su vida al periodismo, carrera que comenzó cuando sólo tenía 17 años. Es hija de un doctor argentino, Pablo Francisco Valenzuela, y de Luisa Mercedes Livingston, una escritora reconocida.[2] A la edad de 20 años se casó con un marino francés y se mudó a Francia. De 1959 a 1961, Valenzuela vivió en París, contribuyendo artículos a *La Nación* y *El Mundo,* dos de los periódicos más sobresalientes[3] de Buenos Aires. Durante ese período ella empezó a escribir su primera novela, *Hay que sonreír* (1966), en la cual la protagonista, una prostituta, es representada con compasión y entendimiento. En 1967 Valenzuela publicó la colección de cuentos *Los heréticos,* la cual, junto con la novela *Clara,* fue traducida al inglés con el título *Clara: Thirteen Short Stories and a Novel* (1976).

Durante los años setenta, un período que corresponde a la infame Guerra Sucia, Valenzuela viajó por España, los Estados Unidos, Francia y México. Tanto sus viajes como la cruel realidad política de Argentina se reflejan en los libros que publicó durante este período: *Aquí pasan cosas raras* (1975) y *Como en la guerra* (1977), que exploran el tema de la violencia. En 1989 regresó a Argentina para encontrar un país profundamente afectado por los años de represión militar y social al igual que por la crisis financiera. Ese mismo año publicó *Realidad nacional desde la cama* y *Novela negra con argentinos*. Estas dos novelas fueron seguidas

---

[1]Los... *The Best Shod*    [2]*well-known*    [3]*outstanding*

en 1993 por *Simetrías,* una colección de cuentos en la cual ella trata las muchas caras de la opresión.

Las novelas y cuentos de Valenzuela han sido ampliamente traducidos a otras lenguas, y durante los años ochenta *Time* y *Newsweek* publicaron artículos en los que era comparada con escritores como Jorge Luis Borges y Julio Cortázar. Su novela más reciente, *La travesía,*[4] apareció en 2001.

El cuento, «Los mejor calzados», fue publicado en *Aquí pasan cosas raras.* Muchos de sus cuentos tratan directamente la violenta realidad de Argentina en los años setenta durante el período de la represión política. Al disentir, los intelectuales de izquierda, particularmente, fueron señalados para ser perseguidos. El tratamiento ligero e irónico de los desaparecidos intensifica[5] el impacto de su tema principal: los efectos deshumanizantes de la violencia. A pesar de haber sido escrito en los años setenta, este cuento tiene implicaciones en el mundo en que hoy vivimos. Note el uso de la primera persona del plural en la voz narrativa y su efecto en la creación de la ironía.

[4]*journey*  [5]*heightens*

# **A**NTES DE LEER

## *PALABRAS IMPORTANTES Y MODISMOS*

| | | | |
|---|---|---|---|
| **bastar con** <br> + *infinitivo* | to be enough (*to do something*) | **llevarse** <br> + *sustantivo* | to take, to carry (*something*) |
| **de verdad** | truly | **realmente** | really |
| **en cambio** | on the other hand | **sobrar** | to have more than necessary |
| **jactarse de** <br> + *infinitivo* | to boast about (*doing something*) | **soler (ue)** <br> + *infinitivo* | to tend to (*do something*) |

**C**ONTEXTO CULTURAL

Cuando en 1975 se publicó *Aquí pasan cosas raras,* Argentina pasaba por un período histórico marcado por la represión política. Durante los años setenta, ocurrió la llamada «Guerra Sucia», acontecimiento que dividió el país. Varios gobiernos militares implementaron leyes que violaban los derechos humanos más básicos. Los que se opusieron a las dictaduras militares de los años setenta, incluso aquéllos de los cuales sólo se sospechaba que se oponían, fueron «desaparecidos». Muchos escritores e intelectuales de izquierda tuvieron que salir del país, mientras que los que se quedaron tuvieron que optar entre oponerse al sistema en forma velada[1] o quedarse callados. Fue un período documentado en la película *La historia oficial,* que se centra en las protestas de las madres de la Plaza de Mayo y en la tentativa de una de ellas de averiguar[2] la suerte de los desaparecidos. El cuento «Los mejor calzados» sugiere un ambiente cerrado y violento de represión bajo un régimen militar y el efecto que éste tuvo en la conciencia argentina.

[1]*undercover* [2]*find out*

## ▨ *Los mejor calzados* ▨

**I**NVASIÓN DE MENDIGOS pero queda un consuelo: a ninguno le faltan zapatos, zapatos **sobran.** Eso sí, en ciertas oportunidades hay que quitárselo a alguna pierna descuartizada[1] que se encuentra entre los matorrales[2] y sólo sirve para calzar a un rengo.[3] Pero esto no ocurre a
5   menudo, en general se encuentra el cadáver completito[4] con los dos zapatos intactos. **En cambio** las ropas sí están inutilizadas. **Suelen** presentar orificios de bala y manchas de sangre, o han sido desgarradas a latigazos,[5] o la picana eléctrica[6] les ha dejado unas quemaduras muy feas y difíciles de ocultar. Por eso no contamos con la ropa, pero los zapatos vienen chiche.[7] Y en general se trata de buenos zapatos que han sufrido poco uso porque
10   a sus propietarios no se les deja llegar demasiado lejos en la vida. Apenas asoman[8] la cabeza, apenas piensan (y el pensar no deteriora los zapatos) ya está todo cantado[9] y les **basta con** dar unos pocos pasos para que ellos les tronchen la carrera.[10]

Es decir que zapatos encontramos, y como no siempre son del número
15   que se necesita, hemos instalado en un baldío[11] del Bajo* un puestito de canje.[12] Cobramos muy contados pesos por el servicio: a un mendigo no se le puede pedir mucho pero sí que contribuya a pagar la yerba mate[13] y algún bizcochito de grasa.[14] Sólo ganamos dinero **de verdad** cuando por fin se logra alguna venta. A veces los familiares de los muertos, enterados
20   vaya uno a saber cómo de nuestra existencia,[15] se llegan hasta nosotros para rogarnos que les vendamos los zapatos del finado[16] si es que los tenemos. Los zapatos son lo único que pueden enterrar, los pobres, porque claro, jamás les permitirán **llevarse** el cuerpo.

Es **realmente** lamentable que un buen par de zapatos salga de cir-
25   culación, pero de algo tenemos que vivir también nosotros y además no podemos negarnos a una obra de bien. El nuestro es un verdadero

[1]*severed* [2]*thickets* [3]*one-legged person* [4]*intact* [5]*desgarradas... torn apart* [6]*picana... electric cattle prod* [7]*vienen... are just fine* [8]*they stick out* [9]*está... it's all over* [10]*ellos... they cut their journey (life) short* [11]*vacant lot* [12]*puestito... vendor's stall* [13]*yerba... type of tea* [14]*bizcochito... biscuit* [15]*enterados... who've heard of us heaven knows how* [16]*deceased*

*Bajo is a section of Buenos Aires.

apostolado[17] y así lo entiende la policía que nunca nos molesta mientras merodeamos por baldíos, zanjones, descampados, bosquecitos[18] y demás
30 rincones donde se puede ocultar algún cadáver. Bien sabe la policía que es gracias a nosotros que esta ciudad puede **jactarse de** ser la de los mendigos[19] mejor calzados del mundo. ✦

[17]*mission of mercy*   [18]baldíos... *vacant lots, sewer conducts, fallow fields, woods*   [19]*beggars*

# Después de leer

## Cuestionario

1. Cuando se encuentra sólo un zapato, ¿quién puede usarlo?
2. ¿Por qué los mendigos no pueden usar la ropa de los cadáveres?
3. ¿Por qué están siempre intactos los zapatos?
4. ¿Quién les troncha la carrera a los propietarios de los zapatos?
5. ¿Por qué los mendigos han instalado un puestito de canje?
6. ¿Cuándo ganan dinero de verdad los que recogen los zapatos?
7. ¿Por qué los familiares de los muertos sólo pueden enterrar los zapatos?
8. ¿Por qué la policía nunca molesta a los mendigos?
9. ¿En que lugares pueden encontrar cadáveres?
10. ¿De qué puede jactarse la ciudad?

## Estudio de palabras

1. A ninguno de los mendigos le faltan zapatos porque los zapatos _____.
2. _____ la ropa presenta orificios de bala y no puede ser utilizada.
3. La ciudad puede _____ tener los mendigos mejor calzados del mundo.
4. Cuando los familiares de los muertos nos compran los zapatos es cuando _____ ganamos algún dinero.
5. _____ es lamentable que un buen par de zapatos salga de circulación.
6. A los muertos les _____ dar unos pocos pasos para que les tronchen la carrera.
7. A los familiares jamás les permitirán _____ el cuerpo.
8. Los mendigos _____ merodear baldíos, zanjones y descampados.

# CONSIDERACIONES

1. En el cuento, ¿qué palabras contribuyen a crear una atmósfera de horror? ¿Qué palabras o expresiones que en sí no implican horror o repulsión provocan esos sentimientos dentro de este contexto? ¿Por qué?
2. El narrador afirma que los zapatos sobran. ¿Por qué?
3. El narrador dice que ellos mismos tienen un verdadero apostolado. Describa el servicio que ofrecen. ¿Quiénes se benefician de este servicio? ¿Qué hacen los familiares de los muertos si encuentran los zapatos de éstos? ¿Por qué?

## ANÁLISIS DEL TEXTO

1. Comente el tono irónico del cuento.
2. ¿Cómo se refleja en el cuento la realidad argentina de ese momento?
3. ¿Qué tipo de ambiente ha creado Valenzuela en el cuento?
4. ¿Qué efecto se crea al usar la primera persona plural? Por ejemplo, ¿en qué se diferencia esta perspectiva comparada con la de la primera persona singular?

 ## EN GRUPOS

Completen las siguientes actividades en grupos.

A. **Una pintura.** Imaginen que Uds. son pintores y que después de leer el cuento de Valenzuela deciden hacer una pintura. ¿Qué tipo de pintura quieren hacer? ¿Qué elementos incluirían que representen las ideas del cuento y por qué?

B. **La violencia.** Hay muchas formas de violencia. ¿Qué tipo de violencia predomina en este cuento? ¿Creen que es necesario usar violencia para lograr cambios en la sociedad? ¿Existe alguna ocasión en que la violencia pueda justificarse? ¿Cuándo?

C. **Los mendigos.** En el cuento de Valenzuela el grupo de mendigos es el personaje principal y cumple una función muy necesaria. ¿Cómo son percibidos los mendigos en nuestra sociedad y por qué? ¿Tienen ellos alguna función determinada en nuestra sociedad? ¿Cuál es? ¿Qué podría hacer el gobierno para ayudar a los mendigos?

D. **Un gobierno militar.** El cuento critica el abuso de un gobierno militar. Comenten las características de este tipo de gobierno y las formas en que el cuento lo critica.

# BIBLIOGRAFÍA

## Printed Materials

Delgado, Josefina. "Resignificar la lectura." In *Luisa Valenzuela sin máscara,* ed. Gwendolyn Díaz. Buenos Aires: Feminatia, 2003:112–123.

Plaza, Galvarino. "Review of *Aquí pasan cosas raras,* by Luisa Valenzuela." *Cuadernos hispanoamericanos* 346 (April 1979):258–259.

## Audiovisual

*La historia oficial.* (Spanish, 110 minutes) Amazon.com. (www.amazon.com)

*Luisa Valenzuela.* (Spanish, 33 minutes, color) Films for the Humanities and Sciences. (www.films.com)

Café madrileño, centro de la vida social

# La indiferencia de Eva

**S**oledad Puértolas (1947–) nació en Zaragoza, España. Forma parte de un grupo numeroso de escritoras que comenzó a publicar poco después de la muerte de Francisco Franco (1892–1975). Éste fue un período marcado por enormes cambios sociales que afectaron a la política y a la literatura del país. Estas nuevas escritoras se enfrentaron a su labor con una euforia y vigor que cuestionaban valores tradicionales considerados inadecuados. Inicialmente, Puértolas estudió Periodismo y luego se dedicó al estudio formal de la literatura. Obtuvo su maestría en Literatura Española y Portuguesa en la Universidad de California en Santa Bárbara en 1975. Ha escrito muchos artículos críticos en varias revistas literarias, y es reconocida principalmente por su trabajo sobre la obra de Pío Baroja, un escritor realista español del siglo XIX, y por el prólogo de un libro dedicado a Isadora Duncan.

Por su primera novela, *El bandido doblemente armado*, que apareció en 1980, Puértolas ganó el prestigioso Premio Sésamo, 1979. Es una novela narrada en primera persona que demuestra la predilección de la autora por seres complejos y ambiguos en sus relaciones personales. En 1982 publicó una colección de cuentos, *Una enfermedad moral*. Como lo indica el título, son cuentos que tienen en común el tema de los problemas morales. Su obra se caracteriza por una cualidad misteriosa que la misma autora ha definido como «un mapa de huecos[1]», término que sugiere una variedad de interpretaciones.

[1] *holes*

En 1982, el cuento «A través de las ondas[2]» fue incluido en *Doce relatos de mujeres,* una antología de las mejores feministas de la época. *Burdeos* (1986) es una novela se centra en el tema del tiempo con personajes que tratan de enfrentar su soledad y su muerte inminente. Su novela *Queda la noche* (1989) ganó el Premio Planeta, otorgado a la Mejor Novela del Año. Es una obra sentimental narrada en primera persona que utiliza muchas técnicas cinematográficas. El énfasis en los gestos, la mirada y en los aparentemente insignificantes hechos en la vida de los personajes se combinan para formar un tejido artístico y complejo en una obra marcada por una fuerte ironía.

«La indiferencia de Eva» forma parte de *Una enfermedad moral.* Al leer este cuento trate de ver la dinámica de la situación en el juego de seducción entre los dos protagonistas. Fíjese en el papel de los protagonistas determinado por su sexo, cada uno de ellos atraído hacia el otro al fin inevitable que es a la vez abierto y ambiguo.

[2]*waves*

# Antes de leer

## *Palabras importantes y modismos*

| | | | |
|---|---|---|---|
| **abrirse paso** | to make headway | **llegar (gu) a** | to "grow on" |
| **consolidarse** | to grow firm | **gustarle a** | someone |
| **dar (*irreg.*)** | to turn around | **alguien** | |
| **la vuelta** | | **tomarse la** | to bother, go to |
| **desorientar** | to confuse | **molestia** | the trouble |
| **dirigirse** | to go toward | | |
| **(dirijo) a hacia** | | | |

**CONTEXTO CULTURAL** Para entender mejor este cuento hay que tener en cuenta los cambios sociales y culturales que han ocurrido en España en los últimos años. En la época posfranquista, con la entrada de muchas mujeres españolas en algunos campos sociales antes prohibidos para ellas, éstas han tenido que luchar contra actitudes machistas que se habían perpetuado a lo largo de los años. Este influjo se nota especialmente en el área de los negocios, en donde las mujeres trabajan a la par de los hombres. Esta interacción entre hombres y mujeres tanto en el ambiente laboral, como en el hogar, ha cambiado en forma radical desde el inicio del movimiento feminista. En España, como en otros países, las mujeres han luchado por adquirir igualdad de derechos humanos y civiles, y en el proceso han comenzado a cuestionar el papel al que habían sido relegadas en el pasado. En este cuento tenemos que concentrarnos en el efecto que las tensiones diarias producen en las relaciones entre los sexos mientras tratan de subir en la escala social. Típico de nuestros tiempos es el sentido de enajenación[1] y la falta de dirección en una sociedad que parece haber perdido sus valores positivos.

[1]*alienation*

# La indiferencia de Eva

**E**VA NO ERA una mujer guapa. Nunca **me llegó a gustar**, pero en aquel primer momento, mientras atravesaba el umbral[1] de la puerta de mi despacho y **se dirigía hacia** mí, me horrorizó. Cabello corto y mal cortado, rostro exageradamente pálido, inexpresivo, figura
5  nada esbelta y lo peor de todo para un hombre para quien las formas lo son todo: pésimo[2] gusto en la ropa. Por si fuera poco, no fue capaz de percibir mi desaprobación.[3] No hizo nada por ganarme. Se sentó al otro lado de la mesa sin dirigirme siquiera una leve sonrisa, sacó unas gafas del bolsillo de su chaqueta y me miró a través de los cristales[4] con una expresión de
10  miopía mucho mayor que antes de ponérselas.

Dos días antes, me había hablado por teléfono. En tono firme y a una respetable velocidad me había puesto al tanto[5] de sus intenciones: pretendía llevarme a la radio, donde dirigía un programa cultural de, al parecer, gran audiencia. Me aturden las personas muy activas y, si son mujeres, me
15  irritan. Si son atractivas, me gustan.

—¿Bien? —pregunté yo, más agresivo que impaciente.

Eva no se alteró.[6] Suspiró profundamente, como invadida de un profundo desánimo.[7] Dejó lentamente sobre la mesa un cuaderno de notas y me dirigió otra mirada con gran esfuerzo. Tal vez sus gafas no estaban
20  graduadas adecuadamente[8] y no me veía bien. Al fin, habló, pero su voz, tan terminante[9] en el teléfono, **se abría** ahora **paso** tan arduamente como su mirada, rodeada de puntos suspensivos.[10] No parecía saber con certeza por qué se encontraba allí ni lo que iba a preguntarme.

—Si a usted le parece —dijo al fin, después de una incoherente intro-
25  ducción que nos **desorientó** a los dos—, puede usted empezar a explicarme cómo surgió la idea de... —no pudo terminar la frase.

[1]*threshold*  [2]*dreadful*  [3]*Por... As if this were not enough, she couldn't perceive my disapproval.*  [4]*lenses*
[5]*me... she had brought me up to date*  [6]*no... did not become angry*  [7]*lack of enthusiasm*  [8]*no... were not the right prescription*  [9]*categorical, conclusive*  [10]*puntos... ellipsis points*

Me miró para que yo lo hiciera, sin ningún matiz de súplica[11] en sus ojos. Esperaba, sencillamente, que yo le resolviera la papeleta.[12]

Me sentía tan ajeno y desinteresado como ella, pero hablé. Ella, que miraba de vez en cuando su cuaderno abierto, no tomó ninguna nota. Para terminar con aquella situación, propuse que realizáramos juntos un recorrido por la exposición, idea que, según me pareció apreciar, acogió[13] con cierto alivio. Los visitantes de aquella mañana eran, en su mayor parte, extranjeros, hecho que comenté a Eva. Ella ni siquiera **se tomó la molestia** de asentir. Casi me pareció que mi observación le había incomodado. Lo miraba todo sin verlo. Posaba[14] levemente su mirada sobre las vitrinas,[15] los mapas colgados en la pared, algunos cuadros ilustrativos que yo había conseguido de importantes museos y alguna colección particular.

Por primera vez desde la inauguración, la exposición me gustó. Me sentí orgulloso de mi labor y la consideré útil. Mi voz fue adquiriendo un tono de entusiasmo creciente y conforme su indiferencia **se consolidaba,** más crecía mi entusiasmo.[16] Se había establecido una lucha. Me sentía superior a ella y deseaba abrumarla[17] con profusas explicaciones. Estaba decidido a que perdiese su precioso tiempo. El tiempo es siempre precioso para los periodistas. En realidad, así fue. La mañana había pasado. Lo advertí, satisfecho, pero Eva no se inmutó.[18] Nunca se había inmutado. Con sus gafas de miope[19] a través de las cuales no debía de haberse filtrado ni una mínima parte de la información allí expuesta, me dijo, condescendiente y remota:

—Hoy ya no podremos realizar la entrevista. Será mejor que la dejemos para mañana. ¿Podría usted venir a la radio a la una?

En su tono de voz no se traslucía ningún rencor. Si acaso había algún desánimo, era el mismo con el que se había presentado, casi dos horas antes, en mi despacho. Su bloc de notas,[20] abierto en sus manos, seguía en blanco. Las únicas y escasas preguntas que me había formulado no tenían respuesta. Preguntas que son al mismo tiempo una respuesta, que no esperan del interlocutor más que un desganado asentimiento.[21]

Y, por supuesto, ni una palabra sobre mi faceta de novelista. Acaso ella, una periodista tan eficiente, lo ignoraba.[22] Tal vez, incluso, pensaba que se trataba de una coincidencia. Mi nombre no es muy original y bien pudiera suceder que a ella no se le hubiese ocurrido relacionar mi persona con la del escritor que había publicado dos novelas de relativo éxito.

Cuando Eva desapareció, experimenté cierto alivio. En seguida fui víctima de un ataque de mal humor. Me había propuesto que ella perdiese su tiempo, pero era yo quien lo había perdido. Todavía conservaba parte del orgullo que me había invadido al contemplar de nuevo mi labor, pero ya lo sentía como un orgullo estéril, sin trascendencia. La exposición se

---

[11]matiz... *hint of a plea*   [12]qué... *for me to get her out of this jam*   [13]*she welcomed*   [14]*She rested*   [15]*display cases*   [16]conforme... *the more her indifference grew, the more enthusiastic I became*   [17]*to overwhelm her*   [18]no... *did not lose her composure*   [19]Con... *With her glasses for nearsightedness*   [20]bloc... *notebook,*   [21]desganado... *reluctant agreement*   [22]no sabía

desmontaría[23] y mi pequeña gloria se esfumaría. Consideré la posibilidad de no acudir a la radio al día siguiente, pero, desgraciadamente, me cuesta evadir un compromiso.[24]

70     Incluso llegué con puntualidad. Recorrí los pasillos laberínticos del edificio, pregunté varias veces por Eva y, al fin, di con ella.[25] Por primera vez, sonrió. Su sonrisa no se dirigía a mí, sino a sí misma. No estaba contenta de verme, sino de verme allí. Se levantó de un salto, me tendió una mano que yo no recordaba haber estrechado[26] nunca y me presentó a dos compa-
75 ñeros que me acogieron con la mayor cordialidad, como si Eva les hubiera hablado mucho de mí. Uno de ellos, cuando Eva se dispuso a llevarme a la sala de grabación, me golpeó la espalda[27] y pronunció una frase de ánimo.[28] Yo no me había quejado, pero todo iba a salir bien. Tal vez había en mi rostro señales de estupefacción y desconcierto. Seguí a Eva por un
80 estrecho pasillo en el que nos cruzamos con gentes apresuradas y simpáticas, a las que Eva dedicó las frases ingeniosas, y nos introdujimos al fin en la cabina. En la habitación de al lado, que veíamos a través de un panel de cristal, cuatro técnicos, con los auriculares[29] ajustados a la cabeza, estaban concentrados en su tarea. Al fin, todos nos miraron y uno de ellos habló a
85 Eva. Había que probar la voz. Eva, ignorándome, hizo las pruebas y, también ignorándome, hizo que yo las hiciera. Desde el otro lado del panel, los técnicos asintieron. Me sentí tremendamente solo con Eva. Ignoraba cómo se las iba a arreglar.[30]

    Repentinamente, empezó a hablar. Su voz sonó fuerte, segura, llena de
90 matices. Invadió la cabina y, lo más sorprendente de todo: hablando de mí. Mencionó la exposición, pero en seguida añadió que era mi labor lo que ella deseaba destacar, aquel trabajo difícil, lento, apasionado. Un trabajo, dijo, que se correspondía con la forma en que yo construía mis novelas. Pues eso era yo, ante todo, un novelista excepcional. Fue tan calurosa, se
95 mostró tan entendida, tan sensible, que mi voz, cuando ella formuló su primera pregunta, había quedado sepultada y me costó trabajo sacarla de su abismo. Había tenido la absurda esperanza, la seguridad, de que ella seguiría hablando, con su maravillosa voz y sus maravillosas ideas. Torpemente, me expresé y hablé de las dificultades con que me había encontrado
100 al realizar la exposición, las dificultades de escribir una buena novela, las dificultades de compaginar un trabajo con otro. Las dificultades, en fin, de todo. Me encontré lamentándome de mi vida entera, como si hubiera errado en mi camino[31] y ya fuera tarde para todo y, sin embargo, necesitara pregonarlo.[32] Mientras Eva, feliz, pletórica,[33] me ensalzaba[34] y convertía
105 en un héroe. Abominable. No su tarea, sino mi papel. ¿Cómo se las había arreglado[35] para que yo jugara su juego con tanta precisión? A través de su voz, mis dudas se magnificaban y yo era mucho menos aún de lo que era.

---

[23]se... *would be dismantled*   [24]*commitment*   [25]di... *I found her*   [26]*shook*   [27]me... *patted me on the back*
[28]una... *words of encouragement*   [29]*headsets*   [30]Ignoraba... *I didn't know how things were going to work out.*   [31]como... *as if I had made the wrong choices*   [32]*to proclaim it*   [33]*excessive*   [34]me... *praised me*
[35]se... *had she arranged it*

Mediocre y quejumbroso.[36] Pero la admiré. Había conocido a otros profesionales de la radio; ninguno como Eva. Hay casos en los que una persona
110 nace con un destino determinado. Eva era uno de esos casos. La envidié. Si yo había nacido para algo, y algunas veces lo creía así, nunca con aquella certeza, esa entrega.[37] Al fin, ella se despidió de sus oyentes, se despidió de mí, hizo una señal de agradecimiento a sus compañeros del otro lado del cristal y salimos fuera.

115 En aquella ocasión no nos cruzamos con nadie. Eva avanzaba delante de mí, como si me hubiera olvidado, y volvimos a su oficina. Los compañeros que antes me habían obsequiado con frases alentadoras[38] se interesaron por el resultado de la entrevista. Eva no se explayó.[39] Yo me encogí de hombros, poseído por mi papel de escritor insatisfecho. Me miraron desconcer-
120 tados mientras ignoraban a Eva, que se había sentado detrás de su mesa y, con las gafas puestas y un bolígrafo en la mano, revolvía papeles. Inicié un gesto de despedida, aunque esperaba que me sugirieran una visita al bar, como habitualmente sucede después de una entrevista. Yo necesitaba esa copa. Pero nadie me la ofreció, de forma que me despedí tratando de
125 ocultar mi malestar.

Era un día magnífico. La primavera estaba próxima. Pensé que los almendros ya habrían florecido y sentí la nostalgia de un viaje. Avanzar por una carretera respirando aire puro, olvidar el legado[40] del pasado que tan pacientemente yo había reunido y, al fin, permanecía demasiado remoto,
130 dejar de preguntarme si yo ya había escrito cuanto tenía que escribir y si llegaría a escribir algo más. Y, sobre todo, mandar a paseo a Eva.[41] La odiaba. El interés y ardor que mostraba no eran ciertos. Y ni siquiera tenía la seguridad de que fuese perfectamente estúpida o insensible. Era distinta a mí.

135 Crucé dos calles y recorrí dos manzanas[42] hasta llegar a mi coche. Vi un bar a mi izquierda y decidí tomar la copa que no me habían ofrecido. El alcohol hace milagros en ocasiones así. Repentinamente, el mundo **dio la vuelta.** Yo era el único capaz de comprenderlo y de mostrarlo nuevamente a los ojos de los otros. Yo tenía las claves que los demás ignoraban. Habi-
140 tualmente, era una carga, pero de pronto cobraron esplendor.[43] Yo no era el héroe que Eva, con tanto aplomo, había presentado a sus oyentes, pero la vida tenía, bajo aquel resplandor, un carácter heroico. Yo sería capaz de transmitirlo. Era mi ventaja sobre Eva. Miré la calle a través de la pared de cristal oscuro del bar. Aquellos transeúntes[44] se beneficiarían alguna vez
145 de mi existencia, aunque ahora pasaran de largo, ignorándome. Pagué mi consumición y **me dirigí a** la puerta.

Eva, abstraída, se acercaba por la calzada.[45] En unos segundos se habría de cruzar conmigo. Hubiera podido detenerla, pero no lo hice. La miré cuando estuvo a mi altura. No estaba abstraída, estaba triste. Era una tris-

[36]*whining*  [37]*delivery*  [38]frases... *encouraging words*  [39]no... *did not say much*  [40]*legacy*  [41]mandar... *to get rid of Eva*  [42]*blocks*  [43]cobraron... *they took on splendor*  [44]*passersby*  [45]*sidewalk*

150 teza tremenda. La seguí. Ella también se dirigía hacia su coche, que, curiosamente, estaba aparcado a unos metros por delante del mío. Se introdujo en él. Estaba ya decidido a abordarla,[46] pero ella, nada más sentarse frente al volante,[47] se tapó la cara con las manos y se echó a llorar. Era un llanto destemplado. Tenía que haberle sucedido algo horrible. Tal vez la habían
155 amonestado y, dado el entusiasmo que ponía en su profesión, estaba rabiosa. No podía acercarme mientras ella continuara llorando, pero sentía una extraordinaria curiosidad y esperé. Eva dejó de llorar. Se sonó estrepitosamente la nariz, sacudió su cabeza y puso en marcha el motor del coche. Miró hacia atrás, levantó los ojos, me vio.

160 Fui hacia ella. Tenía que haberme reconocido, porque ni siquiera había transcurrido una hora desde nuestro paso por la cabina, pero sus ojos permanecieron vacíos unos segundos. Al fin, reaccionó:

—¿No tiene usted coche? —preguntó, como si ésa fuera la explicación de mi presencia allí.

165 Negué. Quería prolongar el encuentro.

—Yo puedo acercarle a su casa —se ofreció, en un tono que no era del todo amable.

Pero yo acepté. Pasé por delante de su coche y me acomodé a su lado. Otra vez estábamos muy juntos, como en la cabina. Me preguntó dónde
170 vivía y emprendió la marcha.[48] Como si el asunto le interesara, razonó en alta voz sobre cuál sería el itinerario más conveniente. Tal vez era otra de sus vocaciones. Le hice una sugerencia, que ella desechó.

—¿Le ha sucedido algo? —irrumpí con malignidad—. Hace un momento estaba usted llorando.

175 Me lanzó una mirada de odio. Estábamos detenidos frente a un semáforo rojo. Con el freno echado, pisó el acelerador.

—Ha estado usted magnífica —seguí—. Es una entrevistadora excepcional. Parece saberlo todo. Para usted no hay secretos.

La luz roja dio paso a la luz verde y el coche arrancó. Fue una verdadera
180 dera arrancada,[49] que nos sacudió a los dos. Sin embargo, no me perdí su suspiro, largo y desesperado.

—Trazó usted un panorama tan completo y perfecto que yo no tenía nada que añadir.

—En ese caso —replicó suavemente, sin irritación y sin interés—, lo hice
185 muy mal. Es el entrevistado quien debe hablar.

Era, pues, más inteligente de lo que parecía. A lo mejor, hasta era más inteligente que yo. Todo era posible. En aquel momento no me impor-

---

[46]Estaba... *I had already decided to approach her*    [47]*steering wheel*    [48]emprendió... *she drove off*    [49]*jolt*

taba. Deseaba otra copa. Cuando el coche enfiló mi calle, se lo propuse. Ella aceptó acompañarme como quien se doblega a un insoslayable deber.[50] Dijo:

—Ustedes, los novelistas, son todos iguales.

La frase no me gustó, pero tuvo la virtud de remitir a Eva al punto de partida. Debía de haber entrevistado a muchos novelistas. Todos ellos bebían, todos le proponían tomar una copa juntos. Si ésa era su conclusión, tampoco me importaba. Cruzamos el umbral del bar y nos acercamos a la barra. Era la hora del almuerzo y estaba despoblado. El camarero me saludó y echó una ojeada a Eva, decepcionado. No era mi tipo, ni seguramente el suyo.

Eva se sentó en el taburete[51] y se llevó a los labios su vaso, que consumió con rapidez, como si deseara concluir aquel compromiso cuanto antes. Pero mi segunda copa me hizo mucho más feliz que la primera y ya tenía un objetivo ante el que no podía detenerme.

—¿Cómo se enteró usted de todo eso? —pregunté—. Tuve la sensación de que cuando me visitó en la Biblioteca no me escuchaba.

A decir verdad, la locutora brillante e inteligente de hacía una hora me resultaba antipática y no me atraía en absoluto, pero aquella mujer que se había paseado entre los manuscritos que documentaban las empresas heroicas del siglo XVII con la misma atención con que hubiese examinado un campo yermo,[52] me impresionaba.

—Soy una profesional —dijo, en el tono en que deben decirse esas cosas.
—Lo sé —admití—. Dígame, ¿por qué lloraba?

Eva sonrió a su vaso vacío. Volvió a ser la mujer de la Biblioteca.

—A veces lloro —dijo, como si aquello no tuviera ninguna importancia—. Ha sido por algo insignificante. Ya se me ha pasado.
—No parece usted muy contenta —dije, aunque ella empezaba a estarlo.

Se encogió de hombros.

—Tome usted otra copa —sugerí, y llamé al camarero, que, con una seriedad desacostumbrada, me atendió.

Eva tomó su segunda copa más lentamente. Se apoyó en la barra con indolencia y sus ojos miopes se pusieron melancólicos. Me miró, al cabo de una pausa.

—¿Qué quieres? —dijo.
—¿No lo sabes? —pregunté.
—Todos los novelistas... —empezó, y extendió su mano.

---

[50]como... *like someone who submits to an inescapable duty*   [51]*stool*   [52]campo... *wasteland*

225 Fue una caricia breve, casi maternal. Era imposible saber si Eva me
deseaba. Era imposible saber nada de Eva. Pero cogí la mano que me había acariciado y ella no la apartó. El camarero me dedicó una mirada de
censura. Cada vez me entendía menos. Pero Eva seguía siendo un enigma.
Durante aquellos minutos —el bar vacío, las copas de nuevo llenas, nues-
230 tros cuerpos anhelantes— mi importante papel en el mundo se desvaneció.
El resto de la historia fue vulgar.  ✹

# DESPUÉS DE LEER

## CUESTIONARIO

1. Describa la apariencia física de Eva.
2. ¿Por qué se había puesto Eva en contacto con el narrador?
3. ¿Cuál es la actitud del narrador hacia las personas en general, y hacia las mujeres en particular?
4. ¿Cómo se comporta Eva durante la entrevista con el escritor?
5. ¿Por qué fracasa la primera entrevista?
6. Describa el comportamiento de Eva durante la segunda entrevista.
7. ¿Qué hace Eva después de la entrevista?
8. Describa su condición emotiva cuando llega a su coche.
9. ¿Cómo reacciona el escritor después de este encuentro?

## ESTUDIO DE PALABRAS

Complete las oraciones con palabras o expresiones de **Palabras importantes y modismos.**

1. Eva era una chica que a mí nunca _____.
2. Su introducción nos _____ a los dos.
3. Cuanto más su indiferencia _____, más crecía mi entusiasmo.
4. Seguí a Eva y _____ entre gentes apresuradas.
5. Ella ni siquiera _____ de despedirse de nosotros.
6. Nosotros _____ a la barra con indolencia.
7. Yo _____, y en ese momento la vi entrar al café.

## CONSIDERACIONES

1. ¿Por qué se fija el hombre principalmente en el aspecto físico de la mujer?
2. ¿Qué tipo de persona es Eva?
3. ¿Cómo caracteriza Ud. al narrador?
4. Describa detalladamente qué tipo de relaciones hay entre los dos protagonistas.

## ANÁLISIS DEL TEXTO

1. ¿Cuáles son los recursos que se emplean para presentar la dinámica entre lo masculino y lo femenino en el texto?
2. ¿Cómo interpreta Ud. la actitud del narrador en el cuento?
3. Hay un juego de seducción en este cuento. ¿Quién seduce a quién? ¿Qué métodos se emplean en este juego?
4. ¿Cambian los personajes a través del cuento? Explique.
5. ¿Qué opina Ud. del título del cuento?
6. ¿Cómo interpreta Ud. el final del cuento, y especialmente las últimas palabras?

 ## EN GRUPOS

Completen las siguientes actividades en grupos.

A. **El feminismo.** Comparen sus opiniones sobre el feminismo y su impacto en la sociedad moderna. ¿Cómo se presentan los personajes femeninos en este cuento? ¿y los masculinos?
B. **El poder.** ¿Quién tiene el poder en las relaciones entre los sexos en este cuento? ¿Quién gana en este juego?
C. **La mujer moderna.** Haga una lista de lo que han ganado las mujeres en los últimos veinte años. ¿Han perdido algo? ¿Es la actitud de la mujer moderna hacia el sexo distinta de la de su madre? ¿Ha creado esto algunos problemas dada la diferencia de generaciones?
D. **La atracción.** Al principio del cuento, el narrador no se siente atraído por Eva. ¿Qué lo hace cambiar de parecer? Comenten acerca de las formas de atraer al sexo opuesto que a veces causan la creación de estereotipos en la sociedad.

## BIBLIOGRAFÍA

**Printed Materials**
Tsuchiya, Akiko. "Language, Desire, and the Feminine Riddle in Soledad Puértolas's 'La indiferencia de Eva.'" *Revista de Estudios Hispánicos* 25 (1991):69–79.

**Audiovisual**
The *Literature of Spain: 1975 to the Present* (Spanish, 50 minutes, color) Films for the Humanities and Sciences. (www.films.com)

Mujeres lavando ropa en un río

# Las lavanderas

**E**lena Poniatowska (1933–) es una de las grandes figuras de la literatura hispanoamericana contemporánea. Fue una de las primeras escritoras en introducir y valorizar las técnicas narrativas relacionadas con el periodismo y la ficción documental al ámbito literario contemporáneo. También tomó la iniciativa en el proceso de representar la voz de seres marginados en la sociedad, en particular la de las mujeres.

Poniatowska nació en París de madre mexicana y padre francés de descendencia polaca. Se trasladó con su familia a México cuando tenía 9 años. Después de una educación primaria en colegios privados ingleses y franceses de México y de los Estados Unidos inició su carrera periodística en el periódico *Excelsior* del Distrito Federal en 1954.

Este mismo año publicó su primera colección de cuentos *Lilus Kikus*, obra que se concentra en las reflexiones de la protagonista quien cuenta su vida desde la infancia hasta la adolescencia. Clave en la vida de Poniatowska fue el período como investigadora asistente de Oscar Lewis

mientras éste escribía *The Children of Sánchez* (1961), un trabajo antro-
pológico sobre la cultura y la miseria en la Ciudad de México. Es durante
este período que Poniatowska perfeccionó las técnicas de la entrevista,
algo que dio por resultado la publicación de una serie de documentales y
entrevistas de alta calidad como *Palabras cruzadas* (1961), *Domingo siete,*
(1982) *y Todo México* (1990, 1994). Considerada como su obra maestra en
este género híbrido es *Hasta no verte, Jesús mío* (1969), una narración
oral sumamente original en la cual Poniatowska crea la ilusión de que
Jesusa Palancares está contando eventos de su vida y su participación en
la Revolución Mexicana.

Poniatowska continuó desafiando las convenciones genéricas literarias
con la publicación de *La noche de Tlatelolco* (1971), una mezcla de repor-
tajes periodísticos, entrevistas y fotografías en los cuales ella explora uno
de los eventos históricos más importantes de México: la masacre de más
de trescientas personas por fuerzas del gobierno en la Ciudad de México
la noche del 2 de octubre de 1968.

De forma más tradicional, pero siempre manifestando un estilo sumamente original, son la colección de cuentos *De noche vienes* (1980) y la
novela *La flor de lis* (1988). El cuento que sigue forma parte de la colección *De noche vienes,* en la cual aparecen personajes típicos que pueblan
el mundo artístico de Poniatowska: miembros humildes y olvidados de
las masas como son las lavanderas y las sirvientas domésticas. En «Las
lavanderas» vemos unas mujeres sencillas en sus tareas diarias. Pasan el
tiempo trabajando y hablando de lo que han dejado atrás en su pueblo
natal. Han llegado a trabajar a la ciudad huyendo de la miseria de su
pueblo. Al leer este cuento fíjese en la inocencia de las mujeres, especialmente en la de doña Lupe mientras ésta cuenta los detalles de la muerte
de su padre.

# ANTES DE LEER

## PALABRAS IMPORTANTES Y MODISMOS

| | | | |
|---|---|---|---|
| **a pesar de** | despite | **la funda** | pillowcase |
| **amontonarse** | to pile up | **hacer (*irreg.*)** | to cause |
| **los brazos hermanados** | arm in arm | **saltar** | (*something*) to jump up |
| **chapotear (el chapoteo)** | *to make noise* (noise) | **hincharse** | to swell |
| **el chayotillo** | small, squash-like vegetable | **la jícara** | cup with a handle used in washing clothes |
| **colgar (ue) (gu)** | to hang | **la rezongona** | woman who complains |
| **la esquila** | small church bell | | |

Como muchas de las grandes ciudades latinoamericanas, la Ciudad de México ha crecido enormemente en los últimos años. La Ciudad de México es una vasta metrópolis formada de distintos barrios que van desde los más exclusivos hasta las villas miseria, es decir, colonias (barrios, vecindarios) pobladas por la gente más pobre. Las lavanderas que trabajan en los barrios pobres de la ciudad demuestran una solidaridad aprendida en su pueblo natal. Es obvio que han venido a la ciudad en busca de una vida mejor. Desde luego, añoran la vida más sencilla de la comunidad que han dejado atrás. En el pueblo todavía hay miseria, pero también la gente se enfrenta a los eventos naturales, como la muerte, con una resignación e inocencia que les ayuda a soportarlos.

## 🔲 *Las lavanderas* 🔲

**E**N LA HUMEDAD gris y blanca de la mañana, las lavanderas tallan su ropa.[1] Entre sus manos el mantel **se hincha** como pan a medio cocer,[2] y de pronto revienta con mil burbujas[3] de agua. Arriba sólo se oye **el chapoteo** del aire sobre las sábanas mojadas. Y **a pesar**
5 **de** los pequeños toldos de lámina,[4] siento como un gran ruido de manantial.[5] El motor de los coches que pasan por la calle llega atenuado;[6] jamás sube completamente. La ciudad ha quedado atrás; retrocede, se pierde en el fondo de la memoria.

Las manos se inflaman, van y vienen, calladas; los dedos chatos,[7] las
10 uñas en la piedra, duras como huesos, eternas como conchas de mar. Enrojecidas[8] de agua, las manos se inclinan como si fueran a dormirse, a caer sobre **la funda** de la almohada. Pero no. La terca[9] mirada de doña Otilia las reclama. Las recoge. Allí está el jabón, el pan de a cincuenta centavos y la **jícara** morena que **hace saltar** el agua. Las lavanderas tienen el vientre[10]
15 humedecido de tanto recargarlo en la piedra porosa y la cintura incrustada de gotas que un buen día estallarán.[11]

A Doña Otilia le **cuelgan** cabellos grises de la nuca;[12] Conchita es la más joven, la piel estirada a eventar sobre mejillas redondas (su rostro es un jardín y hay tantas líneas secretas en su mano); y doña Matilde, **la rezongona**,
20 a quien siempre se le **amontona** la ropa.

—Del hambre que tenían en el pueblo el año pasado, no dejaron nada para semilla.[13]

[1]*tallan... shape their clothes*   [2]*a... half-baked*   [3]*bubbles*   [4]*toldos... tin-roof huts*   [5]*spring*   [6]*llega... barely reaches us*   [7]*stubby*   [8]*Red (Chapped)*   [9]*cold*   [10]*stomach*   [11]*will explode*   [12]*nape of the neck*   [13]*no... there was nothing left over for seeding*

—Entonces ¿este año no se van a ir a la siembra,[14] Matildita?

—Pues no, pues ¿qué sembramos? ¡No le estoy diciendo que somos un
pueblo de muertos de hambre!

—¡Válgame Dios! Pues en mi tierra, limpian y labran[15] la tierra como si tuviéramos maíz. ¡A ver qué cae![16] Luego dicen que lo trae el aire.

—¿El aire? ¡Jesús mil veces! Si el aire no trae más que calamidades. ¡Lo
que trae es puro **chayotilli**!

Otilia, Conchita y Matilde se le quedan viendo a doña Lupe que acaba
de dejar su bulto en el borde del lavadero.

—Doña Lupe ¿por qué no había venido?

—De veras doña Lupe, hace muchos días que no la veíamos por aquí.

—Ya la andábamos extrañando.[17]

Las cuatro hablan quedito.[18] El agua las acompaña, las cuatro encorvadas sobre su ropa, los codos paralelos, **los brazos hermanados.**

—Pues ¿qué le ha pasado Lupita que nos tenía tan abandonadas?

Doña Lupe, con su voz de siempre, mientras **las jícaras** jalan[19] el agua
para volverla a echar sobre la piedra, con un ruido seco, cuenta que su
papá se murió (bueno, ya estaba grande) pero con todo y sus años era
campanero,[20] por allá por Tequisquiapan y lo querían mucho el señor cura
y los fieles. En la procesión, él era quien le seguía al señor cura, el que se
quedaba en el segundo escalón[21] durante la santa misa, bueno, le tenían
mucho respeto. Subió a dar las seis como siempre, y así, sin aviso, sin darse
cuenta siquiera, la campana lo tumbó de[22] la torre. Y repite doña Lupe más
bajo aún, las manos llenas de espuma blanca:

—Sí. La campana lo mató. Era una **esquila**, de esas que dan vuelta.

Se quedan las tres mujeres sin movimiento bajo la huida del cielo. Doña
Lupe mira un punto fijo:

—Entonces, todos los del pueblo agarraron la campana y la metieron a la
cárcel.

—¡Jesús mil veces!

—Yo le voy a rezar hasta muy noche a su papacito...

Arriba el aire **chapotea** sobre las sábanas ✳

---

[14]*sowing time*  [15]*they work*  [16]*¡A... Let's see what happens*  [17]*Ya... We were beginning to miss you*
[18]*quietly*  [19]*haul*  [20]*bellringer*  [21]*step*  [22]*lo... knocked him off*

# Después de leer

## Cuestionario

1. ¿Qué hacen las lavanderas en la mañana? Describa el proceso de lavar el mantel.
2. ¿Qué tipo de ruidos se oyen?
3. ¿Cómo son los dedos y las manos de las lavanderas?
4. ¿Cómo es la mirada de doña Otilia? Describa las características físicas de doña Otilia.
5. ¿Cómo es Conchita?
6. ¿Cuál es el rasgo principal de doña Matilde?
7. ¿Por qué no quedaron semillas para sembrar en el pueblo de doña Matilde?
8. ¿Por qué las mujeres extrañaban a doña Lupe?
9. ¿Qué le pasó al campanero?
10. ¿Cómo se murió el campanero?
11. Describa lo que hizo el pueblo con la campana.

## Estudio de palabras

Complete las oraciones con palabras o expresiones de **Palabras importantes y modismos.**

1. Siento un gran ruido de manantial _____ los pequeños toldos de lamina.
2. El mantel _____ como pan a medio cocer.
3. Sobre las sábanas mojadas se oye _____ del aire.
4. La jícara morena _____ el agua.
5. Las manos se inclinan al caer sobre _____ de la almohada.
6. A doña Otilia le_____ pelo de la nuca.
7. A doña Matilde, la _____, siempre _____la ropa.
8. Lo único que trae el aire es puro_____.
9. La campana que lo mató era_____.
10. Las cuatro encorvadas sobre su ropa trabajan_____.

## Consideraciones

1. ¿Por qué se fija el narrador en el aspecto físico de las lavanderas?
2. ¿Cómo son las relaciones entre las lavanderas?
3. ¿Qué tipo de personaje es doña Matilde?
4. ¿Por qué el pueblo le tenía mucho respeto al campanero?

## ANÁLISIS DEL TEXTO

1. ¿Por qué cree Ud. que el narrador se fija tanto en los detalles del trabajo de las lavanderas?
2. ¿Cuál es su efecto?
3. ¿Cómo se desarrolla el tema de la miseria en este cuento?
4. ¿Qué tienen en común las lavanderas?
5. En este cuento hay un contraste entre la vida de las lavanderas en la ciudad y la vida en su pueblo natal. ¿Qué opina Ud. de este hecho?
6. ¿Cómo es la vida en el pueblo?
7. ¿Por qué cree Ud. que el narrador se fija tanto en la muerte del campanero y en la reacción del pueblo frente a este hecho?

 ## EN GRUPOS

A. **El animismo.** Los indígenas tienen una concepción animista de la realidad. Comenten cuáles son los rasgos principales de esta concepción.
B. **Las megametrópolis.** Traten de averiguar algunos de los problemas que la gente encuentra en una megametrópolis como la Ciudad de México.
C. **Del campo a la ciudad.** ¿Cuáles son algunos de los trabajos que hacen los que emigran del campo a la ciudad?
D. **El globalismo.** En esta época gobernada por el globalismo, muchos en el Tercer Mundo se sienten aislados. ¿Como ve Ud. este fenómeno?

## BIBLIOGRAFÍA

**Printed Materials**

Flori, Mónica. "Visions of Women: Symbolic Physical Portrayal as Social Commentary in the Short Fiction of Elena Poniatowska." *Third Woman* 2 (1984):77–83.

El mar abraza la costa latinoamericana

# El ahogado¹ más hermoso del mundo

**G**abriel García Márquez (1928–) nació en Aracataca, un pequeño pueblo cerca de la costa del Atlántico en Colombia. Fue criado por sus abuelos maternos, quienes despertaron en él una activa imaginación por la cantidad de cuentos que le contaban. Los recuerdos de los eventos de su juventud llegaron a formar parte de muchos de sus cuentos. García Márquez estudió Derecho en Bogotá, y en 1948 inició su carrera periodística. Durante la década de los cincuenta viajó extensamente por el este de Europa, y después de una estadía en París, comenzó a viajar por Latinoamérica.

Con la publicación de tres novelas cortas *La hojarasca,*² *El coronel no tiene quien le escriba* (1958) y *La mala hora* (1958), y la colección de cuentos *Los funerales de la Mamá Grande* (1962), se consagró como uno de los mejores escritores de la narrativa hispanoamericana. En estas obras creó el pueblo mítico de Macondo y comenzó a desarrollar personajes y situaciones que después incorporó en su obra maestra, la novela *Cien años de soledad* (1967), considerada entre las mejores del siglo XX. El éxito de esta novela le permitió a García Márquez dedicarse totalmente a su labor artística. *La incríeble y triste historia de la cándida Eréndira y de*

¹*drowned person*  ²*leaf storm* (lit. *dead leaves*)

*su abuela desalmada* (1972) muestra su continuo interés en la literatura fantástica.

Siguen las novelas *El otoño del patriarca* (1975), *Crónica de una muerte anunciada* (1981), *El amor en los tiempos del cólera* (1985) y *El general en su laberinto* (1989). Esta última obra es una crónica de las guerras de la independencia y de las hazañas de Simón Bolívar. En 1982, García Márquez recibe el Premio Nobel de Literatura.

Con sus coetáneos, Mario Vargas Llosa, Julio Cortázar, Juan Rulfo, Alejo Carpentier y Carlos Fuentes, García Márquez forma parte de un grupo prestigioso de escritores que han contribuido al llamado «boom» de la narrativa latinoamericana. Se puede decir que estos escritores se liberaron de 150 años de estar bajo la influencia de modelos literarios europeos, para crear obras totalmente hispanoamericanas. Las obras de estos escritores del «boom» son típicamente colombianas, argentinas, mexicanas, peruanas o cubanas, y a la vez van más allá de las preocupaciones regionales o nacionales. Son obras apreciadas por el mundo entero y han sido traducidas a los principales idiomas del mundo.

Por medio de la perspectiva de «lo real maravilloso», nos enteramos de las ambigüedades, contradicciones y sutiles realidades de los países latinoamericanos. Éstas están hablando con su propia voz, esperando a la vez encontrar respuestas a cuestiones vitales. En sus obras, García Márquez sugiere que los antiguos valores tradicionales que fueron impuestos en la cultura lationoamericana no tienen validez hoy día. Se arma de una visión irónica del mundo y destruye mitos tradicionales, poniendo énfasis en el deseo universal de encontrar paz y felicidad. En sus obras, lo real y lo maravilloso coexisten el uno al lado del otro y se mezclan para producir una realidad multifacética. Aunque muchos lectores pueden deleitarse con sus personajes, así como apreciar el humor y la ironía de las situaciones creadas, si profundizaran un poco encontrarían la sugerencia de que la raíz de todos los problemas de Latinoamérica se basa en la falta de progreso social y cultural.

«El ahogado más hermoso del mundo», cuento de la primera edición de *La increíble y triste historia de la cándida Eréndira y de su abuela desalmada* (1972), subraya una de las mayores preocupaciones de García Márquez: el intercambio sutil entre elementos mágicos y reales, el llamado «realismo mágico», técnica empleada por muchos de los escritores del «boom». La presentación hiperbólica del protagonista monumental y misterioso de este cuento nos hace cuestionar nuestra propia visión de lo que constituye la realidad. Nunca sabemos con certidumbre si Esteban es una persona de carne y hueso o sólo un producto de los deseos y sueños de la gente del pueblo. El hecho de que aún en su muerte haya dejado una impresión duradera en el pueblo y en los que lo siguieron le imparte a este personaje una dimensión mítica.

# ANTES DE LEER

## *PALABRAS IMPORTANTES Y MODISMOS*

| | | | |
|---|---|---|---|
| **a la deriva** | adrift | **estar (*irreg.*)** | to be |
| **alentar (ie)** | to encourge, | **avergonzado/a** | embarrassed |
| | inspire, cheer | **estar (*irreg.*)** | to be all |
| **el acantilado** | cliff | **completos/as** | accounted for |
| **la arboladura** | mast | **quedar** | to run aground |
| **darse (*irreg.*)** | to realize | **varado/a** | |
| **cuenta de** | | **soltar (ue)** | to let loose |
| **descalabrarse** | to hurt one's | **tender (ie)** | to lay/stretch |
| | head | | (out) |

**CONTEXTO CULTURAL**

Existen distintas maneras de interpretar la realidad. Nuestros sentidos nos ponen en contacto con los aspectos más obvios y básicos del mundo que nos rodea. Para entender conceptos más abstractos se suele recurrir a la razón o al intelecto mientras establecemos relaciones entre causas y efectos. Este énfasis en la razón ha sido una de las bases del pensamiento occidental desde el siglo XVIII hasta nuestros días. Desde luego la razón tiene sus límites; existen cosas que no podemos explicar racionalmente. En un ambiente como el que se describe en este cuento, se presentan algunos hechos que causan inquietud en la vida de un pequeño pueblo de la costa de Colombia. La manera en que sus habitantes se enfrentan a estos hechos, y cómo tratan de interpetar lo que está ocurriendo nos hace entrar en un mundo mágico y real a la vez. Las supersticiones, los sueños y la fantasía a veces nos ayudan a crear una realidad quizás más completa. El impacto de este «ahogado» en la vida del pueblo es distinto. Las mujeres lo ven como la personificación de todos sus deseos de placeres sensuales, mientras que los hombres lo consideran un estorbo.

# ✖ *El ahogado más hermoso del mundo* ✖

LOS PRIMEROS NIÑOS que vieron el promontorio oscuro y sigiloso que se acercaba por el mar, se hicieron la ilusión de que era un barco enemigo. Después vieron que no llevaba banderas ni **arboladura,** y pensaron que fuera una ballena.[1] Pero cuando **quedó varado** en la
5  playa le quitaron los matorrales de sargazos, los filamentos de medusas y los restos de cardúmenes[2] y naufragios[3] que llevaba encima, y sólo entonces descubrieron que era un ahogado.

Habían jugado con él toda la tarde, enterrándolo y desenterrándolo en la arena,[4] cuando alguien los vio por casualidad y dio la voz de alarma en
10  el pueblo. Los hombres que lo cargaron hasta la casa más próxima notaron que pesaba más que todos los muertos conocidos, casi tanto como un ca- ballo, y se dijeron que tal vez había estado demasiado tiempo **a la deriva** y el agua se le había metido dentro de los huesos.[5] Cuando lo **tendieron** en el suelo vieron que había sido mucho más grande que todos los hombres,
15  pues apenas si cabía[6] en la casa, pero pensaron que tal vez la facultad de seguir creciendo después de la muerte estaba en la naturaleza de ciertos ahogados. Tenía el olor del mar, y sólo la forma permitía suponer que era el cadáver de un ser humano, porque su piel estaba revestida de una coraza de rémora y de lodo.
20  No tuvieron que limpiarle la cara para saber[7] que era un muerto ajeno.[8] El pueblo tenía apenas unas veinte casas de tablas, con patios de piedras sin flores, desperdigadas en el extremo de un cabo desértico. La tierra era tan escasa, que las madres andaban siempre con el temor de que el viento se llevara a los niños, y a los pocos muertos que les iban causando los años
25  tenían que tirarlos en los **acantilados.** Pero el mar era manso y pródigo, y todos los hombres cabían en siete botes. Así que cuando encontraron el ahogado les bastó con mirarse los unos a los otros para **darse cuenta de** que **estaban completos.**

Aquella noche no salieron a trabajar en el mar. Mientras los hombres
30  averiguaban si no faltaba alguien en los pueblos vecinos, las mujeres se que- daron cuidando al ahogado. Le quitaron el lodo con tapones de esparto,[9] le desenredaron[10] del cabello los abrojos submarinos y le rasparon[11] la rémora con fierros de desescamar pescados. A medida que lo hacían, notaron que su vegetación era de océanos remotos y de aguas profundas, y que sus
35  ropas estaban en piltrafas,[12] como si hubiera navegado por entre laberintos de corales. Notaron también que sobrellevaba la muerte con altivez,[13] pues no tenía el semblante solitario de los otros ahogados del mar, ni tampoco la

---

[1]*whale*  [2]*schools of fish*  [3]*shipwrecks*  [4]*sand*  [5]*bones*  [6]*fit*  [7]*revestida... covered by a layer of fish and mua*  [8]*fit*  [9]*tapones... grass plugs*  [10]*untangled*  [11]*scraped off*  [12]*en... rags*  [13]*sobrellevaba... he en- dured death with a sense of pride*

catadura sórdida y menesterosa de los ahogados fluviales. Pero solamente cuando acabaron de limpiarlo tuvieron conciencia de la clase de hombre que era, y entonces se quedaron sin aliento.[14] No sólo era el más alto, el más fuerte, el más viril y el mejor armado que habían visto jamás, sino que todavía cuando lo estaban viendo no les cabía en la imaginación.

No encontraron en el pueblo una cama bastante grande para **tenderlo** ni una mesa bastante sólida para velarlo. No le vinieron[15] los pantalones de fiesta de los hombres más altos, ni las camisas dominicales de los más corpulentos, ni los zapatos del mejor plantado.[16] Fascinadas por su desproporción y su hermosura, las mujeres decidieron entonces hacerle unos pantalones con un buen pedazo de vela cangreja,[17] y una camisa de bramante[18] de novia, para que pudiera continuar su muerte con dignidad. Mientras cosían sentadas en círculo, contemplando el cadáver entre puntada y puntada, les parecía que el viento no había sido nunca tan tenaz ni el Caribe había estado nunca tan ansioso como aquella noche, y suponían que esos cambios tenían algo que ver con el muerto. Pensaban que si aquel hombre magnífico hubiera vivido en el pueblo, su casa habría tenido las puertas más anchas, el techo más alto y el piso más firme, y el bastidor[19] de su cama habría sido de cuadernas maestras con pernos de hierro,[20] y su mujer habría sido la más feliz. Pensaban que habría tenido tanta autoridad que hubiera sacado los peces del mar con sólo llamarlos por sus nombres, y habría puesto tanto empeño en el trabajo que hubiera hecho brotar manantiales de entre las piedras más áridas y hubiera podido sembrar flores en los **acantilados**. Lo compararon en secreto con sus propios hombres, pensando que no serían capaces de hacer en toda una vida lo que aquél era capaz de hacer en una noche, y terminaron por repudiarlos en el fondo de sus corazones como los seres más escuálidos y mezquinos de la tierra. Andaban extraviadas por esos dédalos de fantasía,[21] cuando la más vieja de las mujeres, que por ser la más vieja había contemplado al ahogado con menos pasión que compasión, suspiró:

—Tiene cara de llamarse Esteban.

Era verdad. A la mayoría le bastó con mirarlo otra vez para comprender que no podía tener otro nombre. Las más porfiadas,[22] que eran las más jóvenes, se mantuvieron con la ilusión de que al ponerle la ropa, **tendido** entre flores y con unos zapatos de charol, pudiera llamarse Lautaro.* Pero fue una ilusión vana. El lienzo resultó escaso, los pantalones mal cortados y peor cosidos le quedaron estrechos, y las fuerzas ocultas de su corazón hacían saltar los botones de la camisa. Después de la medianoche se adel-

[14]sin... *breathless*   [15]le... *fit him*   [16]del... *of the man with the biggest feet*   [17]vela... *trapezoid-shaped sail*
[18]*linen*   [19]*frame*   [20]pernos... *iron hinges*   [21]dédalos... *entanglements of fantasy*   [22]*persistent*

*Lautaro was an Auracanian chief (1533–1557) who defeated the Spaniards. He was immortalized in Alonso de Ercilla y Zúñiga's epic poem, "La Araucana," and later became a symbol of Chilean independence.

gazaron[23] los silbidos del viento y el mar cayó en el sopor[24] del miércoles. El silencio acabó con las últimas dudas: era Esteban. Las mujeres que lo habían vestido, las que lo habían peinado, las que le habían cortado las uñas y raspado la barba no pudieron reprimir un estremecimiento de com-
80  pasión cuando tuvieron que resignarse a dejarlo tirado por los suelos. Fue entonces cuando comprendieron cuánto debió haber sido de infeliz con aquel cuerpo descomunal, si hasta después de muerto le estorbaba. Lo vieron condenado en vida a pasar de medio lado por las puertas, a **descalabrarse** con los travesaños, a permanecer de pie en las visitas sin saber
85  qué hacer con sus tiernas y rosadas manos de buey de mar,[25] mientras la dueña de casa buscaba la silla más resistente y le suplicaba muerta de miedo siéntese aquí Esteban, hágame el favor, y él recostado[26] contra las paredes, sonriendo, no se preocupe señora, así estoy bien, con los talones en carne viva[27] y las espaldas escaldadas de tanto repetir lo mismo en todas
90  las visitas, no se preocupe señora, así estoy bien, sólo para no pasar por la vergüenza de desbaratar[28] la silla, y acaso sin haber sabido nunca que quienes le decían no te vayas Esteban, espérate siquiera hasta que hierva el café, eran los mismos que después susurraban ya se fue el bobo grande, qué bueno, ya se fue el tonto hermoso. Esto pensaban las mujeres frente al
95  cadáver un poco antes del amanecer. Más tarde, cuando le taparon la cara con un pañuelo para que no le molestara la luz, lo vieron tan muerto para siempre, tan indefenso, tan parecido a sus hombres, que se les abrieron las primeras grietas de lágrimas en el corazón. Fue una de las más jóvenes la que empezó a sollozar. Las otras, **alentándose** entre sí, pasaron de los
100  suspiros a los lamentos, y mientras más sollozaban más deseos sentían de llorar, porque el ahogado se les iba volviendo cada vez más Esteban, hasta que lo lloraron tanto que fue el hombre más desvalido de la tierra, el más manso y el más servicial, el pobre Esteban. Así que cuando los hombres volvieron con la noticia de que el ahogado no era tampoco de los pueblos
105  vecinos, ellas sintieron un vacío de júbilo entre las lágrimas.

—¡Bendito sea Dios —suspiraron—: es nuestro!

Los hombres creyeron que aquellos aspavientos no eran más que frivolidades de mujer. Cansados de las tortuosas averiguaciones de la noche, lo único que querían era quitarse de una vez el estorbo del intruso antes de
110  que prendiera el sol bravo de aquel día árido y sin viento. Improvisaron unas angarillas con restos de trinquetes y botavaras,[29] y las amarraron con carlingas[30] de altura, para que resistieran el peso del cuerpo hasta los **acantilados.** Quisieron encadenarle a los tobillos un ancla de buque mercante para que fondeara sin tropiezos en los mares más profundos donde
115  los peces son ciegos y los buzos se mueren de nostalgia, de manera que las malas corrientes no fueran a devolverlo a la orilla, como había sucedido con otros cuerpos. Pero mientras más se apresuraban, más cosas se les

---

[23]se... *diminished*   [24]*drowsiness*   [25]buey... *sea calf*   [26]*leaning*   [27]talones... *raw heels*   [28]*breaking*   [29]angarillas... *stretcher with leftover foresails and gaffs*   [30]amarraron... *they tied them with mast steps*

ocurrían a las mujeres para perder el tiempo. Andaban como gallinas asustadas picoteando amuletos de mar en los arcones,[31] unas estorbando aquí
120 porque querían ponerle al ahogado los escapularios del buen viento, otras
estorbando allá para abrocharle una pulsera de orientación, y al cabo de
tanto quítate de ahí mujer, ponte donde no estorbes, mira que casi me haces
caer sobre el difunto, a los hombres se les subieron al hígado las suspicacias[32] y empezaron a rezongar[33] que con qué objeto tanta ferretería de altar
125 mayor para un forastero, si por muchos estoperoles y calderetas que llevara
encima se lo iban a masticar[34] los tiburones, pero ellas seguían tripotando
sus reliquias de pacotilla, llevando y trayendo, tropezando, mientras se les
iba en suspiros lo que no se les iba en lágrimas, así que los hombres terminaron por despotricar[35] que de cuándo acá semejante alboroto[36] por un
130 muerto al garete,[37] un ahogado de nadie, un fiambre de mierda. Una de las
mujeres, mortificada por tanta indolencia, le quitó entonces al cadáver el
pañuelo de la cara, y también los hombres se quedaron sin aliento.

Era Esteban. No hubo que repetirlo para que lo reconocieran. Si les hubieran dicho Sir Walter Raleigh, quizás, hasta ellos se habrían impresionado
135 con su acento de gringo, con su guacamaya[38] en el hombro, con su arcabuz
de matar caníbales, pero Esteban solamente podía ser uno en el mundo,
y allí estaba tirado como un sábalo,[39] sin botines, con unos pantalones de
sietemesino y esas uñas rocallosas que sólo podían cortarse a cuchillo.
Bastó con que le quitaran el pañuelo de la cara para **darse cuenta de** que
140 **estaba avergonzado,** de que no tenía la culpa de ser tan grande, ni tan
pesado ni tan hermoso, y si hubiera sabido que aquello iba a suceder habría
buscado un lugar más discreto para ahogarse, en serio, me hubiera amarrado yo mismo un áncora de galeón en el cuello y hubiera trastabillado[40]
como quien no quiere la cosa en los **acantilados,** para no andar ahora
145 estorbando con este muerto de miércoles,[41] como ustedes dicen, para no
molestar a nadie con esta porquería de fiambre que no tiene nada que ver
conmigo. Había tanta verdad en su modo de estar, que hasta los hombres
más suspicaces, los que sentían amargas las minuciosas noches del mar temiendo que sus mujeres se cansaran de soñar con ellos para soñar con los
150 ahogados, hasta ésos, y otros más duros, se estremecieron en los tuétanos[42]
con la sinceridad de Esteban.

Fue así como le hicieron los funerales más espléndidos que podían
concebirse para un ahogado expósito. Algunas mujeres que habían ido a
buscar flores en los pueblos vecinos regresaron con otras que no creían lo
155 que les contaban, y éstas se fueron por más flores cuando vieron al muerto,
y llevaron más y más, hasta que hubo tantas flores y tanta gente que apenas
si se podía caminar. A última hora les dolió devolverlo huérfano a las aguas,
y le eligieron un padre y una madre entre los mejores, y otros se le hicieron
hermanos, tíos y primos, así que a través de él todos los habitantes del pue-

---

[31]*large chests*   [32]*se... their mistrusts grew*   [33]*whine*   [34]*comer*   [35]terminaron... *began ranting*
[36]semejante... *such a fuss*   [37]muerto... *dead man adrift*   [38]*macaw*   [39]*shad*   [40]*staggered*   [41]muerto...
*worthless dead man*   [42]*heart* (lit. *marrow*)

160 blo terminaron por ser parientes entre sí. Algunos marineros que oyeron el llanto a la distancia perdieron la certeza del rumbo, y se supo de uno que se hizo amarrar al palo mayor, recordando antiguas fábulas de sirenas. Mientras se disputaban el privilegio de llevarlo en hombros por la pendiente escarpada de los **acantilados,** hombres y mujeres tuvieron conciencia por
165 primera vez de la desolación de sus calles, la aridez de sus patios, la estrechez de sus sueños, frente al esplendor y la hermosura de su ahogado. Lo **soltaron** sin ancla, para que volviera si quería, y cuando lo quisiera, y todos retuvieron el aliento durante la fracción de siglos que demoró la caída del cuerpo hasta el abismo. No tuvieron necesidad de mirarse los unos a los
170 otros para **darse cuenta de** que ya no **estaban completos,** ni volverían a estarlo jamás. Pero también sabían que todo sería diferente desde entonces, que sus casas iban a tener las puertas más anchas, los techos más altos, los pisos más firmes, para que el recuerdo de Esteban pudiera andar por todas partes sin tropezar con los travesaños, y que nadie se atreviera a su-
175 surrar en el futuro ya murió el bobo grande, qué lástima, ya murió el tonto hermoso, porque ellos iban a pintar las fachadas de colores alegres para eternizar la memoria de Esteban, y se iban a romper el espinazo excavando manantiales en las piedras y sembrando flores en los **acantilados,** para que en los amaneceres de los años venturos los pasajeros de los grandes bar-
180 cos despertaran sofocados por un olor de jardines en altamar, y el capitán tuviera que bajar de su alcázar con su uniforme de gala, con su astrolabio, su estrella polar y su ristra de medallas de guerra,[43] y señalando el promontorio de rosas en el horizonte del Caribe dijera en catorce idiomas, miren allá, donde el viento es ahora tan manso que se queda a dormir debajo de
185 las camas, allá, donde el sol brilla tanto que no saben hacia dónde girar los girasoles, sí, allá, es el pueblo de Esteban. ❁

[43]su... *his string of war medals*

# Después de leer

## Cuestionario

1. Cuando los niños vieron que el promontorio no llevaba bandera, ¿qué pensaron?
2. ¿Cuándo se enteraron de que era un ahogado?
3. ¿Qué notaron los hombres que cargaron al ahogado hasta la casa?
4. ¿Qué hacían las mujeres mientras los hombres averiguaban si no faltaba alguien en el pueblo?
5. Describa cómo era el ahogado según las mujeres.
6. ¿En qué sentido no se parecía a los otros ahogados fluviales?

7. ¿Qué pensaban las más porfiadas de las mujeres?
8. ¿Cómo vieron las mujeres al muerto después de taparle la cara?
9. Cuando le quitaron al muerto el pañuelo de la cara, ¿de qué se dieron cuenta las mujeres?
10. ¿Qué hicieron las mujeres cuando no querían devolver al muerto huérfano a las aguas?
11. ¿Por qué lo soltaron sin ancla?

## ESTUDIO DE PALABRAS

Complete las oraciones con palabras o expresiones de **Palabras importantes y modismos.**

1. Los niños vieron que el barco no llevaba ni _____ ni banderas.
2. Cuando el barco _____ en la playa, los niños lo limpiaron y descubrieron que era un ahogado.
3. Se miraron los unos a los otros y _____ de que.
4. Los hombres que cargaron al ahogado hasta la casa se dijeron que por haber estado _____ mucho tiempo, pesaba más que todos los otros muertos.
5. Las otras mujeres, se _____ entre sí, y se entre sí y pasaron de los lamentos a los suspiros.
6. El ahogado _____ pero no tenía la culpa de ser tan grande ni tan hermoso.
7. Lo _____ sin ancla para que volviera cuando lo quisiera.
8. Subieron hasta el _____ para ver más lejos.
9. Cuando entró por la puerta pequeña, _____ con el travesaño.

## CONSIDERACIONES

1. Describa detalladamente lo que hicieron los niños después de haber encontrado al ahogado.
2. Haga una descripción física del ahogado.
3. ¿Cómo era el pueblo?
4. Describa el primer encuentro de las mujeres con el ahogado. ¿Cómo se comportaron? ¿Qué hicieron?
5. Haga una lista de todas las características fantásticas que las mujeres le atribuyen al ahogado.
6. ¿Cómo determinaron las mujeres que tenía que llamarse Esteban?
7. ¿Cuáles son algunos de los inconvenientes que tuvo que aguantar Esteban por su cuerpo tan descomunal?
8. ¿Cómo reaccionaron los hombres ante las frivolidades de las mujeres?
9. Haga una lista de las cosas que hacían las mujeres para perder el tiempo.
10. Describa con detalles los funerales del muerto.

## ANÁLISIS DEL TEXTO

1. Haga una lista de los detalles que contribuyen al ambiente mágico-real del cuento.
2. Comente hasta qué punto influye el ahogado en la vida del pueblo.
3. ¿Cómo interpreta Ud. la frase «No tuvieron que mirarse los unos a los otros para darse cuenta de que ya no estaban completos, ni volverían a estarlo jamás» dentro del contexto del cuento?

 ## EN GRUPOS

Completen las siguientes actividades en grupos.

**A. Lo ilógico.** Hagan una lista de algunas de las cosas que han pasado en su vida que no tienen explicación lógica. ¿Uds. pueden contar algunos sueños o pesadillas que hayan tenido un impacto extraordinario en Uds.? Traten de averiguar el efecto que han producido en su vida.

**B. Reacciones.** ¿Cuál ha sido la reacción de los hombres de la clase al leer este cuento? ¿Cómo han reaccionado las mujeres? Comparen y analicen las reacciones de Uds., y luego comparen éstas con las reacciones de los personajes en el cuento.

**C. Interpretaciones.** ¿Cómo interpretan a Esteban? ¿Qué puede éste representar especialmente para un grupo de habitantes pobres de la costa? ¿Cómo interpretan el final del cuento?

**D. La vida de Esteban.** Escriban un párrafo narrando la vida de Esteban antes de ahogarse. ¿Dónde vivía? ¿Cómo era su vida? ¿Cómo se ahogó?

## BIBLIOGRAFÍA

**Printed Materials**
Aronne-Amestoy. "Fantasía y compromiso en un cuento de Gabriel García Márquez." *Symposium* 38.4 (1984–1985):287–297.
Davis, Mary E. "The Voyage Beyond the Map: 'El ahogado más hermoso del mundo.'" *Kentucky Romance Quarterly* 26 (1979):25–33.

**Audiovisual**
*Gabriel García Márquez.* (Spanish with English subtitles, 44 minutes, color). Films for the Humanities and Sciences. #8289. (www.films.com)
*Gabriel García Márquez: A Witch Writing.* (English, 52 minutes, color). Films for the Humanities and Sciences. #10014. (www.films.com)

# *Apéndices*

## A. GLOSARIO DE TÉRMINOS LITERARIOS

**Allegory** (Alegoría) is an extended metaphor whose meaning is found outside the narrative itself. For example, "Las ruinas circulares" could be construed as an allegory of the creative process.

**Boom** (Boom) is a term that refers to a group of Latin American writers who began publishing novels and stories in the sixties. Their fiction had great success on a universal level while at the same time maintaining its unique Latin American character. These writers include Carlos Fuentes (México), Gabriel García Márquez (Colombia), Mario Vargas Llosa (Perú), Juan Rulfo (México), and Julio Cortázar (Argentina), among others. A number of stories written by García Márquez and Cortázar are included in this anthology.

**Climax** (Clímax) is the point of highest interest in a novel, play, poem, essay, or short story.

**Chronicle** (Crónica) is a text in either verse or prose that narrates specific historical events. Chronicles written about the Spanish Conquest at times mix historic elements with fantastic ones, as it is creatively displayed in Monterroso's "El eclipse" or Cortázar's "La noche boca arriba."

**First-person narrator** (Narración en primera persona) is a narrator confined to his/her limited **point of view** (see), as opposed to an omniscient narrator who can provide an all-encompassing view. While the former definition may be applied to the majority of the stories included in this anthology, the latter can be found in stories such as "Emma Zunz" or "A la deriva." A narrator may be situated at a greater or lesser distance from the situations narrated, and this fact provides some of the other viewpoints that work as variations on how to recount events in a literary text. For example, it may be very useful to distinguish between a first-person participant (''La casa en Mango Street", "Casa tomada", "La indiferencia de Eva") and a first-person observer (or narrator-witness), as shown in "Rafael".

**Gothic novel** (Novela gótica) relies on an atmosphere of mystery and suspense, omens, visions, supernatural or inexplicable events which oftentimes culminates in horrific situations. Women are controlled by impulsive tyrannical males. Some of these elements are seen in "El solitario."

**Idealism** (Idealismo) is a philosophical doctrine that is opposed to materialism. It emphasizes the realm of ideas over the individual realities of things. This term acquires a great significance when referring to Borges' stories, especially "Las ruinas circulares."

**Irony** (Ironía) is a figure of speech in which the actual intent is the opposite of its literal sense of the word. Most forms of irony imply the perception or awareness of a discrepancy between words and their meaning, or between actions and their actual results. Irony, for instance, is an extremely important literary device in Monterroso's "El eclipse", but it may be found scattered among the rest of the stories included in this book.

**Literary canon** (Canon literario) comes from the Greek *kanon,* and was originally employed as a catalogue of works that the Church considered acceptable. Today, the term is used to designate national texts that are considered by critics to be masterpieces, worthy to be read. The Latin American literary canon is no longer limited to texts written by men from a privileged class that reveal predominantly European values, but rather includes works that once were considered marginal, due to the author's social class, sex, or political allegiance. Although all of the stories included in the present edition can be ascribed to what is considered an either Peninsular or Latin American literary canon, people like Elena Poniatowska or Sandra Cisneros would not have been included in it some years ago.

**Magical realism** (Realismo mágico) is a term applied to the plastic arts and attributed to the German critic Franz Roh. When applied to Latin American literature, it refers to those texts in which objective reality is oftentimes presented with fantastic elements, thus creating a vague, strange, dreamlike environment. The supernatural, myth, fantasy and dreams invade the realistic world presented, an example of which is García Márquez's "El ahogado más hermoso del mundo". Even Borges' earliest work has been regarded by many critics as an instance of magic realism. As a term used to describe some of the most important features of the Latin American novel throughout the 20th century, it is extremely correlated to the **Marvelous real** (see).

**Marvelous real** (Lo real maravilloso) is a term coined by Alejo Carpentier (Cuba) that attributes to Latin America a particular view of its history and that allows the coexistence of phenomenon in direct contrast with the rational. It is also useful in fictional terms to recount events of everyday life and the fabulous nature of Latin American history and geography.

**Plot** (Trama; Argumento) in a narrative text is the narration of events according to the order in which they appear.

**Point of view** (Punto de vista) is the perspective or vantage point from which a story is told or passed from author to reader.

**Protagonist** (Protagonista) is the main character of a play or story.

**Setting** (Ambiente; Localización) is the place as well as the time of a story or a play.

**Simile** (Símil) is a figure of speech in which one thing is compared to another. As an explicit comparison, simile is opposed to **metaphor** (metáfora), where the two terms of the comparison are fused and remain implicit.

**Stream of consciousness** (Fluir de la conciencia) is a technique that describes the mental activity of an individual from a conscious experience to an unconscious one. In other words, it is the unbroken flow of thought and awareness of the waking mind, a continuous flow of a character's mental process.

**Theme** (Tema) is the dominating idea in a literary work.

# $\mathcal{B}.$ REGULAR VERBS: SIMPLE TENSES

| INFINITIVE PRESENT PARTICIPLE PAST PARTICIPLE | INDICATIVE | | | | | | SUBJUNCTIVE | | IMPERATIVE |
|---|---|---|---|---|---|---|---|---|---|
| | PRESENT | IMPERFECT | PRETERITE | FUTURE | CONDITIONAL | | PRESENT | IMPERFECT | |
| hablar<br>hablando<br>hablado | hablo<br>hablas<br>habla<br>hablamos<br>habláis<br>hablan | hablaba<br>hablabas<br>hablaba<br>hablábamos<br>hablabais<br>hablaban | hablé<br>hablaste<br>habló<br>hablamos<br>hablasteis<br>hablaron | hablaré<br>hablarás<br>hablará<br>hablaremos<br>hablaréis<br>hablarán | hablaría<br>hablarías<br>hablaría<br>hablaríamos<br>hablaríais<br>hablarían | | hable<br>hables<br>hable<br>hablemos<br>habléis<br>hablen | hablara<br>hablaras<br>hablara<br>habláramos<br>hablarais<br>hablaran | habla tú, no hables<br>hable Ud.<br>hablemos<br>hablad, no habléis<br>hablen |
| comer<br>comiendo<br>comido | como<br>comes<br>come<br>comemos<br>coméis<br>comen | comía<br>comías<br>comía<br>comíamos<br>comíais<br>comían | comí<br>comiste<br>comió<br>comimos<br>comisteis<br>comieron | comeré<br>comerás<br>comerá<br>comeremos<br>comeréis<br>comerán | comería<br>comerías<br>comería<br>comeríamos<br>comeríais<br>comerían | | coma<br>comas<br>coma<br>comamos<br>comáis<br>coman | comiera<br>comieras<br>comiera<br>comiéramos<br>comierais<br>comieran | come tú, no comas<br>coma Ud.<br>comamos<br>comed, no comáis<br>coman |
| vivir<br>viviendo<br>vivido | vivo<br>vives<br>vive<br>vivimos<br>vivís<br>viven | vivía<br>vivías<br>vivía<br>vivíamos<br>vivíais<br>vivían | viví<br>viviste<br>vivió<br>vivimos<br>vivisteis<br>vivieron | viviré<br>vivirás<br>vivirá<br>viviremos<br>viviréis<br>vivirán | viviría<br>vivirías<br>viviría<br>viviríamos<br>viviríais<br>vivirían | | viva<br>vivas<br>viva<br>vivamos<br>viváis<br>vivan | viviera<br>vivieras<br>viviera<br>viviéramos<br>vivierais<br>vivieran | vive tú, no vivas<br>viva Ud.<br>vivamos<br>vivid, no viváis<br>vivan |

# C. REGULAR VERBS: PERFECT TENSES

| | INDICATIVE | | | | | SUBJUNCTIVE | |
|---|---|---|---|---|---|---|---|
| PRESENT PERFECT | PAST PERFECT | PRETERITE PERFECT | FUTURE PERFECT | CONDITIONAL PERFECT | | PRESENT PERFECT | PAST PERFECT |
| he | había | hube | habré | habría | | haya | hubiera |
| has | habías | hubiste | habrás | habrías | | hayas | hubieras |
| ha hablado | había hablado | hubo hablado | habrá hablado | habría hablado | | haya hablado | hubiera hablado |
| hemos comido | habíamos comido | hubimos comido | habremos comido | habríamos comido | | hayamos comido | hubiéramos comido |
| habéis vivido | habíais vivido | hubisteis vivido | habréis vivido | habríais vivido | | hayáis vivido | hubierais vivido |
| han | habían | hubieron | habrán | habrían | | hayan | hubieran |

# D. IRREGULAR VERBS

| INFINITIVE PRESENT PARTICIPLE PAST PARTICIPLE | INDICATIVE | | | | | SUBJUNCTIVE | | IMPERATIVE |
|---|---|---|---|---|---|---|---|---|
| | PRESENT | IMPERFECT | PRETERITE | FUTURE | CONDITIONAL | PRESENT | IMPERFECT | |
| andar andando andado | ando | andaba | anduve | andaré | andaría | ande | anduviera | |
| | andas | andabas | anduviste | andarás | andarías | andes | anduvieras | anda tú, no andes |
| | anda | andaba | anduvo | andará | andaría | ande | anduviera | ande Ud. |
| | andamos | andábamos | anduvimos | andaremos | andaríamos | andemos | anduviéramos | andemos |
| | andáis | andabais | anduvisteis | andaréis | andaríais | andéis | anduvierais | andad, no andéis |
| | andan | andaban | anduvieron | andarán | andarían | anden | anduvieran | anden |
| caer cayendo caído | caigo | caía | caí | caeré | caería | caiga | cayera | |
| | caes | caías | caíste | caerás | caerías | caigas | cayeras | cae tú, no caigas |
| | cae | caía | cayó | caerá | caería | caiga | cayera | caiga Ud. |
| | caemos | caíamos | caímos | caeremos | caeríamos | caigamos | cayéramos | caigamos |
| | caéis | caíais | caísteis | caeréis | caeríais | caigáis | cayerais | caed, no caigáis |
| | caen | caían | cayeron | caerán | caerían | caigan | cayeran | caigan |

# D. IRREGULAR VERBS (CONTINUED)

| INFINITIVE / PRESENT PARTICIPLE / PAST PARTICIPLE | INDICATIVE | | | | | SUBJUNCTIVE | | IMPERATIVE |
|---|---|---|---|---|---|---|---|---|
| | PRESENT | IMPERFECT | PRETERITE | FUTURE | CONDITIONAL | PRESENT | IMPERFECT | |
| dar<br>dando<br>dado | doy<br>das<br>da<br>damos<br>dais<br>dan | daba<br>dabas<br>daba<br>dábamos<br>dabais<br>daban | di<br>diste<br>dio<br>dimos<br>disteis<br>dieron | daré<br>darás<br>dará<br>daremos<br>daréis<br>darán | daría<br>darías<br>daría<br>daríamos<br>daríais<br>darían | dé<br>des<br>dé<br>demos<br>deis<br>den | diera<br>dieras<br>diera<br>diéramos<br>dierais<br>dieran | da tú, no des<br>dé Ud.<br>demos<br>dad, no deis<br>den |
| decir<br>diciendo<br>dicho | digo<br>dices<br>dice<br>decimos<br>decís<br>dicen | decía<br>decías<br>decía<br>decíamos<br>decíais<br>decían | dije<br>dijiste<br>dijo<br>dijimos<br>dijisteis<br>dijeron | diré<br>dirás<br>dirá<br>diremos<br>diréis<br>dirán | diría<br>dirías<br>diría<br>diríamos<br>diríais<br>dirían | diga<br>digas<br>diga<br>digamos<br>digáis<br>digan | dijera<br>dijeras<br>dijera<br>dijéramos<br>dijerais<br>dijeran | di tú, no digas<br>diga Ud.<br>digamos<br>decid, no digáis<br>digan |
| estar<br>estando<br>estado | estoy<br>estás<br>está<br>estamos<br>estáis<br>están | estaba<br>estabas<br>estaba<br>estábamos<br>estabais<br>estaban | estuve<br>estuviste<br>estuvo<br>estuvimos<br>estuvisteis<br>estuvieron | estaré<br>estarás<br>estará<br>estaremos<br>estaréis<br>estarán | estaría<br>estarías<br>estaría<br>estaríamos<br>estaríais<br>estarían | esté<br>estés<br>esté<br>estemos<br>estéis<br>estén | estuviera<br>estuvieras<br>estuviera<br>estuviéramos<br>estuvierais<br>estuvieran | está tú, no estés<br>esté Ud.<br>estemos<br>estad, no estéis<br>estén |
| haber<br>habiendo<br>habido | he<br>has<br>ha<br>hemos<br>habéis<br>han | había<br>habías<br>había<br>habíamos<br>habíais<br>habían | hube<br>hubiste<br>hubo<br>hubimos<br>hubisteis<br>hubieron | habré<br>habrás<br>habrá<br>habremos<br>habréis<br>habrán | habría<br>habrías<br>habría<br>habríamos<br>habríais<br>habrían | haya<br>hayas<br>haya<br>hayamos<br>hayáis<br>hayan | hubiera<br>hubieras<br>hubiera<br>hubiéramos<br>hubierais<br>hubieran | |
| hacer<br>haciendo<br>hecho | hago<br>haces<br>hace<br>hacemos<br>hacéis<br>hacen | hacía<br>hacías<br>hacía<br>hacíamos<br>hacíais<br>hacían | hice<br>hiciste<br>hizo<br>hicimos<br>hicisteis<br>hicieron | haré<br>harás<br>hará<br>haremos<br>haréis<br>harán | haría<br>harías<br>haría<br>haríamos<br>haríais<br>harían | haga<br>hagas<br>haga<br>hagamos<br>hagáis<br>hagan | hiciera<br>hicieras<br>hiciera<br>hiciéramos<br>hicierais<br>hicieran | haz tú, no hagas<br>haga Ud.<br>hagamos<br>haced, no hagáis<br>hagan |

| INFINITIVE / PRESENT PARTICIPLE / PAST PARTICIPLE | INDICATIVE | | | | | SUBJUNCTIVE | | IMPERATIVE |
|---|---|---|---|---|---|---|---|---|
| | PRESENT | IMPERFECT | PRETERITE | FUTURE | CONDITIONAL | PRESENT | IMPERFECT | |
| ir<br>yendo<br>ido | voy<br>vas<br>va<br>vamos<br>vais<br>van | iba<br>ibas<br>iba<br>íbamos<br>ibais<br>iban | fui<br>fuiste<br>fue<br>fuimos<br>fuisteis<br>fueron | iré<br>irás<br>irá<br>iremos<br>iréis<br>irán | iría<br>irías<br>iría<br>iríamos<br>iríais<br>irían | vaya<br>vayas<br>vaya<br>vayamos<br>vayáis<br>vayan | fuera<br>fueras<br>fuera<br>fuéramos<br>fuerais<br>fueran | ve tú, no vayas<br>vaya Ud.<br>vayamos<br>id, no vayáis<br>vayan |
| oír<br>oyendo<br>oído | oigo<br>oyes<br>oye<br>oímos<br>oís<br>oyen | oía<br>oías<br>oía<br>oíamos<br>oíais<br>oían | oí<br>oíste<br>oyó<br>oímos<br>oísteis<br>oyeron | oiré<br>oirás<br>oirá<br>oiremos<br>oiréis<br>oirán | oiría<br>oirías<br>oiría<br>oiríamos<br>oiríais<br>oirían | oiga<br>oigas<br>oiga<br>oigamos<br>oigáis<br>oigan | oyera<br>oyeras<br>oyera<br>oyéramos<br>oyerais<br>oyeran | oye tú, no oigas<br>oiga Ud.<br>oigamos<br>oíd, no oigáis<br>oigan |
| poder<br>pudiendo<br>podido | puedo<br>puedes<br>puede<br>podemos<br>podéis<br>pueden | podía<br>podías<br>podía<br>podíamos<br>podíais<br>podían | pude<br>pudiste<br>pudo<br>pudimos<br>pudisteis<br>pudieron | podré<br>podrás<br>podrá<br>podremos<br>podréis<br>podrán | podría<br>podrías<br>podría<br>podríamos<br>podríais<br>podrían | pueda<br>puedas<br>pueda<br>podamos<br>podáis<br>puedan | pudiera<br>pudieras<br>pudiera<br>pudiéramos<br>pudierais<br>pudieran | |
| poner<br>poniendo<br>puesto | pongo<br>pones<br>pone<br>ponemos<br>ponéis<br>ponen | ponía<br>ponías<br>ponía<br>poníamos<br>poníais<br>ponían | puse<br>pusiste<br>puso<br>pusimos<br>pusisteis<br>pusieron | pondré<br>pondrás<br>pondrá<br>pondremos<br>pondréis<br>pondrán | pondría<br>pondrías<br>pondría<br>pondríamos<br>pondríais<br>pondrían | ponga<br>pongas<br>ponga<br>pongamos<br>pongáis<br>pongan | pusiera<br>pusieras<br>pusiera<br>pusiéramos<br>pusierais<br>pusieran | pon tú, no pongas<br>ponga Ud.<br>pongamos<br>poned, no pongáis<br>pongan |
| querer<br>queriendo<br>querido | quiero<br>quieres<br>quiere<br>queremos<br>queréis<br>quieren | quería<br>querías<br>quería<br>queríamos<br>queríais<br>querían | quise<br>quisiste<br>quiso<br>quisimos<br>quisisteis<br>quisieron | querré<br>querrás<br>querrá<br>querremos<br>querréis<br>querrán | querría<br>querrías<br>querría<br>querríamos<br>querríais<br>querrían | quiera<br>quieras<br>quiera<br>queramos<br>queráis<br>quieran | quisiera<br>quisieras<br>quisiera<br>quisiéramos<br>quisierais<br>quisieran | quiere tú, no quieras<br>quiera Ud.<br>queramos<br>quered, no queráis<br>quieran |

# E. STEM-CHANGING AND SPELLING CHANGE VERBS

| INFINITIVE PRESENT PARTICIPLE PAST PARTICIPLE | INDICATIVE | | | | | SUBJUNCTIVE | | IMPERATIVE |
|---|---|---|---|---|---|---|---|---|
| | PRESENT | IMPERFECT | PRETERITE | FUTURE | CONDITIONAL | PRESENT | IMPERFECT | |
| pensar (ie) pensando pensado | pienso piensas piensa pensamos pensáis piensan | pensaba pensabas pensaba pensábamos pensabais pensaban | pensé pensaste pensó pensamos pensasteis pensaron | pensaré pensarás pensará pensaremos pensaréis pensarán | pensaría pensarías pensaría pensaríamos pensaríais pensarían | piense pienses piense pensemos penséis piensen | pensara pensaras pensara pensáramos pensarais pensaran | piensa tú, no pienses piense Ud. pensemos pensad, no penséis piensen |
| volver (ue) volviendo vuelto | vuelvo vuelves vuelve volvemos volvéis vuelven | volvía volvías volvía volvíamos volvíais volvían | volví volviste volvió volvimos volvisteis volvieron | volveré volverás volverá volveremos volveréis volverán | volvería volverías volvería volveríamos volveríais volverían | vuelva vuelvas vuelva volvamos volváis vuelvan | volviera volvieras volviera volviéramos volvierais volvieran | vuelve tú, no vuelvas vuelva Ud. volvamos volved, no volváis vuelvan |
| dormir (ue, u) durmiendo dormido | duermo duermes duerme dormimos dormís duermen | dormía dormías dormía dormíamos dormíais dormían | dormí dormiste durmió dormimos dormisteis durmieron | dormiré dormirás dormirá dormiremos dormiréis dormirán | dormiría dormirías dormiría dormiríamos dormiríais dormirían | duerma duermas duerma durmamos durmáis duerman | durmiera durmieras durmiera durmiéramos durmierais durmieran | duerme tú, no duermas duerma Ud. durmamos dormid, no durmáis duerman |
| sentir (ie, i) sintiendo sentido | siento sientes siente sentimos sentís sienten | sentía sentías sentía sentíamos sentíais sentían | sentí sentiste sintió sentimos sentisteis sintieron | sentiré sentirás sentirá sentiremos sentiréis sentirán | sentiría sentirías sentiría sentiríamos sentiríais sentirían | sienta sientas sienta sintamos sintáis sientan | sintiera sintieras sintiera sintiéramos sintierais sintieran | siente tú, no sientas sienta Ud. sintamos sentid, no sintáis sientan |
| pedir (i, i) pidiendo pedido | pido pides pide pedimos | pedía pedías pedía pedíamos | pedí pediste pidió pedimos | pediré pedirás pedirá pediremos | pediría pedirías pediría pediríamos | pida pidas pida pidamos | pidiera pidieras pidiera pidiéramos | pide tú, no pidas pida Ud. pidamos |

| INFINITIVE PRESENT PARTICIPLE PAST PARTICIPLE | INDICATIVE | | | | | SUBJUNCTIVE | | IMPERATIVE |
|---|---|---|---|---|---|---|---|---|
| | PRESENT | IMPERFECT | PRETERITE | FUTURE | CONDITIONAL | PRESENT | IMPERFECT | |
| reír (i, i) riendo reído | río ríes ríe reímos reís ríen | reía reías reía reíamos reíais reían | reí reíste rió reímos reísteis rieron | reiré reirás reirá reiremos reiréis reirán | reiría reirías reiría reiríamos reiríais reirían | ría rías ría riamos riáis rían | riera rieras riera riéramos rierais rieran | ríe tú, no rías ría Ud. riamos reíd, no riáis rían |
| seguir (i, i) (g) siguiendo seguido | sigo sigues sigue seguimos seguís siguen | seguía seguías seguía seguíamos seguíais seguían | seguí seguiste siguió seguimos seguisteis siguieron | seguiré seguirás seguirá seguiremos seguiréis seguirán | seguiría seguirías seguiría seguiríamos seguiríais seguirían | siga sigas siga sigamos sigáis sigan | siguiera siguieras siguiera siguiéramos siguierais siguieran | sigue tú, no sigas siga Ud. sigamos seguid, no sigáis sigan |
| construir (y) construyendo construido | construyo construyes construye construimos construís construyen | construía construías construía construíamos construíais construían | construí construiste construyó construimos construisteis construyeron | construiré construirás construirá construiremos construiréis construirán | construiría construirías construiría construiríamos construiríais construirían | construya construyas construya construyamos construyáis construyan | construyera construyeras construyera construyéramos construyerais construyeran | construye tú, no construyas construya Ud. construyamos construid, no construyáis construyan |
| producir (zc) produciendo producido | produzco produces produce producimos producís producen | producía producías producía producíamos producíais producían | produje produjiste produjo produjimos produjisteis produjeron | produciré producirás producirá produciremos produciréis producirán | produciría producirías produciría produciríamos produciríais producirían | produzca produzcas produzca produzcamos produzcáis produzcan | produjera produjeras produjera produjéramos produjerais produjeran | produce tú, no produzcas produzca Ud. produzcamos producid, no produzcáis produzcan |

# Spanish-English Vocabulary

This Spanish-English vocabulary contains all words that appear in the text with the exception of (1) articles, numerals, possessives, demonstratives, personal pronouns, and other words that an average student of intermediate Spanish would be expected to know; (2) close or exact cognates; (3) most conjugated verb forms; (4) most diminutives and superlatives; and (5) adverbs created by adding **-mente** to listed adjectives.

Gender has not been indicated for masculine nouns ending in **-o** nor for feminine nouns ending in **-a, -dad, -ión, -tad,** or **-tud.** Adjectives are given in masculine form only. Stem changes and spelling changes for verbs are indicated in parentheses.

## ABBREVIATIONS

| | | | | | |
|---|---|---|---|---|---|
| *adj.* | adjective | *gram.* | grammar | *pl.* | plural |
| *adv.* | adverb | *inf.* | infinitive | *p.p.* | past participle |
| *Arg.* | Argentina | *inv.* | invariable | *prep.* | prepostion |
| *coll.* | colloquial | *irreg.* | irregular | *pron.* | pronoun |
| *conj.* | conjunction | *m.* | masculine | *rel.* | realtive |
| *f.* | feminine | *Mex.* | Mexico | *sing.* | singular |
| *fig.* | figurative | *n.* | noun | *Sp.* | Spain |
| *ger.* | gerund | *naut.* | nautical | *v.* | verb |

## A

**abajo** below, down; **aguas abajo** downstream; **allí abajo** down there; **cabeza abajo** upside down; **hacia abajo** downward; **río abajo** downriver

**abarcar (qu)** to comprise

**abatirse** to dishearten, discourage

**abierto** (*p.p. of* **abrir**) open; **a cielo abierto** in the open air

**abismo** abyss

**abogado/a** lawyer

**abordar** to approach; to board

**abrazar (c)** to hug, embrace

**abrigar (gu)** to keep warm

**abril** *m.* April

**abrir** (*p.p.* **abierto**) to open; **abrirse paso** to make headway

**abrochar** to fasten, buckle

**abrojos** *pl.* sharp rocks (*naut.*)

**abrumar** to overwhelm

**absoluto: en absoluto** not at all

**absorto** (*p.p. of* **absorber**) engrossed, absorbed

**abstraído** absent-minded, distracted

**abuelo/a** grandfather, grandmother; *pl.* grandparents

**abultamiento** swelling

**abundar** to abound with

**aburrido** boring

**aburrirse** to become bored

**abusar de** to abuse; to take (unfair) advantage of

**acá** here

**acabar** to finish, end; **acabar con** to put an end to; **acabar de** + *inf.* to have just (*done something*); **acabar por** + *inf.* to end up (*doing something*) **acabarse** to come to an end; **no acabar de entender** to not fully understand (*something*)

**acaecido: lo acaecido** the incident, what happened

**acampar** to camp

**acantilado** cliff

**acariciar** to caress; to stroke

**acarrear** to carry

**acaso** perhaps
**acceder** to assent
**aceitoso** oily
**acentuado** emphasized
**aceptación** acceptance
**acera** sidewalk
**acerca de** about
**acercar (qu)** to take or place near; **acercarse a** to approach, draw near
**acero** steel
**acertar (ie) a** + *inf.* to happen to (*do something*)
**achinado** native, indigenous (*Arg.*)
**acoger (j)** to welcome
**acólito** temple attendant
**acometer** to undertake; to attack, rush upon
**acomodado** comfortably off
**acomodar** to accommodate; to place; **acomodarse** to take a seat; to settle into a comfortable position
**acompañar** to accompany
**aconsejar** to advise
**acontecer (zc)** to happen, occur
**acontecimiento** event, incident
**acordar(se) (ue) de** to remember
**acorralado** corralled, cornered
**acoso** pursuit
**acostarse (ue)** to go to bed
**acostumbrarse a** to be accustomed to
**actitud** attitude
**acto continuo** immediately afterward; **en el acto** immediately
**actriz** *f.* (*pl.* **actrices**) actress
**actualidad** present time
**acudir a** to go or come to
**acuerdo: estar** (*irreg.*) **de acuerdo** to agree
**acumular** to amass (money)
**acurrucarse (qu)** to hunker, squat on one's haunches
**adelante** forward; ahead; **hacia adelante** forward
**adelgazar (c)** to grow thin
**ademán** *m.* gesture
**además** in addition, furthermore
**adentro** inside; **desde afuera adentro** from the inside out; **para adentro** turned inward
**aderezado** completed; **aderezado en** set up as
**adherir (ie, i)** to stick to
**adinerado** rich, wealthy
**adivinar** to guess

**adquirir** *irreg.* to acquire
**advertencia** warning
**advertir (ie, i)** to advise, warn; to remark
**aéreo** *adj.* air
**afecto** affection
**aferrar (ie)** to grip, hold; to seize
**afiebrado** feverish
**afilado** slender
**afirmación** statement
**afirmar** to state
**afligir (j)** to distress
**afuera** *adv.* outside; **desde afuera adentro** from the inside out; **afueras** *n. pl.* outskirts
**agachar** to lower, bend; **agacharse** to crouch
**agarrar** to grab
**agarrotado** stiff, rigid
**agazapado** hidden
**agente** *m., f.* **de fienes raíces** realtor
**agitar** to move; **agitarse** to shake
**agotar** to exhaust; to use up
**agradable** pleasant
**agradar** to please
**agradecer (zc)** to thank
**agradecido** appreciated; grateful
**agradecimiento** thanks; expression of appreciation
**agravar** to make worse
**agregar (gu)** to add
**agrícola** *m., f. adj.* agricultural
**agua** *f.* (*but* **el agua**) water; **agua corriente** running water; **aguas abajo** downstream
**aguas arriba** upstream; **tubo de agua** water pipe
**aguantar** to bear, endure; to tolerate
**agudo** sharp; acute
**águila** *f.* (*but* **el águila**) eagle
**aguja** needle; **aguja de tejer** knitting needle
**ahí** there; **por ahí** there, around there
**ahijadola** *n.* godchild
**ahogar (gu)** to smother; to drown
**ahora** now; **ahora mismo** right now; **por ahora** for the time being
**ahorcarse (qu)** to hang oneself
**ahumado** smoke-colored
**aire** *m.* air; look, appearance
**aislamiento** isolation
**aislar (aíslo)** to isolate
**ajeno** foreign, alien; distant, far
**ajustar** to fit; to adjust

**al** (*contraction of* **a** + **el**); **al** + *inf.* on, upon (*doing something*); **al aire libre** outdoors; **al alcance de** within reach of; **al cabo de** at the end of, after; **al contrario** on the contrary; **al día siguiente** on the following day; **al fin** finally; **al fin y al cabo** after all; **al lado de** next to; **al otro día** the next day; **al otro lado** on the other side; **al parecer** apparently; **al punto de partida** at the outset; **al principio** at first; in the beginning; **al pronto** at first; **al rato** in/after a while; **al respecto** about the matter; in regard to the matter; **al tanto** up to date

**ala** *f.* (*but* **el ala**) wing
**alabar** to applaud, praise
**alameda** tree-lined walk
**alargado** long
**alargarse (gu)** to lengthen, extend
**alarido** scream
**alba** *f.* (*but* **el alba**) dawn
**albergar (gu)** to shelter
**alboroto** tumult, uproar
**álbum** *m.* **filatélico** stamp collection
**alcance: al alcance de** within reach of
**alcanfor** *m.* camphor
**alcantarilla** sewer
**alcanzar (c)** to reach; to achieve; to attain; **alcanzar a** + *inf.* to manage to, be able to (*do something*)
**alcázar** *m.* fortress
**aldea** village
**alegrar** to make happy; **alegrarse** to be happy
**alegre** happy; **medio alegre** half drunk
**alegría** happiness
**alejarse** to go far away
**Alemania** Germany
**alentador** encouraging
**alentar (ie)** to encourage, inspire, cheer
**alfiler** *m.* pin, brooch
**alfombra** carpet
**alfombrado** carpeted
**algo** *pron.* something; *adv.* somewhat
**alguien** someone
**algún, alguno** one; some; a certain; any; *pl.* some; **algún día** eventually; **alguna vez** once; sometime; **algunas veces** sometimes; **de algún modo** somehow; **de alguna manera** somehow
**alhaja** jewel
**alianza** alliance
**aliento** breath, breathing; **sin aliento** breathless

**alisar** to smooth
**aliviar** to lessen, alleviate
**alivio** relief
**allá** (over) there; **allá arriba** up there; **más allá** further; **más allá de** beyond; **por allá** over there
**allí** there; **allí abajo** down there
**alma** *f.* (*but* **el alma**) soul; **estado del alma** state of being
**almacén** *m.* general store
**almendra** almond
**almendro** almond tree
**almohada** pillow
**almohadón** *m.* cushion, pillow
**almorzar (ue) (c)** to have lunch
**almuerzo** lunch
**alojar** to lodge
**alrededor (de)** around
**alterar** to alter; **alterarse** to become angry
**altivez** *f.* haughtiness, pride
**alto** high; tall; **en alta mar** on the high seas; **en alta voz** loudly; **en lo alto (de)** at / on the top (of); **la Muy Alta** the Most High (*goddess*)
**altura** height
**alucinación** hallucination
**alumbrar** to illuminate, light
**alumno/a** student
**alzar (c)** to raise, lift (up); **alzarse** to rise up
**amable** kind
**amanecer (zc)** *v.* to dawn; *n. m.* dawn
**amante** *m., f.* lover
**amar** to love
**amargar (gu)** to embitter
**amargo** bitter
**amargura** bitterness
**amarillo** yellow
**amarrar** to tie (up)
**amasar** to mold
**ambiente** *m.* environment; atmosphere; **medio ambiente** environment
**ambos/as** *adj., pron.* both
**amenaza** threat
**amenazar (c)** to threaten
**amigo/a** friend
**amonedar** to mint, coin
**amonestar** to reprove
**amontonar** to pile up
**amor** *m.* love; sweetheart
**amparo** shelter; protection
**amplio** large, roomy
**analfabetismo** illiteracy
**análogo** similar
**ancho** broad, wide

**ancla** *f.* (*but* **el ancla**) anchor
**áncora** *f.* (*but* **el áncora**) anchor
**andar** *irreg.* to walk; to walk around; to be; to go, function; **andar + *ger.*** to be / have been (*doing something*); to go around (*doing something*); **andar a caza de** to go hunting for
**andén** *m.* railway platform
**anfiteatro** amphitheater
**angarillas** *f. pl.* wheelbarrow
**ángulo** angle
**angustia** anguish
**angustioso** distressing, afflicting
**anhelante** anxious, eager; yearning
**anillo** ring
**animar** to encourage; **animarse a** to feel like
**ánimo** encouragement; **estado de ánimo** mood, state of mind
**anochecer (zc)** *v.* to get dark; *n. m.* nightfall, dusk
**anónimo** *n.* anonymous letter
**anormal** abnormal
**anotación** comment, entry (*in a diary*)
**anotar** to write down
**ansiedad** anxiety
**ansioso** anxious
**ante** before; in front of; with regard to; **ante todo** above all
**anteanoche** *adv.* night before last
**anteayer** *adv.* day before yesterday
**antepasado/a** ancestor
**anterior** previous, former, preceding
**antes** *adv.* before; previously; **antes de** *prep.* before; **antes (de) que** *conj.* before; **cuanto antes** as soon as possible
**antiguo** ancient, old; former
**antipático** unpleasant
**antorcha** torch
**anulado** dead
**anular** to eradicate
**anunciar** to announce; **anunciarse** to be imminent
**añadir** to add
**año** year; **cumplir... años** to turn . . . years; **entrar en + *number* + años** to approach + *number* + years (*of age*); **tener (*irreg.*) ... años** to be . . . years old
**añorar** to miss
**apaciguador** soothing, calming
**apagar (gu)** to turn off, extinguish (*light, appliance*); to muffle (*sounds*)
**aparato** appliance; device
**aparcar (qu)** to park

**aparcería** sharecropping
**aparcero/a** sharecropper
**aparecer (zc)** to appear
**apariencia** appearance
**apartado** remote, distant; separate
**apartar** to separate; to put or brush to one side; **apartarse** to leave; to stray from
**aparte de** besides
**apasionado** passionate
**apearse** to alight, get out
**apellido** last name
**apenas** barely, scarcely, hardly
**apertura** opening
**apilado** piled
**apio** celery
**aplacar (qu)** to placate
**aplastar** to squash
**aplicado** studious
**aplicarse (qu)** to be applicable
**aplomo** poise
**apoderado** attorney
**aportar** to contribute, bring
**apostolado** *n.* apostolate
**apoyar** to support; **apoyarse** to lean
**apoyo** support
**aprecio** appreciation
**aprender** to learn
**aprendizaje** *m.* learning
**apresuradamente** quickly, hastily
**apresurarse** to hurry
**apretado** narrow; tight
**apretar (ie)** to pull (*a trigger*) to squeeze
**aprovechar** to take advantage of
**apto** capable
**apurarse** to hurry
**apuro** haste
**aquí** here
**árabe** *adj.* arabic
**árbol** *m.* tree
**arboladura** mast
**arbusto** shrub
**arcabuz** *m.* (*pl.* **arcabuces**) harquebus (*type of gun*)
**arcano** *n.* secret
**arco** arch
**arcón** *m.* large chest
**arder** to burn
**arduo** arduous, hard
**arena** sand
**aridez** *f.* barrenness
**árido** arid; dry
**arista** edge
**arma** *f.* (*but* **el arma**) weapon

**armar** to arm, furnish with arms
**armario** wardrobe; cabinet
**arquearse** to bend, curl
**arrabal** *m.* slum
**arrancada** jolt
**arrancar (qu)** to uproot, pull out; to tear off; to start up (*car*)
**arranque** *m.* ambition
**arrastrar** to drag; **arrastrarse** to drag on; to crawl, creep
**arrastre** *m.* dragging
**arrecife** *m.* reef
**arreglar** to arrange; **arreglárselas** to work out
**arrellanado** comfortable
**arremolinado** swirling
**arrepentimiento** regret
**arrepentirse (ie, i)** to regret; to repent
**arriba** up; up above; **aguas arriba** up-stream; **allá arriba** up there; **boca arriba** face up; **cuesta arriba** uphill; **hacia arriba** upward; **río arriba** upriver
**arribista** *m., f. adj.* ambitious
**arriesgar (gu)** to risk
**arrojarse** to throw oneself
**arrollado** coiled, wound up
**arroyo** stream
**arroz** *m.* rice
**arzadu** *m. flowering plant*
**arzobispado** archbishopric
**arzobispo** archbishop
**asado** roasted
**asar** to roast, bake
**ascendencia** ancestry
**ascender (ie)** to ascend, go up
**ascensor** *m.* elevator
**asco** disgust
**asegurar** to assure
**asentar (ie)** to establish
**asentimiento** agreement
**asentir (ie, i)** to agree
**así** so, thus; in this way; like that; **así de +** *adj.* this + *adj.*
**asiento** seat
**asilo** asylum
**asistir a** to attend
**asomar** to stick out; **asomarse a** to lean out of
**asombro** surprise
**asombroso** surprising
**aspaviento** fuss
**aspecto** appearance; aspect
**áspero** rough; harsh
**aspirar** to inhale, breathe in; aspire

**astrolabio** astrolabe (*medieval instrument used to determine the position of stars*)
**asunto** matter
**asustado** frightened, scared
**atabal** *m.* drum
**atar** to tie (up)
**atardecer** *m.* dusk
**atarearse** to move rapidly
**atención** attention; **llamar la atención** to draw attention to; *prestar atención* to pay attention to
**atender (ie)** to pay attention (to); to attend (a client)
**atentamente** carefully
**aterrado** terrified
**atestiguar (gü)** to testify
**atormentar** to torment
**atracar (qu)** to come ashore
**atractivo: tener (*irreg.*) su atractivo** to have its own appeal
**atraer (*like* traer)** to attract; appeal to; *n. m.* drawing
**atrapaer** to capture, catch
**atrás** *adv.* behind; back; **hacia atrás** back, in back, behind
**atravesar (ie)** to cross, go / come through; to bewitch
**atreverse** to dare
**atribuir (y)** to attribute; to account for
**atroz (*pl.* atroces)** atrocious, awful; cruel
**aturdir** to bewilder, confuse
**audaz (*pl.* audaces)** daring, bold
**aumentar** to increase
**aun** even
**aún** yet, still
**aunque** although
**auricular** *m.* headset
**aurora** dawn
**auscultar** to listen with a stethoscope
**ausente** *n. m., f.* absent person; *adj.* absent
**auto** judicial decree or ruling
**autóctono** *adj.* native, aboriginal
**auxiliado** aided, comforted
**avaricia** avarice, meanness
**avaro/a** miser
**avenida** avenue
**aventura** adventure
**avergonzado** ashamed, embarrassed
**avergonzarse (c)** to be ashamed; to feel embarrassed
**averiguar (gü)** to find out, inquire into
**avisar** to inform; to advise; to warn
**aviso** warning
**ayer** yesterday

**ayuda** help
**ayudar** to help
**azahar** *m.* citrus blossom
**azar** *m.* twist of fate
**azotar** to lash
**azul** *m.* blue
**azulado** *adj.* bluish, blue

## B

**baba** drool
**bahía** bay
**bajar** to go, come down; to lower; **bajarse** to get down
**bajo** *adj.* low; short; lower; *adv., prep.* under; beneath; **en voz baja** in a low voice
**bala** bullet
**balancearse** to rock
**balanceo** swinging, swaying
**balazo** shot
**baldío** plot for building
**ballena** whale
**balsámico** aromatic
**bambolear** to sway
**banco** bench
**bandeja** tray
**bandera** flag
**bandido** bandit, outlaw
**bando** headband
**banqueta** curb
**banquete** *m.* banquet
**bañarse** to bathe
**baño** bathroom
**barajar** to catch
**barba** beard
**barbado** bearded
**barbarie** *f.* barbarism; savagery
**barca** small boat
**barcaza** lighter (*barge*)
**barco** boat; **barco a de vela** sailboat; sailing ship
**barra** bar; counter
**barranco** ravine; gully
**barrio** neighborhood
**barro** mud; clay
**barrote** *m.* (*steel, wooden*) bar
**bastante** rather; quite
**bastar** to be sufficient, enough; **bastarse** to be self-sufficient
**bastidor** *m.* frame
**batiente** *m.* (door / window) jamb
**bayeta** thick flannel
**beber** to drink
**belleza** beauty

**bendito: ¡Bendito sea Dios!** *m.* Thanks be to God!
**beneficiarse (decon)** to profit, benefit (from)
**besar** to kiss
**beso** kiss
**bestia** beast
**biblioteca** library
**bien** well; **bien + *adj.*** quite; **bien de la cabeza** sane; **llevarse bien** to get along (well); **más bien** (but) rather; **obrar bien** to do good works; **salir** (*irreg.*) **bien** to turn out well; **verse** (*irreg.*) (*p.p.* **visto**) **bien** to look good
**bienes** *m. pl.* goods; wealth; **agente** *m., f.* **de bienes raíces** realtor
**bienestar** *m.* well-being
**bienhechor(a)** benefactor, benefactress
**bifurcarse (qu)** to fork, branch off
**billete** *m.* ticket
**bisabuelo/a** great-grandfather, great-grandmother; *pl.* great-grandparents
**bizquear** to squint
**blanco** white; **en blanco** blank
**blancura** whiteness
**blando** soft; gentle
**blanduzco** softish
**blanquear** to whiten
**bloc** *m.* (**de notas**) writing pad
**bobo/a** fool
**boca** mouth; **boca arriba** face up
**bocacalle** *f.* intersection
**bocanada** whiff
**bochorno** embarrassment
**bocina** bullhorn
**bol** *m.* bowl
**bola** ball
**boleto** ticket
**bolígrafo** pen
**bolita de miga** wad of bread
**bolsillo** pocket
**bombardeo** bombing
**bombilla** light bulb
**bondad** goodness; kindness
**bondadosamente** kindly
**bonito** pretty
**borbollón** *m.* bubbling
**borda** gunwale; mainsail
**borde** *m.* edge, border, side
**bordeado** bordered, edged
**bordo: a bordo** on board
**borrachera** drunkenness
**borrar** to erase; **borrarse** to disappear
**borronear** to scribble, scrawl
**bosque** *m.* forest, woods

bota boot
botavara gaff, boom (*mar.*)
bote *m.* boat; jug
botella bottle
botín *m.* ankle boot
botón *m.* button
bramante *m.* linen
brasileño *adj.* Brazilian
bravo fierce
brazo arm; **brazos hermanados** arm in arm; **de brazos cruzados** doing nothing, idle; **echarse de brazos** to lean on
breve brief, short
brillante *adj.* shining, bright, brilliant; *n. m.* diamond
brillar to shine
brincar (qu) to hop, jump
brinco hop, jump
brisa breeze
brizna blade of grass or straw
broma joke
bromear to joke
bronce *m.* bronze
brotar to sprout, bud
brujo/a sorcerer, sorceress
brújula compass
bruma mist
brusco abrupt, brusque; sudden
Bruselas Brussels
buche: hacer (*irreg.*) un buche to wet one's mouth
buen, bueno good, kind; well; *int.* well; un buen rato a good while
buey *m.* de mar sea calf
bullicioso raucous
bulto bundle
buque *m.* ship
burbuja bubble
Burdeos Bordeaux (*city in southwestern France*)
burla insult
burlón, burlona *adj.* mocking
busca *n.* search
buscar (qu) to look for
búsqueda *n.* search
buzo/a diver

## C

caballo horse
cabaña cabin; cottage
cabellera long hair
cabello hair
caber *irreg.* to fit; **no caber en la imaginación** to be unbelievable

cabeza head; **bien de la cabeza** sane; **cabeza abajo** upside down; **dar** (*irreg.*) **vuelta a la cabeza** to turn one's head; **meterse en la cabeza** to get into one's head
cabina booth
cabo end; bit, piece; **al cabo de** at the end of; after
cada each; every; **cada vez más** more and more, increasingly; **cada vez mejor** better and better; **cada vez que** whenever, every time that
cadáver *m.* corpse
cadena chain
caer *irreg.* to fall; to set (*sun*); **caer de lomo** to fall / come down on one's back; **caer enfermo** to be taken ill; **caerse** to fall down; **dejar caer** to let fall; to drop
café *m.* coffee; café
cafetucho café (*pejorative*)
caída fall; falling
caído fallen
cajero/a cashier
cajón *m.* drawer
cal *m.* whitewash
calabozo cell
calcular to calculate; to estimate
caldear to heat (up)
caldereta small pot
caldo broth
calentar (ie) to heat
calidad quality
cálido hot
caliente hot, warm
callado quiet
calle *f.* street
callejero *adj.* street
calor *m.* heat
caluroso warm, enthusiastic
calvo bald
calzada street; sidewalk
calzado *adj.* wearing shoes
calzar (c) to provide shoes
cama bed
camarero/a waiter, waitress
camarote *m.* cabin, stateroom, berth; **vecino/a de camarote** cabin mate
cambiar to change
cambio change; **a cambio** in exchange; **en cambio** on the other hand
camilla stretcher; **camilla de ruedas** gurney
caminar to walk
caminata hike; outing

**camino** road
**camisa** shirt
**camiseta** t-shirt
**camisón** *m.* night shirt
**campana** bell
**campaña** campaign
**campañero/a** bell ringer
**campiña** country, countryside
**campo** field; country, countryside
**Canarias: Islas Canarias** Canary Islands
**canastilla** small wicker basket
**cancel** *m.* inner door; wooden partition, screen; **puerta cancel** inner door;
   partition
**canción** song; **canción de cuna** lullaby
**cangrejo: vela cangreja** boom sail
**canje** *m.* exchange, barter
**cansado** tired
**cansarse** to tire
**cantar** to sing
**cántaro** pitcher
**cantidad** quantity
**caña** cane, reed; rum
**cañuelas: cortina de cañuelas** curtain maid
   out of pieces of sugar cane
**capacidad** ability, capacity
**capaz** (*pl.* **capaces**) able, capable
**capellán** *m.* chaplain; priest
**capitán, capitana** captain
**capítulo** chapter
**caprichosamente** capriciously
**captar** to earn, win; to capture
**cara** face; expression; **tener** (*irreg.*) **cara de**
   to look (like)
**carácter** *m.* character; personality
**caramelo** candy
**cárcel** *f.* jail
**cardumen** *m.* school, shoal (*of fish*)
**carecer (zc)** to lack
**carga** burden
**cargamento** cargo
**cargar (gu)** to carry, take
**cargo** post; position
**Caribe** *m.* Carribean Sea
**caricia** caress
**carlinga** mast step
**carmesí** *adj.* crimson
**carne** *f.* flesh; meat; **ser** (*irreg.*) **de carne y**
   **hueso** to be human
**carpeta** table cover (*Arg.*)
**carraspear** to clear one's throat
**carrera** route; career
**carretera** highway
**carrito** gurney, wheeled cot

**carro** car
**carta** letter
**cartelera** billboard
**cartera** wallet
**casa** house
**casado** married; **recién casado/a**
   newlywed
**casarse (con)** to get married (to)
**casco** area, limits (*of an estate*)
**casero/a** landlord
**casi** almost
**caso** case; **hacerle** (*irreg.*) **caso a alguien**
   to pay attention to someone
**castigar (gu)** to punish
**castigo** punishment
**casual** accidental
**casualidad: por casualidad** by chance
**casucha** shack
**cataclismo** catastrophe
**catadura** looks (*pejorative*)
**catedral** *f.* cathedral
**catorceno** fourteenth
**causa: a causa de** because of
**causante** *m., f.* one that causes
**cautivar** to capture, take prisoner
**cautivo/a** captive
**cavilación** pondering, deep thinking
**caza** hunt; hunting; **andar** (*irreg.*) **a caza**
   **de** to go hunting for
**cazador(a)** hunter
**cazar (c)** to hunt
**cebar** to brew (*tea*)
**ceder** to give up, in; to yield; to relinquish
**cegador** blinding, dazzling
**cegar (ie) (gu)** to blind
**ceguera** blindness
**ceja** eyebrow
**cejar** to withdraw; to move backwards
**celda** cell
**célebre** famous
**celo** zeal
**cementerio** cemetery
**cena** dinner
**ceniza** ash
**cenizoso** ashen
**censura** censorship
**centavo** cent
**centinela** *m.* sentry, guard
**central** main, central
**centrarse** to focus
**centro** downtown; center
**ceñidor** belt, waistband
**ceñir** to engirdle; to fit tightly
**ceño** frown, scowl

**cerca** *adv.* near (by); **cerca de** *prep.* near, close

**cerca** *n.* fence

**cercanía** proximity, nearness

**cerebro** brain

**cernirse** to shift from side to side

**cerrar (ie)** to close; **cerrar de golpe** to slam

**cerro** hill

**cerrojo** bolt, latch

**certeza** certainty; **tener** (*irreg.*) **la certeza** to be quite sure

**certidumbre** *f.* certainty

**cesar** to stop, cease

**césped** *m.* grass, lawn

**cetrino** sallow

**chacra** farm

**chaleco** vest

**chalupa** sloop

**chambergo** broad-brimmed soft hat

**chaparral** *m.* thicket

**chapotear** to splash

**chapoteo** noise of splashing wafer

**chaqueta** jacket

**charco** puddle

**charlar** to talk, chat

**charol** *m.* patent leather

**chato** short (*Mex.*)

**chayotillo** *small squash-like vegetable*

**chiche** *adj.* easy, piece of cake

**chico/a** *n.* boy, girl; *adj.* small

**chicotazo** lash, lashing

**chicotear** to whip

**chiripá** gaucho's trousers

**chirriar** to squeak, creak; to sizzle

**chispa** *n.* sparkle

**chocante** shocking

**choque** *m.* crash, collision; shock

**chorrear** to gush

**cicatrizar (c)** to scar

**cicuta** hemlock

**ciego** blind

**cielo** heaven; sky; **a cielo abierto** in the open air; **cielo raso** ceiling (*in a house*)

**ciénaga** swamp, marsh

**ciencia** science; **saber** (*irreg.*) **a/de ciencia cierta** to know something for sure

**cierto** certain, sure; true

**ciervo/a** deer

**cifra** code

**cigarrillo** cigarette

**cine** *m.* cinema

**cinematógrafo** movie theater

**cintura** waist

**circundado** surrounded

**cirujano/a** surgeon

**ciudad** city

**clamar** to clamor, cry out

**claridad** clarity

**claro** clear

**clausura** closing

**clavar** to pierce, stick

**clave** *n. f.* key; clue; *adj. inv.* key

**clavo** nail

**clérigo** clergyman

**clima** *m.* climate

**cloroformado** anesthetized

**coartada** alibi

**cobertizo** roof, overhang

**cobertor** bedspread

**cobrar** to charge (*money*); to take on; to acquire

**cocer (ue) (z): a medio cocer** half-baked

**coche** *m.* car; coach; **coche de plaza** taxi

**cocina** kitchen

**cocinar** to cook

**cocinero/a** *n.* cook

**cocotaje** *m.* coquette behavior

**códice** *m.* manuscript, codex

**codiciado** coveted

**codo** elbo; **de codos** leaning on the elbows

**coetáneo/a** *n.* contemporary

**coger (j)** to pick up; to grasp; to take

**colchón** *m.* mattress

**colegio** school

**cólera** anger, rage

**coletazo** splash (*of the waves*)

**colgado** hanging

**colgar (ue) (gu)** to hang

**colmado: estar** (*irreg.*) **colmado** to be fulfilled

**colmar** to fill up

**colmo: llegar (gu) a su colmo** to reach a peak

**colocar (qu)** to place, put

**colonia** city district

**colono/a** colonist; settler

**colorearse** to turn red

**comedor** *m.* dining room

**comentario** comment

**comenzar (ie) (c)** to begin

**comer** to eat; **comerse** to eat up

**comercio** business

**cometer** to commit; to make (*a mistake*)

**comida** food; meal

**comienzo** beginning; **al comienzo** in the beginning

**como** as; like; **tal como** just as; **tan... como** as . . . as; **tan pronto como** as soon as;

**tanto... como...** both . . . and . . .; **tanto como** as much as

**cómoda** chest of drawers

**cómodo** comfortable

**compadre** *m.* close friend; buddy; godfather

**compadrito** bully, troublemaker (*Arg.*)

**compaginar** to collate

**compañero/a** friend; **compañero/a de pensión** roommate

**compartir** to share

**compás: a compás de** during, while

**compensar (ie)** to compensate; to make amends (for)

**complacerse (zc)** to be pleased with

**complejidad** complexity

**complejo** complex

**completo: estar (irreg.) completos** to be all accounted for; **por completo** completely

**componer (like poner)** (*p.p.* **compuesto**) to compose, make up; **componerse** to get dressed

**comportamiento** behavior

**comportarse** to behave

**comprar** to buy

**comprender** to understand

**comprensión** understanding

**comprobar (ue)** to verify, check; to confirm

**comprometer** to obligate; **comprometerse** to get engaged

**compromiso** commitment

**compuesto** (*p.p. of* **componer**) complex; composed

**computar** to count

**componerse** to get dressed

**común: tener (irreg.) en común** to have in common

**comunicar (qu)** to tell; to be connected, linked to,

**con** with

**concebir (i, i)** to conceive

**conceder** to grant

**concertarse (ie)** to harmonize

**concha** shell

**conciencia: tener (irreg.) conciencia de** to be aware of

**conciliador** *adj.* conciliating

**concluir (y)** to conclude

**concurrencia** gathering, audience

**conde** *m.* count (*nobleman*)

**condenar** to condemn

**condescender** to comply, consent

**condescendiente** condescending

**condiscípulo/a** schoolmate, peer

**condolido de** saddened, pained by

**conducir** *irreg.* to guide, lead; to transport, convey; to herd; **conducir a** to lead to

**confesar (ie)** to confess

**confiado** confident

**confianza** confidence; trust; **tener (irreg.) confianza en** to have confidence in

**confiar (confío) en** to trust

**conforme** to the degree that; **conforme a** in accordance with

**confortar** to comfort

**confundir** to confuse

**confuso** confused

**conmovedor** *adj.* touching, moving

**conmover (ue)** to trouble; to move, touch

**conocer (zc)** to know, be acquainted with; to meet

**conocido** known, well-known

**conocimiento** knowledge; consciousness

**conquista** conquest

**conquistador(a)** conqueror

**consagrar** to consecrate

**conseguir (like seguir)** to obtain

**consejero/a** counselor, advisor

**consejo** consultation; piece of advice

**consentir (like sentir)** to consent; to spoil, pamper

**conserva: de conserva** in a convoy

**conservador(a)** *n. adj.* conservative

**conservar** to preserve, maintain

**cousistir en** to consist of

**consolar (ue)** to console

**consolidarse** to grow firm

**constar** to be clear, obvious

**constituir (y)** to compose, make up

**construir (y)** to construct

**consuelo** consolation

**consultar** to seek advice

**consumición** drink (*in a bar*)

**consumir** to drink

**contacto** contact; **ponerse (irreg.) en contacto** to put (oneself) in touch

**contado** scarce

**contar (ue)** to count; to tell; to matter; **contar con** to count on

**contemporáneo** contemporary

**contenido** *n.* content

**contentarse con** to be satisfied with

**contento** happy

**contestar** to answer

**continuar (continúo)** to continue

**continuo** continuous; **acto continuo** immediately afterward

**contra** against; opposed to; **declararse en contra** to come out against

**contrabandista** *m., f.* smuggler

**contrabando** *n.* smuggling

**contrario** opposite; **al contrario** on the contrary

**contribuir (y)** to contribute

**contusión** bruise, contusion

**convalecer (zc)** to convalesce

**convaleciente** *m., f.* convalescent

**convencido** convinced

**convención** rule

**convenir** (*like* **venir**) to suit; to be convenient; to correspond

**conversador** talkative

**conversar** to talk, converse

**convertir (ie, i)** to convert; **convertirse en** to turn into

**convulso** frantic

**copa** goblet, cup; drink; treetop; **tomar una copa** to have a drink

**copia** copy

**coqueto/a** *n.* flirt

**coraje** *m.* courage; spirit

**coraza** breastplate, armor

**corazón** *m.* heart

**corbeta** corvette

**cordura** prudence, wisdom

**cornudo** *n.* cuckold

**corona** crown

**coronar** to crown

**coronel** *m.* colonel

**corpulento** fat

**corredor** *m.* corridor, passage

**corregir (j)** to correct

**correo: echar al correo** to mail

**correr** to run; to go; **salir** (*irreg.*) **corriendo** to run away; to rush out

**corriente** *n. m.* the current month; *n., f.* current; *adj.* current, present; **agua** (*f. but* **el agua**) **corriente** running water

**cortadera** bulrush

**cortadura** cut

**cortar** to cut

**corte** *f.* **romana** papal court

**cortés** courteous

**cortina** curtain

**corto** short (*length*)

**cosa** thing; something; matter; **otra cosa** anything else; **todas las cosas** everything else

**coser** to sew; **máquina de coser** sewing machine

**costa** cost, expense; coast; **a costa de** at the expense of; **a toda costa** at all costs

**costado** side

**costar (ue)** to cost; to be difficult; **costar trabajo** to be difficult; **costarle a alguien** + *inf.* to be difficult for someone to (*do something*)

**costearse** to pay one's way

**costumbre** *f.* custom; habit; **tener** (*irreg.*) **por costumbre** to be in the habit of

**costura** sewing

**coyuntura** occasion

**crear** to create

**crecer (zc)** to grow; to increase

**creciente** growing, increasing

**creencia** belief

**creer (y)** to believe; to think

**crepuscular** *adj.* twilight

**crepúsculo** *n.* twilight, dusk; dawn

**creyente** *m., f.* believer

**criado/a** servant

**criar (crío)** to raise, bring up

**criatura** creature

**crimen** *m.* crime

**criollismo** *adoption of expressions and customs typical of Argentina*

**crisis** *f.* crisis; **crisis de nervious** nervous breakdown

**crisol** *m.* melting pot

**crispación** element of tension

**crispado** twitching, convulsing

**cristal** *m.* glass; pane of glass; mirror; lens

**cristiano** Christian

**crítica** *n.* criticism

**crítico** *adj.* critical

**crónica** chronicle, history

**crucecilla** small cross

**crueldad** cruelty

**crujido** crackle, creak

**cruz** *f.* (*pl.* **cruces**) cross

**cruzado: de brazos cruzados** doing nothing, idle

**cruzar (c)** to cross; **cruzarse con** to happen upon

**cuaderna maestra** midship frame (*naut.*)

**cuaderno** notebook

**cuadra** (city) block

**cuadro** square; painting

**cual** *rel. pron.* who, whom; which

**cuál** *adj.* what; which

**cualidad** quality

**cualquier** *adj.* any

**cualquiera** *pron.* anyone
**cuando** when; **de vez en cuando** once in a while
**cuándo** when
**cuanto** *adv.* as, as much as; **cuanto antes** as soon as possible; **cuanto más** even more so; **en cuanto** as soon as; while; **en cuanto a** as to, in regard to
**cuánto/a** *adj.* how much; how many; **cuántas veces** how often
**cuanto/a** *rel. pron.* as much as, everything, all
**cuarto** room
**cubierto** (*p.p. of* **cubrir**) covered
**cuchillo** knife
**cuello** neck
**cuenta: darse** (*irreg.*) **cuenta** to realize; **por su cuenta** on one's own account; **tomar en cuenta** to take into account
**cuentista** *m., f.* storyteller
**cuento** story, short story
**cuerda** rope; string (*of an instrument*)
**cuerdo** sane; sensible; **estar** (*irreg.*) **cuerdo** to be sane; **ropa de cuerdo** street clothes
**cuero** leather
**cuerpo** body
**cuervo** crow
**cuesta: cuesta arriba** uphill
**cuestión** matter
**cuidado** care; **¡cuidado!** *int.* be careful!
**cuidar(se) (de)** to look after, take care of
**culebra** snake
**culpa** guilt; fault; **tener** (*irreg.*) **la culpa** to be guilty
**culpable: sentirse (ie, i) culpable** to feel guilty
**culto** worship; cult
**cumbre** *f.* summit, top
**cumplir** to fulfill; to keep (a promise); **cumplir... años** to turn . . . years
**cuna: canción de cuna** lullaby
**cura** *m.* priest
**curación** cure, treatment
**cuyo** whose

# D

**daga** dagger
**damajuana** demijohn (*large bottle*)
**danzar (c)** to dance
**dar** *irreg.* to give; to beat (*sun*); **dar + time** to be + *time*; **dar a / hacia** to face; to open onto; **dar a entender** to explain; to hint at; **dar con** to come upon; **dar de comer** to feed; **dar la mano** to shake hand; **dar lástima** to make somebody feel sorry; **dar la vuelta** to turn around; **dar paso a** to give way to; **dar por** to consider; **dar rabia** to make angry; **dar trabajo** to take a lot of time; **dar un paseo** to go for a walk, ride; **dar un paso** to take a step; **dar una vuelta** to take a walk; **dar vuelta a la cabeza** to turn one's head; **darle la gana a alguien +** *inf.* to feel like (*doing something*); **darse cuenta** to realize
**datar de** to date from
**dato** fact
**de** of, from
**del (de + el)** of, from
**deán** *m.* dean (*ecclesiastical*), cleric
**debajo** *adv.* underneath, below; **debajo de** *prep.* under, underneath, below
**deber** *v.* must, should, ought; to owe; *n. m.* duty, chore; obligation; **deberse a** to be due to
**debido a** due to
**débil** weak
**década** decade
**decanato** deanship (*in church*)
**decano/a** dean (*of a university*)
**decepción** disappointment
**decepcionarse** to be disappointed
**decir** *irreg.* (*p.p.* **dicho**) to say; to tell; **a decir verdad** to tell the truth; **es decir** that is to say; **oír** (*irreg.*) **decir** to hear (*something*) said; **querer** (*irreg.*) **decir** to mean
**decisión: tomar la decisión** to make a decision
**declararse contra** to come out against
**decorar** to decorate
**decoro** decorum
**decreciente** declining, decreasing
**dédalo** entanglement, confusion
**dedicar (qu)** to dedicate; to devote
**dedo** finger
**defender(se) (ie)** to defend (oneself)
**deformarse** to become deformed
**deforme** deformed; ugly, misshapen
**dejar** to let, allow; to leave; **dejar caer** to drop, let fall; **dejar de +** *inf.* to stop (*doing something*); **dejar salir** to release; **dejarse +** *inf.* to let, allow oneself to be **+** *p.p.*: **dejarse llevar** to let oneself be carried away
**delante de** *prep.* in front of, before; **por delante** in front, ahead

**delantero** *adj.* front

**delator(a)** *n.* informer, accuser, denouncer; *adj.* obvious; accusing, denouncing

**deleitarse** to take delight in

**deletrear** to spell

**delgado** thin

**deliberadamente** intentionally

**delicadeza** sensitivity; refinement; tact

**delicado** delicate

**delirio** delirium

**demarcado** delimited

**demás: los demás** the others; the rest

**demasiado** *adj.* too much; *adv.* too, too much

**demorar** to delay

**demostrar** (*like* **mostrar**) to demonstrate

**demudarse** to change one's expression or color

**denominarse** to be called

**denso** dense; thick

**dentro** *adv.* inside, within; **por dentro** inside; **dentro de** *prep.* inside, within

**deparar** to supply, provide

**departamento** apartment

**depender de** to depend on

**depositarse** to settle (*dust*)

**depurado** purged

**derecha** *n.* right (*direction*); right-hand side

**derecho** *n.* right (*legal*); law; *adj.* right (*direction*); right-hand side; **estar** (*irreg.*) **en su derecho** to have the right-of-way

**deriva: a la deriva** adrift

**derivar** to drift; **derivarse** to result, stem from

**derrota** defeat

**derrumbar** to tear down, demolish

**desabrochar** to unfasten

**desacostumbrado** unusual

**desafío** challenge

**desafiar (desafío)** to challenge

**desaforado** wild

**desalmado** heartless, cruel

**desánimo** discouragement, dejection

**desaparecer (zc)** to disappear

**desaparecido/a** *n.* disappeared person

**desaparición** disappearance

**desaprobación** disapproval

**desarmado** disarmed

**desarrollar** to develop

**desarrollo** development

**desasirse** to get rid of

**desasosegarse (gu)** to be restless

**desastroso** to disastrous

**desbaratar** to wreck, ruin

**desbordar** to overflow

**descabalado** incomplete

**descalabrase** to hurt one's head

**descalzo** barefoot

**descampado** *n.* open field

**descansar** to rest

**descarapelado** *adj.* peeling

**descargar (gu)** to unload, unburden; to discharge

**descendencia** descent

**descender (ie)** to go down, descend

**descolorido** faded

**descomunal** extraordinary, uncommon; monstrous

**desconcertar (ie)** to disconcert; to surprise

**desconcierto** confusion, perplexity

**desconfiar** (*like* **confiar**) to distrust

**desconocido** unknown

**describir** (*p.p.* **descrito**) to describe

**descuarfitado** cut into pieces

**descubrir** (*p.p.* **descubierto**) to discover

**desde** from; since; **desde entonces** from that time on; **desde... hasta** from . . . to; **desde luego** of course, naturally; immediately; **desde que** *conj.* since; as soon as; **desde siempre** always

**desdén** *m.* disdain

**desdeñoso** disdainful, scornful

**desdicha** misfortune; poverty

**desear** to desire

**desechar** to turn down, refuse

**desembarcar (qu)** to go ashore, disembark

**desembocar (qu)** to flow

**desempleo** unemployment

**desengaño** disappointment

**desenlace** *m.* denouement, conclusion

**desenredar** to untangle

**desenterrar (ie)** to dig up, unearth

**deseo** desire

**desequilibrado** unbalanced

**desértico** desert-like; deserted, unpopulated

**desescamar** to remove scales from

**desesperado** desperate

**desesperanza** despair, desperation

**desfalco** embezzlement

**desgajarse** to break off / away

**desganado** reluctant

**desgano** reluctance

**desgarrarse** to break up

**desgraciadamente** unfortunately

**deshacer** (*like* **hacer**) (*p.p* **deshecho**) to unmake; to undo

**deshonra** dishonor; disgrace
**deshumanizante** dehumanizing
**desierto** *n.* desert; *adj.* deserted
**desinteresado** disinterested
**desmantelado** dilapidated
**desmayo** fainting spell
**desmigajar** to crumble, break into pieces
**desmontar** to dismantle
**desnudar** to undress; to strip
**desnudo** nude
**desorden** *n.* disorder
**desordenar** to make untidy
**desorientar** to confuse
**despacho** office
**despacio** *adj.* slow; *adv.* slowly
**despectivo** derogatory, comtemptuous
**despedazado** broken into pieces
**despedida** *n.* farewell, leave-taking
**despedirse (de)** (*like* **pedir**) to say
  goodbye (to)
**despegarse (gu)** to come apart
**desperdigado** scattered
**desperezarse (c)** to stretch out; to stretch
  oneself
**despertar(se) (ie)** (*p.p.* **despierto**) to
  wake up
**despiadado** pitiless, merciless
**desplegado** unfurled
**desplomarse** to collapse; to fall down
**despoblado** deserted
**despojo** plundering
**despotricar (qu)** to rant, rave
**desprecio** scorn
**desprender** to untie; to release; to
  launch
**desproporción** lack of proportion
**después** *adv.* afterward; later; then;
  **después de** *prep.* after; **después (de)
  que** *conj.* after; **poco
  después** shortly thereafter
**desquitarse** to get even, take revenge
**destacar (qu)** to emphasize; to highlight
**destejer** to unravel
**destemplado** strident, loud
**desterrar** to banish
**destino** fate, destiny
**destreza** skill
**destronar** to depose, dethrone
**destruir (y)** to destroy
**desvalido** destitute; helpless
**desvanecer (zc)** to vanish, disappear
**desvelarse** to stay awake
**desvestir** (*like* **vestir**) to undress
**desviación** deviation

**desviar (desvío)** to divert; **desviarse** to
  turn off
**detallado** detailed
**detallar** to relate in detail
**detalle** *m.* detail
**detener** (*like* **tener**) to detain; **detenerse** to
  come to a stop
**detrás de** behind
**devolver** (*like* **volver**) (*p.p.* **devuelto**) to
  return (*something*); to send back; to take
  back
**devorar** to devour
**día** *m.* day; **a los pocos días** in a few days;
  **al día siguiente** on the following day;
  **algún día** eventually; **de día** by day; **hoy
  en día** nowadays; **todo el día** all day
  long; **todos los días** every day; *time* +
  **del día** *time* + in the morning
**diablo** devil
**diadema** tiara
**diagnosticar (qu)** to diagnosis
**diagnóstico** *n.* diagnosis
**diario** *n.* newspaper; diary; *adj.* daily
**dibujar** to draw
**dibujo** drawing
**diccionario** dictionary
**dicha** happiness
**dicho** (*p.p. of* **decir**) said; aforementioned
**dictador(a)** dictator
**dictadura** dictatorship
**dictar** to lecture; to dictate
**difícil** difficult
**dificultad** difficulty
**difunto** deceased, dead person
**dignidad** dignity
**digno** worthy
**dilacerar** to tear asunder; to harm, hurt
**dilapidado** wasted, squandered
**dilatar** to extend; to postpone
**diminuto** small, little
**dinámica** *f. sing.* dynamics
**dinero** money
**dios, Dios** *m.* god, God; **por la misericordia de Dios** by the grace of God; **siga
  con Dios** go with God; **¡Válgame Dios!**
  Good heavens!
**dique** *m.* dike
**dirección** address; direction
**dirigir (j)** to direct; to aim; **dirigirse** to go
  toward; to speak to; to be directed at
**disco** disk
**díscolo** disobedient
**discordia** discord
**discreto** discrete

**disculparse** to apologize
**discutir** to discuss; to argue
**disentir** (*like* **sentir**) to disagree
**disfrutar (de)** to enjoy
**disgustarse** to be displeased or annoyed
**dislocar (qu)** to dislocate, put out of joint
**disminución** deduction; decline, weakening
**disminuir (y)** to decrease, reduce, lessen;
   **disminuir la marcha** to slow down
**disparatado** absurd, foolish
**disparate** *m.* foolish remark
**dispensador(a)** dispenser, distributor
**disponer** (*like* **poner**) (*p.p.* **dispuesto**) to
   get ready, resolve; **disponerse a** + *inf.* to
   get ready to (*do something*)
**disputar** to discuss; to argue
**distanciado** left behind; estranged
**distinguir (g)** to distinguish, tell apart
**distinto** different, distinct
**distraer** (*like* **traer**) to distract
**distraído** absent-minded
**disuadir** to dissuade
**disyuntiva** dilemma
**diván** *m.* couch
**divertirse (ie, i)** to have fun
**doblado** hunched over
**doblegarse (gu)** to yield, give in
**doler (ue)** to hurt, ache
**dolor** *m.* pain, ache
**doloroso** painful
**domingo** Sunday
**dominical** *pertaining to Sunday*
**don** *m.* gift, talent; *title of respect used with
   a man's first name*
**donde** where
**dónde** where
**doña** *title of respect used with a woman's
   first name*
**dormido** asleep
**dormir (ue, u)** to sleep; **dormirse** to fall
   asleep
**dormitorio** bedroom
**dosis** *f.* dose
**dote** *f.* dowry
**dramaturgo/a** playwright
**duda** doubt; **sin duda** without a doubt,
   doubtless
**dudar** to doubt
**duelo** duel, fight
**dueño/a** owner
**dulce** *adj.* sweet
**dulzón** sweetish
**duodeno** duodenum
**duradero** lasting

**durante** during
**durar** to last
**dureza** toughness, hardness
**duro** hard, harsh; rough

# E

**e** and (*before words beginning with* **i** *or* **hi,**
   *except* **ie** *or* **hie**)
**echar** to throw, cast; to apply (*brakes*);
   **echar mano de** get hold of; **echar una
   ojeada a** to glance at; **echarse** to throw
   oneself; to lie down; **echarse a** + *inf.* to
   begin, start to (*do something*); **echarse de
   brazos** to lean on
**edad** age; **de edad** mature, older; **Edad
   Media** Middle Ages
**edificación** construction, building
**edificar (qu)** to build
**edificio** building
**efectivamente** in effect, indeed
**efigie** *f.* effigy, image
**efusión** stream, surge
**egoísmo** selfishness
**egoísta** *adj. m., f.* selfish
**ejecutar** to execute; to perform, carry out
**ejemplar** *m.* copy (*of a book*)
**ejemplificar (qu)** exemplify, illustrate
**ejemplo** example; **por ejemplo** for
   example
**ejercitar** to exercise, practice
**ejército** army
**elegir (i, i) (j)** to elect, choose; to select
**elemental** fundamental; elementary
**ello** it; **por ello mismo** for that very reason
**embanderar** to raise a flag
**embarcación** ship, boat, vessel
**embargo: sin embargo** nevertheless
**embarrado** muddy
**embaucar (qu)** to deceive, cheat
**embeleco** attempt to deceive
**embotado** dull
**embotellar** to bottle
**embustero/a** liar
**emerger (j)** to emerge
**emigrar** to emigrate
**emisario/a** emissary
**emotivo** emotional
**empañado** sullied, soiled
**empaquetar** to package
**emparejar** to match, pair
**empeño** commitment; tenacity
**emperador(a)** emperor
**empezar (ie) (c)** to begin, start; **empezar a**
   + *inf.* to begin (*doing something*)

empleado/a employee
emplear to use, employ
empleo employment
emprender to undertake, begin; **emprender la marcha** to drive off
empresa enterprise, undertaking; business
empujar to push
empuñar to grip, grasp, clutch
en in, on, at
enajenación alienation
encabezado por led by
encadenar to put in chains
encajonar to box in, enclose
encantador *adj.* charming
encantamiento enchantment, spell
encarcelado/a *n.* prisoner
encarcelar to put in jail
encarecidamente insistently
encargar **(gu)** to entrust; to put in charge (of); **encargarse de** to take charge of
encarnado red; flesh-colored
encarnar to embody
encender **(ie)** to light
encerrar **(ie)** to confine; to enclose; to shut up in
encía gum (*of the mouth*)
encierro locking up
encima (de) on top (of); **ligarse (gu) (algo) encima** to fall underneath (*something*); **llevar encima** to carry (*something*) with one; **por encima de** above, over
encogerse **(j) de hombros** to shrug one's shoulders
encomendar **(ie)** to entrust
encontrar **(ue)** to find; **encontrarse** to be located; to find oneself; to meet (up)
encorvado bent, curved
encrespado curly
encuentro *n.* encounter; meeting
enderezar **(c)** to straighten; to raise; **enderezarse** to stand up, straighten up
endulzar **(c)** to sweeten
enebro juniper
enemigo/a *n., adj.* enemy
enero January
énfasis *m.* emphasis, stress; **poner (*irreg.*) énfasis** to emphasize, stress
enfatizar **(c)** to emphasize
enfermarse to become ill
enfermedad illness
enfermero/a nurse
enfermizo unhealthy, sickly

enfermo sick, ill; **caer (*irreg.*) enfermo** to fall ill
enfilar to go down (*a street*)
enfocarse **(qu)** to focus
enfrentamiento confrontation
enfrentar to face, confront; **enfrentarse** to meet, come face to face; to face
enfrente *adv.* in front; **de enfrente** *prep.* in front; **enfrente de** in front of; opposite
engañar to deceive; to fool
engarce *n. m.* setting (*of precious stones*)
engendrar to beget
engrosar to thicken; to increase
enlace *m.* marriage
enloquecido gone mad
enlutado dressed in mourning
enmascarado masked
enojar to anger; **enojarse** to become angry
enorme enormous
enredar to entangle, wind around
enrevesado intricate
enriquecerse **(zc)** to become rich or wealthy
enrojecido reddened
ensalzar **(c)** to praise
ensangrentado stained with blood
ensayar to test, try
ensayo essay
enseguida immediately
ensenada inlet, cove
enseñar to teach; to show
ensoñadoramente dreamily
entender **(ie)** to understand; **dar (*irreg.*) a entender** to hint at; to explain; **entenderse** to get along; to be understood, to understand oneself; **no acabar de entender** to not fully understand (*something*)
entendimiento understanding
entenebrecido darkened
enterarse de to find out about
entero entire
enterrar **(ie)** to bury
entibiarse to become lukewarm
entonces then, at that time; next; in that case; **desde entonces** from that time on; since then; **hasta entonces (up)** until then
entornado half-closed; ajar (*door*)
entrada entrance
entrado en años advanced in years
entraña intestine
entrar to enter; **entrar en + *number* + años** to approach + *number* + years (*of age*)

entre between; among
entrechocarse (qu) to crash
entrecruzado interwoven; intercrossed
entrega delivery
entregar (gu) to bring
entrerriano/a *inhabitant of the province of Entre Ríos*
entretanto meanwhile
entretener (*like* tener) to entertain; entretenerse to entertain oneself; to pass the time
entrevista interview
entrevistado/a person being interviewed
entrevistador(a) interviewer
entusiasmo enthusiasm
enviar (envío) to send
envidiar to envy
envolver (*like* volver) (*pp.* envuelto) to surround, wrap; to cover
envuelto (*p.p. of* envolver) wrapped in; enveloped
enyesado *adj.* in a plaster cast
época era, age; time
equivocarse (qu) to be mistaken or wrong
erguirse (i *or* y) (g) to stand erect (*with pride*)
erizar(se) (c) to stand on end; to bristle
erizo hedgehog
errante wandering, rambling
errar to wander, roam; to stray
error *m.* mistake
esbelto svelte, slim
esbozar (c) un gesto to gesture vaguely
escala social social ladder
escalera stair; staircase; subir escaleras to climb stairs
escalinata outside / front steps
escalofriante chilling
escalofrío shiver, chill
escalón *m.* step
escándalo shock (*emotion*)
escapulario scapular (*cloth squares hung under clothing against the breast and the back as objects that increase devotion*)
escarbar to scratch
escarpado steep
escaso scarce; meager
escena scene
escénico setting
escéptico sceptical
escoba broom
escoger (j) to choose
esconderse to hide
escondido hidden

escribir (*p.p.* escrito) to write
escrito (*p.p.* escribir) written
escritor(a) writer
escritorio desk
escritura writing
escuálido squalid; emaciated
escuchar to listen
escudero squire; page
escuela school
esfuerzo effort; strength; sin esfuerzo effortlessly
esfumarse to vanish
esgrima fencing ability
eso: por eso for that reason
espacio space
espacioso spacious
espada sword
espalda back; de espaldas on one's back; backward; de espaldas a with one's back to
espantado frightened
España Spain
español *adj.* Spanish
esparto esparto grass
especial special; en especial especially
especialidad specialty
especie *f.* species
especular to speculate
espejo mirror
espera: a la espera de awaiting
esperanza hope
esperar to wait (for), await; to hope; to expect
espiar (espío) to spy (upon)
espinazo keystone
esposo/a husband, wife; spouse
espuma foam
esqueleto skeleton
esquila small church bell
esquina corner
esquinado angular
esquivo unfriendly; aloof
establecer (zc) to establish
estaca club, cudgel
estadía stay
estadísticas statistics
estado state; estado de ánimo mood, state of mind; estado de alma state of being, condition
estadounidense *adj. m., f.* of/from the United States
estafar to deceive; to swindle
estallar to erupt
estampido gunshot

**estampilla** stamp
**estancia** ranch
**estanciero/a** rancher
**estaño: papel** *m.* **de estaño** tinfoil
**estaquear** to stake, pin down
**estar** (*irreg.*) to be; **estar a punto de +**
  *inf.* to be about to (*do something*); **estar**
  **avergonzado** to be ashamed; **estar**
  **bien de la cabeza** to be save **estar colmado**
  to be fulfilled; **estar completos** to be all
  accounted for; **estar cuerdo** to be sane;
  **estar de pie** to be standing up **estar en**
  **su derecho** to have the right-of-way; **es-**
  **tar listo** to be ready, prepared; **estar loco**
  to be insane; **estar seguro** to be sure
**estatua** statue
**estelar** stellar
**estentor** *m.* very loud voice
**estéril** sterile, barren
**estilo** style
**estima** respect, esteem
**estirar** to stretch
**estómago** stomach
**estoperol** *m.* clout nail; tack; tow wick
**estorbar** to hinder, hamper; to annoy, bother
**estorbo** annoyance; hindrance
**estrangular** to strangle
**estrechar la mano** to shake hands
**estrechez** *f.* narrowness, tightness
**estrecho** *n.* strait; *adj.* narrow, tight; close
  (*relationship*)
**estrella** star
**estremecer (z)** to tremble, shiver
**estremecimiento** shiver
**estrenado** used for the first time
**estrepitosamente** noisily
**estrofa** verse, stanza
**estropeado** damaged
**estuche** *m.* case, box
**estudiante** *m., f.* student
**estudiar** to study
**estudio** study; studio
**estudioso** studious
**estupefacción** astonishment
**estúpido** stupid, dumb
**estupor** *m.* lethargy, stupor; astonishment
**etapa** stage
**eternidad** eternity
**eternizar (c)** to immortalize
**étnico** ethnic
**eucalipto** eucalyptus
**evadir** to avoid; to escape
**evidente** obvious
**evitar** to avoid

**evocar (qu)** to evoke, recall
**examen** *m.* examination
**examinar** to examine
**exangüe** *adj.* weak, lifeless
**excavar** to excavate
**excusa: pedir (i, i) excusas** to apologize
**excusarse** to beg (someone's) pardon
**exento de** free from
**exhortar** to admonish, urge
**exiliado/a** exile, refugee
**exilio** exile
**eximir** to exempt; to free
**éxito** success; **tener** (*irreg.*) **éxito** to be
  successful
**experimentar** to experience
**explayarse** to speak at length; to open up
**explicación** explanation; analysis
**explicar (qu)** to explain
**explorador (a)** explorer
**explotar** to exploit; to use
**exponer** (*like* **poner**) (*p.p.* **expuesto**) to
  expose, show
**exposición** exhibit
**expósito/a** foundling
**expuesto** (*p.p. of* **exponer**) exposed; on
  display
**éxtasis** *m.* ecstasy, rapture
**extender (ie)** to extend; **extenderse** to
  spread
**extenuarse (extenúo)** to become weak or
  debilitated
**extranjero/a** *n.* foreigner; *m.* abroad; *adj.*
  foreign
**extrañado** puzzled; surprised
**extrañar** to miss, long for; to surprise
**extraño** strange
**extraviado** lost; crazy
**extremo** far end; end; extremity

## F

**fábrica** factory
**fabricar (qu)** to make, manufacture; to
  create
**fábula** fable
**faceta** side, aspect
**fachada** façade
**fácil** easy
**facultad** school (*in a university*)
**facundo** verbose
**fallecer (zc)** to die
**fallecimiento** death, demise
**falta** lack
**faltar** to be lacking, missing; to be absent; **faltar +** *time* to be (*time*) left;

**faltarle a uno** to need; to remain (*to be done*)

**fama** reputation; fame, renown

**familia** family

**familiar** *n. m., f.* relative

**fango** mud

**fangoso** muddy

**fantasma** *m.* ghost

**fantástico** imaginary, unreal; fantastic

**farsante** *m., f.* fraud, fake; charlatan

**fastidio** annoyance

**fatigarse (gu)** to tire, get tired

**favor: por favor** please

**favorecer (zc)** to favor

**fe** *f.* faith

**fecha** date

**fechado** dated

**felicidad** happiness

**feliz** (*pl.* **felices**) happy

**fenómeno** phenomenon

**feo** ugly; **ponerse** (*irreg.*) **feo** to get serious, nasty

**ferocidad** fierceness, ferociousness

**férreo: vía férrea** railroad

**ferretería** hardware

**festejar** to celebrate; to laugh at (*jokes*)

**fiambre** *m.* cold cuts; *f.* corpse; *adj.* served cold

**ficha** form; index card

**fichero** filing cabinet

**ficticio** fictitious

**fiebre** *f.* fever

**fieles** *n.* the faithful

**fierros** tools

**fiesta** holiday; party, celebration

**figura** figure, shape; face; character

**figurarse** to imagine, suppose

**figurilla** small, insignificant person

**fijamente** attentively, fixedly

**fijar** to establish; to fix; to agree upon; **fijarse en** to pay attention to; to notice; to focus on; **fíjate** *inj.* imagine

**fijeza** insistence, firmness

**fijo** staring, fixed

**filatélico: álbum** *m.* **filatélico** stamp collection

**filo** cutting edge

**filtrarse** to filter; to leak (*information*)

**fin** *m.* end; **al fin** finally; **al fin y al cabo** after all; **en fin** anyway **por fin** finally; **sin fin** endlessly

**finado** deceased

**final** *n. m.* end; *adj.* final

**financiera: crisis** *f.* **financiera** financial crisis

**finca** farm

**finlandés, finlandesa** *adj.* Finnish

**firmar** to sign

**firmeza** firmness

**físico** physical

**flamante** splendid

**flamear** to blaze; to wave

**flanco** side, flank

**flaqueza** leanness

**flauta** flute

**flor** *f.* flower; **flor de lis** iris; fleur-de-lis

**florecer (zc)** to bloom; to flourish

**florido: guerra florida** *ritualistic Aztec war in which captives were sacrificed as offerings to dieties*

**flotar** to float

**fluir (y)** to flow

**fluvial** *adj.* river

**fofo** flabby

**fomentar** to encourage

**fondear** to cast anchor

**fondo** bottom; background; back; base; depth; **a fondo** in depth, thoroughly; **telón** (*m.*) **de fondo** backdrop

**forastero/a** stranger

**forma** form, shape; appearance; manner, way; **de forma que** so that; **de tal forma** in such a way

**formar(se)** to form, shape; to make up; **formar parte de** to be a member of; to make up

**formular** to pose (*a question*)

**forzar (c)** to force

**fotografía** photograph

**fracasar** to fail, be unsuccessful

**fracaso** failure

**fragancia** fragrance

**francés, francesa** *adj.* French

**Francia** France

**franquear** to bolt the door

**frasco** flask

**frase** *f.* phrase; sentence; statement; expression

**fray** *m.* Brother (*used before the name of clergy of certain religious orders*)

**frecuencia: con frecuencia** frequently

**frecuentar** to frequent, visit often

**frenar** to brake

**freno** brake

**frente** *m.* front; *f.* forehead; **frente a** facing, opposite

**fresco** cool; fresh
**frescura** coolness; freshness
**frialdad** coldness, indifference
**frío** *n., adj.* cold; **hacer** (*irreg.*) **frío** to be cold (*weather*)
**frontera** border, edge
**frotar** to rub
**fruncido** frowning
**fuego** fire; **hacer** (*irreg.*) **fuego** to shoot
**fuente** *f.* source
**fuera** outside; out
**fuerte** strong; loud; hard
**fuerza** force; strength
**fuga** flight
**fugazmente** fleetingly
**fulguración** flash
**fulgurante** flashing
**fulminante** sudden
**fumar** to smoke
**funda** pillowcase
**fundarse** to be founded
**fúnebremente** gloomily
**futuro** future; future (*tense*)

# G

**gafas** eyeglasses
**gala: de gala** full dress (*uniform*)
**galería** balcony; gallery
**gallina** hen
**galopar** to pound; to rush
**gana** desire; longing; **darle** (*irreg.*) **la gana a alguien** + *inf.* to feel like (*doing something*); **tener** (*irreg.*) **ganas de** + *inf.* to feel like (*doing something*)
**ganadero** *adj.* cattle
**ganar** to win; to earn; to overtake; to beat, defeat; **ganarse la vida** to earn a living; **ir** (*irreg.*) **ganando** to overcome
**ganglio** ganglion
**garaje** *m.* garage
**garete** *m.* **al garete** adrift
**garganta** throat
**gastar** to spend; to exhaust
**gasto** expense
**gatillo** trigger
**gato** cat
**gema** gem
**gemelos de teatro** opera glasses
**gemir (i, i)** to groan, moan; to wail
**género** genre
**genio** genie; genius
**gente** *f.* people
**gerente** *m., f.* manager

**gesto** gesture; (facial) expression; **esbozar (c) un gesto** to gesture vaguely
**gimnasio** gymnasium
**girar** to spin, rotate; to turn
**girasol** *m.* sunflower
**giro** *n.* turn
**girón** *m.* gyration
**glacial** icy, freezing
**gloria** glory, fame
**glorificar (qu)** to glorify
**gobelino** Gobelin tapestry
**gobernar** to govern
**gobierno** government
**goce** *m.* pleasure, enjoyment
**gollete** *m.* neck (*of a bottle*)
**golosamente** greedily
**golpe** *m.* blow; collision; stroke; knock; **cerrar (ie) de golpe** to slam; **de golpe** suddenly
**golpear** to tap
**goma** rubber
**gordo** fat
**gota** drop
**gotear** to drip
**gozar (c) de** to enjoy
**grabación** recording; **sala de grabación** recording studio
**grabado** *n.* engraving; *adj.* engraved, etched; recorded
**gracia** grace; favor; *pl.* thanks
**gracioso** funny, amusing
**gradas** stairs; bleachers
**graduado** calibrated
**gran, grande** great; large
**granate** garnet, maroon
**grandor** *m.* size
**grasa** grease, fat; **bizcocho de grasa** *Argentinian biscuit*
**grasiento** grimy
**grato** pleasant
**grave** serious
**graznar** to chatter, squawk (about)
**grieta** crack
**gris** gray
**grisáceo** grayish
**gritar** to shout; to cry out
**grito** shout; cry; scream; **a gritos** at the top of one's voice
**grosero** coarse, unpolished
**grueso** thick
**guacamayo/a** Macaw (*tropical bird*)
**guapo** good-looking
**guardapolvo** *m.* dustcoat

**guardar** to keep; to store; to save; **guardar silencio** to keep silent

**guardia** *m.* guard (*person*); *f.* guard (*body of soldiers*)

**guerra** war; **guerra florida** *ritualistic Aztec war in which captives were sacrificed as offerings to dieties*

**guerrero** warrior; soldier

**guiar (guío)** to guide

**gustar** to please; **gustarle a uno** to like; **llegar (gu) a gustarle a alguien** to "grow on" someone

**gusto** taste; pleasure; **a gusto** comfortably; **a su gusto** to suit one's fancy

## H

**haber** *irreg.* (*inf. of* **hay**) to have (*auxiliary*); **haber de** + *inf.* to have to, must (*do something*); **hay** there is, there are; **hay que** + *inf.* to be necessary to (*do something*)

**hábil** skillful

**habilidad** skill

**habitación** room; bedroom

**habitante** *m., f.* inhabitant

**habitar** to live

**habitual** usual, customary; regular

**habituarse (habitúo) a** to become accustomed to

**hablar** to speak; to talk

**hacer** *irreg.* (*p.p.* **hecho**) to do; to make; **desde hace** + *period of time* for (*period of time*); **hace** + *period of time* (*period of time*) ago; **hacer mal** to do the wrong thing; **hacer a un lado a alguien** to push someone aside; **hacer una pregunta** to ask a question; **hacer calor/frío** to be hot/cold (*weather*); **hacer cola** to stand in line; **hacer fuego** to shoot; hacer mal to do the wrong thing; **hacer saber** to make (*something*) known; **hacer seña** to signal, gesture; **hacer un buche** to wet one's mouth; hacer una pregunta to ask a question; **hacerle caso a alguien** to pay attention to someone; **hacerlo todo** to do everything; **hacerse** to become; **hacerse la ilusión** to build one's hopes up

**hacia** toward; **hacia abajo** downward; **hacia adelante** forward; **hacia arriba** upward; **hacia atrás** back, in back, behind

**hacienda** farm; ranch

**halagar (gu)** to flatter

**halago** flattery

**hallar** to find; to discover

**hallazgo** discovery, finding

**hambre** *f.* hunger; **muerto** (*p.p. of* **morir**) **de hambre** starving; **tener** (*irreg.*) **hambre** to be hungry

**hambriento** hungry

**harto** *adv.* quite, very

**hasta** *adv.* even; also; *prep.* until; up to; as far as; **desde... hasta** from . . . to **hasta entonces** (up) until then; **hasta que** *conj.* until

**hastío** repugnance

**hay** (*conj. of* **haber**) there is; there are

**hazaña** heroic feat

**hebra** thread, filament

**hecho** *n.* fact; deed; event; (*p.p. of* **hacer**) *adj.* done; made; **de hecho** in fact

**helado** freezing cold

**hendidura** crack

**heredar** to inherit

**hereje** *m., f.* heretic

**herencia** heritage

**herida** wound

**hermanado: de brazos hermanados** arm in arm

**hermano/a** brother, sister; *pl.* siblings

**hermoso** beautiful

**hermosura** beauty

**héroe** *m.* hero; character

**herramienta** tool

**herrumbrar** to give the color of iron

**hervir (ie, i)** to boil

**hesperidina** hesperidin (*chemical compound*)

**hielo** ice

**hierro** iron

**hígado** liver

**higo** fig

**hijo/a** son, daughter; child; *pl.* children

**hilo:** thread

**hinchado** swollen

**hincharse** to swell

**hinchazón** *m.* swelling

**hispánico** Hispanic

**historia** history; story

**hogar** *m.* home

**hoguera** bonfire

**hoja** sheet (of paper); leaf; blade

**hojarasca** fallen leaves, dead leaves

**hollar** to tread on/upon

**hombre** *m.* man

**hombro** shoulder; **encogerse (j) de hombros** to shrug one's shoulders

**hondo** deep

**hora** hour; time; **a la hora** one time, punctually; **a última hora** at the last minute; **hora a hora** hour by hour; **irse** (*irreg.*) **las horas** to pass time; **primera hora** wee hours of the morning

**horizonte** *m.* horizon

**horripilante** horrifying

**horrorizar (c)** to horrify

**hoy** today; **hoy en día** nowadays

**hoya** ravine

**hucha** piggy bank

**hueco** hole

**huelga** strike

**huérfano/a** orphan

**hueso** bone; **ser** (*irreg.*) **de carne** *f.* **y hueso** to be human

**huésped(a)** guest; lodger

**huida** escape

**huidizo** evasive

**huir (y)** to flee, run away

**humano: ser humano** human being

**humareda** cloud of smoke

**humedad** humidity

**humedecer (zc)** to make wet

**húmedo** humid

**humilde** humble, lowly

**humillación** humiliation

**humillado** humiliated

**humo** smoke

**humor: de mal humor** in a bad mood

**hundirse** to sink; to set (*sun*)

# I

**idílico** idyllic

**idioma** *m.* language

**iglesia** church

**ignorar** to not know; to ignore

**igual** equal; the same; alike; identical; **igual que** the same as

**igualdad** equality; sameness

**iluminar** to light

**ilusorio** illusory

**ilustre** distinguished

**imagen** *f.* image

**imán: piedra imán** lodestone, magnetic stone

**impartir** to convey

**impedir** (*like* **pedir**) to prevent; to hinder, impede

**imperio** empire

**ímpetu** *m.* momentum, impetus

**impiedad** irreverent act

**implicar (qu)** to imply

**imponente** imposing, majestic

**imponer** (*like* **poner**) (*p.p.* **impuesto**) to impose

**importante** important

**importar** to matter, be important

**impreciso** vague, undefined

**impresionante** impressive

**impresionar** to impress

**imprevisible** unforeseeable, unpredictable

**improcedente** inadequate; irrelevant

**improductivo** unproductive

**impuesto** (*p.p. of* **imponer**) imposed

**impulso: a impulso de** prompted by

**inadvertido** unnoticed

**inauguración** opening

**incapaz** (*pl.* **incapaces**) incapable

**incauto** heedless, incautious

**incendiado** on fire

**incendiarse** to catch fire

**incendio** fire

**incesante** incessant, continual

**incienso** incense

**inclinarse** to lean; to bend over

**incluir (y)** to include

**incluso** even; including

**incomodar** to inconvenience; to make uncomfortable

**incómodo** uncomfortable

**inconexo** unconnected, disconnected

**inconveniente** *m.* inconvenience; **no tener** (*irreg.*) **inconveniente** not to mind

**incorporar** to incorporate; **incorporarse** to sit up

**incredulidad** disbelief

**incrédulo** incredulous, skeptical

**increíble** incredible

**incremento** increase

**indeciso** hesitant

**indefenso** defenseless

**indeseable** undesirable

**índice** *m.* index; rate

**indicio** foreshadowing

**indígena** *n., adj. m., f.* native

**indio/a** *n.* Indian; indigenous person

**individuo** *n.* individual

**indolencia** laziness; apathy

**inerte** inert, motionless

**inesperado** unexpected

**inevitable** unavoidable

**infame** infamous; disgusting

**infancia** childhood

**infantería de línea** line infantry

**infantil** *adj.* child

**infeliz** (*pl.* **infelices**) unhappy

**inferior** lower; inferior

infierno hell
ínfimo smallest; humblest
influenciar to influence
influir (y) en to influence
influjo influence
informe *m.* report
infundir to infuse, to instill
ingenioso ingenious, clever
ingenuo naïve
ingerir (ie, i) to ingest; to insert
ingle *f.* groin
inglés, inglesa *adj.* English
ingratitud ungratefulness
ingresar en to be admitted (*to an academic institution*)
inhábil inept
inhabitado uninhabited
iniciar to initiate, begin
inicio beginning
injuriar to insult
inmediación *pl.* outskirts; environs
inmediato immediate; de inmediato at once
inmobiliaria: agente *m., f.* de inmobiliaria realtor
inmóvil motionless
inmutarse to lose one's composure
innumerable countless
inquietar to worry, disturb
inquieto restless
inquietud uneasiness; restlessness
insatisfecho dissatisfied
inscribirse (*p.p.* inscrito) to register, enroll
insensible insensitive, indifferent
inservible useless
insomnio insomnia
insoportable intolerable, unbearable
insoslayable inescapable
instantáneamente instantly
instante *m.* instant; moment; a cada instante constantly
instruir (y) to instruct
integro honest, upstanding
intentar to try, attempt
interactuar (*like* actuar) to interact
intercalación insertion; interspersing
intercambio exchange
interés *m.* interest
interesarse en/por to be interested in
interior *n. m.* inside; *adj.* interior, inside
interlocutor(a) speaker
interminable endless
internado confined
interno internal
interpolar to interrupt

interrumpir to interrupt
íntimo/a *n.* close friend; *adj.* intimate; private; innermost
intrépido bold, daring
intricado intricate, complicated
introducir *irreg.* to introduce, present; introducirse to enter
intruso/a intruder
intuir (y) to sense, intuit
inundar to flood
inútil useless, futile
investigador(a) researcher
investigar (gu) to investigate; to research
invierno winter
invocar (qu) to appeal to, call upon
ir *irreg.* to go; ir + *ger.* to be (*doing something*); ir ganando to overcome; irse to leave, go away; irse las horas to pass time
ira anger
irradiar to irradiate, radiate
irreal unreal
irrealidad unreality
irrumpir to burst in
isla island
isleño *adj.* island
izquierda *n.* left (*direction*); a la izquierda on / to the left
izquierdo *adj.* left, left-hand

# J

jabón *m.* soap
jactarse de to boast about
jadeante panting
jadear to pant
jalar to pull
jamás never, (not) ever
jardín *m.* garden
jardinero/a gardener
jardinera small, open carriage
jaula cage
jefe/a boss; leader
jícara *cup with handle used in washing clothes*
jinete *m.* horseman, rider
joven *n. m., f.* youth, young person; *adj.* young
joya jewel
joyería jewelry store
joyero/a jeweler
juanete *m.* bunion
júbilo joy
judeocristiano Judeo-Christian
judío/a *n.* Jew; *adj.* Jewish

**juego** game
**jugar (ue) (gu)** to play
**jueves** *m. sing., pl.* Thursday
**juicio** sanity
**julio** July; **juntarse** to meet; get together
**junto** *adj. pl.* together; *adv.* together; at the same time; **junto a** near, next to; **junto con** along with; together with
**juramento** oath; curse
**jurar** to swear
**justamente** exactly, precisely
**justicia** justice
**justicieramente** justly, fairly
**justificar (qu)** to justify
**justo** *adj.* just, fair; precise; *adv.* precisely, just
**juventud** youth

## K

**kerosén** *m.* kerosene
**kilómetro** kilometer

## L

**laberíntico** labyrinthine
**laberinto** labyrinth, maze
**labio** lip
**labor** *m.* task, job
**laboral** *pertaining to work or labor*
**laborioso** arduous, laborious
**labrado** carved; detailed
**labrador(a)** farm worker
**labrar** to fill, cultivate
**lado** side; **al lado de** next to; **al otro lado** on the other side; **de al lado** next-door, adjacent; **hacer** (*irreg.*) **a un lado a alguien** to push someone aside; **por otro lado** on the other hand
**ladrar** to bark
**ladrido** bark, barking
**ladrillo** brick
**ladrón, ladrona** thief
**lagarto** lizard
**lago** lake
**lágrima** tear
**laguna** small lake, lagoon
**laja** stone slab, flagstone
**lamentable** regrettable
**lamentarse** to mourn
**lamento** moan, wail
**lamer** to lick
**lámina** sheet, plate
**lámpara** lamp
**lana** wool
**lanceado** speared

**lancha** boat
**lanzar (c)** to throw; to let loose; **lanzarse** to throw, thrust oneself
**lápida** gravestone
**largo** long; lengthy; **a la larga** in the end; **a lo largo de** along; throughout; **pasar de largo** to go right past
**lástima** shame; pity; **darle** (*irreg.*) **lástima a alguien** to make somebody feel sorry; **tener** (*irreg.*) **lástima** to feel sorry
**lastimado** hurt, injured
**latifundio** large landed estate
**latifundista** *m., f.* rich landowner
**latigazo** lash
**látigo** whip
**latir** to beat, pulse
**lavadero** *large stone used for washing clothes*
**lavandero/a** person who washes clothes
**lavandería** laundromat
**lavar** to wash
**lealtad** loyalty
**lección** lesson
**lechero** *adj.* milk
**lector(a)** reader
**lectura** *n.* reading
**leer (y)** to read
**legado** *n.* legacy
**legua** league (*distance*)
**legumbre** *m.* vegetable
**lejano** *adj.* far-off, distant
**lejos (de)** far, far away (from); **a lo lejos** in the distance
**lengua** language; tongue
**lenguaje** *m.* language (*literary*)
**lento** slow
**lepra** leprosy
**letra** handwriting; *pl.* arts
**levantar** to raise, lift; **levantarse** to get up; to rise; **levantarse de un salto** to jump up
**leve** light; gentle
**léxico** vocabulary
**ley** *f.* law
**leyenda** legend
**liberarse** to become free
**libertad** freedom, liberty; **poner** (*irreg.*) **en libertad** to free, release
**libre** free
**librería** bookstore
**libro** book
**licenciado/a** lawyer; university graduate
**licenciar** to discharge
**lícito** lawful; right, just
**líder** *m., f.* leader

**lienzo** linen
**ligadura** tourniquet
**ligarse (gu)** to bind, tie off; **ligarse (algo) encima** to fall underneath (*something*)
**ligero** light; slight
**lila** *m., f. adj.* lilac
**limitar** to limit; to border
**límite** *m.* limit
**limpiar** to clean
**limpieza** cleaning; cleanliness
**limpio** clean
**linaje** *m.* lineage, ancestry
**línea** line; **infantería de línea** line infantry
**lis: flor** (*f.*) **de lis** iris; fleur-de-lis
**listo: estar** (*irreg.*) **listo** to be ready; prepared
**liviano** light
**lívido** pale
**llama** flame
**llamador** *m.* door knocker; doorbell
**llamar** to call; to name; **llamar la atención a** to draw attention to; **llamarse** to be named
**llano** plain, prairie
**llanto** cry, sob; crying, sobbing
**llanura** plain, prairie
**llave** *f.* key
**llegada** arrival
**llegar (gu)** to arrive; to reach; to get; **llegar a** + *inf.* to manage / get to (*do something*); **llegar a gustarle a alguien** to "grow on" someone; **llegar a ser** to become; **llegar a su colmo** to reach a peak
**llenar** to fill
**lleno** full, filled
**llevar** to carry; to wear; to take; to lead (to / away); **dejarse llevar** to let oneself be carried away; **llevar** + *period of time* to take, spend (*time*); **llevar encima** to carry (*something*) with one; **llevarse a** to take, carry away; **llevarse bien** to get along (well)
**llorar** to cry; **echarse a llorar** to begin to cry; to burst into tears; **llorar de risa** to laugh so hard one cries
**llover (ue)** to rain
**lluvia** rain
**local** *m.* premises
**localizar (c)** to locate
**loco/a** *n.* crazy person; *adj.* crazy; **estar** (*irreg.*) **loco** to be insane
**locura** madness, insanity
**locutor(a)** announcer; speaker
**lodo** mud

**lograr** to achieve; to attain; **lograr** + *inf.* to manage to, succeed in (*doing something*)
**lomo: caer** (*irreg.*) **de lomo** to fall on one's back
**lona** canvas
**losange** *m.* diamond-shaped pane
**loza** crockery
**lucha** struggle, fight
**luchar** to struggle, fight
**lucidez** *f.* clarity
**lucir (zc)** to show
**luego** then; next; later; soon; at once; **desde luego** of course, naturally; immediately; **luego de** after
**lugar** *m.* place; **fuera de lugar** out of place; **tener** (*irreg.*) **lugar** to take place
**lúgubre** dismal, gloomy
**lujo** luxury
**lujoso** luxurious
**luminoso** bright
**luna** moon; **luna menguante** waning moon
**lustre** *m.* shine
**lustro** five-year period
**lustroso** shiny; slippery
**luz** *f.* (*pl.* **luces**) light; **media luz** half light; **mesa de luz** nightstand; **prender la luz** to turn on the light; **primera luz** dawn, first light of day

# M

**machista** *adj. m., f.* macho
**macizo** solid, strong
**madeja** skein, hank
**madera** wood
**madre** *f.* mother
**Madrid** Madrid
**madrugada** dawn
**maestría** mastery; master's degree
**maestro/a** teacher; master; **obra maestra** masterpiece
**magia** *n.* magic
**mágico** magical
**magnificar (qu)** to magnify
**magnífico** magnificent
**mago/a** magician; wise man, woman
**maíz** *m.* corn
**majestad** majesty
**mal** *n.* bad; evil; *adv.* badly; poorly
**mal; malo** *adj.* bad; ill; **de mal humor** in a bad mood; **de malos modos** rudely
**maldito** accursed; awful
**malentendido** misunderstood
**malestar** *m.* uneasiness; malaise
**malgastar** to squander, waste

**malignidad** intense ill will

**malvo** mauve-colored

**mamá** mom; mother; **mamá grande** grandmother

**manantial** *m.* spring (*of water*)

**manar** to flow, run

**mancebo** youth; bachelor

**mancha** stain, spot; **La Mancha** region of Spain

**manchar** to stain

**mandadero/a** messenger

**mandar** to send; to order; **mandar a paseo** to send packing

**mandíbula** jaw

**manejar** to handle; to manage, control; to drive

**manejo** routine; trick

**manera** way, manner; **de alguna manera** somehow; **de manera que** *conj.* so that, in such a way that; **de todas maneras** anyway

**mango** handle

**manicomio** (insane) asylum

**manifestar (ie)** to show

**mano** *f.* hand; **dar** (*irreg.*) **la mano** to shake hands; **echar mano de** to get hold of; **tender (ie) una mano** to hold out one's hand; **tomar de la mano** to take by the hand

**manso** gentle; tame

**mantel** *m.* tablecloth

**mantener** (*like* **tener**) to maintain, keep

**manzana** (city) block (*Sp.*)

**mañana** morning; tomorrow; **pasado mañana** day after tomorrow

**mañanita** bed jacket

**mapa** *m.* map

**máquina** machine; vehicle; **máquina de costado / de coser** sewing machine

**mar** *m.* sea; **en alta mar** on the high seas; **buey** *m.* **de mar** sea cow

**maravillar** to amaze, astound

**marcado** marked; noticeable

**marcha: disminuir (y) la marcha** to slow down; **emprender la marcha** to drive off; **poner** (*irreg.*) **en marchar** to start (*engine*)

**marco** setting

**mareado** nauseated; dizzy

**marido** husband

**marinero** sailor

**marino** *adj.* sea; **relato marino** sea story

**marisma** salt marsh

**mármol** *m.* marble

**martes** *m. sing., pl.* Tuesday

**mártir** *n. m., f.* martyr

**marzo** March

**más** more; most; longer; **cada vez más** more and more, increasingly; **cuanto más** even more so; **más allá** further; **más allá de** beyond; **más bien** (but) rather; **más de la cuenta** more than one should; **nada más** nothing else; just, only; **no tener** (*irreg.*) **más remedio** to have no other choice; **una vez más** once again

**masa** mass (*of people*)

**masticar (qu)** to chew

**matar** to kill

**mate** *m. type of tea;* **yerba mate** *same as* **mate**

**materia** material; substance

**matinal** for or pertaining to morning

**matiz** *f.* (*pl.* **matices**) nuance

**matorral** *m.* underbrush

**matrimonio** marriage, married couple

**mayo** may

**mayólica** *a type of statue from Mallorca*

**mayor** *n. m., f.* adult; *adj.* older, oldest; greater, greatest; larger, largest; **en su mayor parte** for the most part; **palo mayor** mainmast

**mayordomo** steward; foreman

**mayoría** majority

**mayoritario** pertaining to the majority

**mazmorra** underground dungeon

**mechón** *m.* lock of hair

**mecerse (z)** to rock

**medalla** medal

**medianoche** *f.* midnight

**medias** *pl.* stockings

**médico/a** *n.* doctor; *adj.* medical

**medida** measure, measurement; **a medida que** as, at the same time as

**medio** *n.* method, way; middle; **medio ambiente** environment; *adj.* half; middle; mid; **a media luz** in the half light; **de medio lado** sideways; **Edad Media** Middle Ages; **en medio de** in the middle of; **medio alegre** half drunk; **por medio de** by means of; **y medio/a** and a half; half past (*time of day*)

**mediodía** *m.* noon, midday

**medusa** jellyfish

**mejilla** cheek

**mejor** better; best; **a lo mejor** perhaps; **cada vez mejor** better and better

**mejoría** improvement

**memoria: venir** (*irreg.*) **a la memoria** to come to mind

**mendigo/a** beggar

**menesteros;** needy

**menguante: luna menguante** waning moon

**menor** *n. m., f.* minor; *adj.* younger, youngest; lesser; least

**menos** *adv.* less; least; fewer; fewest; **al / por lo menos** at least; *prep.* except; minus

**mensajero/a** messenger

**mente** *f.* mind; **tener** (*irreg.*) **en mente** to keep in mind

**mentir (ie, i)** to lie

**mentira** lie

**mentón** *m.* chin

**menudo** small; **a menudo** often

**mercante** *adj.* merchant

**mercantil** commercial, mercantile

**merced** *f.* favor

**mercería** dry-goods store

**merecer (zc)** to deserve

**merodear** to prowl

**mes** *m.* month

**mesa** table; **mesa de luz / de noche** nightstand; **poner** (*irreg.*) **la mesa** to set the table

**metáfora** metaphor

**meter** to put; to put in; to insert; **meterse** to go into; **meterse en la cabeza** to get into one's head

**metódico** methodical

**método** method

**metro** meter

**México** Mexico

**mezcla** *n.* mix

**mezclar** to mix

**mezquino** poor, needy

**miedo** fear; **muerto** (*p.p. of morir*) **de miedo** scared to death; **tener** (*irreg.*) **miedo** to be afraid

**miel** *f.* honey

**miembro** member

**mientras** while; **mientras que** *conj.* while; **mientras tanto** meanwhile

**miércoles** *m. sing., pl.* Wednesday; **de miércoles** worthless

**mierda** shit

**miga** crumb, soft part of bread; **bolita de miga** wad of bread

**milagro** miracle

**militar** *adj.* military

**milla** mile

**ministerio** government office building

**minoritario** *adj.* minority

**minucioso** meticulous, thorough, detailed

**miope** near-sighted

**miopía** near-sightedness

**mirada** gaze; look; expression

**mirar** to look (at); to watch; to observe; *int.* look here

**mirlo** blackbird

**misa** religious mass

**miseria** poverty; misery

**misericordia** mercy, compassion; **por la misericordia de Dios** by the grace of God

**misionero/a** missionary

**mismo** *adj.* same; myself; yourself; him/ herself; itself; ourselves; yourselves; themselves; **ahora mismo** *adv.* right now; **por ello mismo** *conj.* for that very reason

**misterio** mystery

**misterioso** mysterious

**mitad** *n.* half; middle; center

**mítico** mythical

**modelar** to shape, form

**modismo** idiom

**modo** way, manner; **de algún modo** somehow; **de malos modos** rudely; **de modo que** *conj.* so that; **de ningún modo** not in any way

**modorra** drowsiness

**mohoso** rusty

**mojado** wet

**mojarse** to get wet

**moler** *coll.* to beat up

**molestar** to bother, annoy

**molestia: tomarse la molestia** to bother, go to the trouble

**molesto** annoying, bothersome

**molido** *coll.* beaten to a pulp

**momento** moment; time; point (in time); **en todo momento** at all times; **por momentos** continuously

**monja** nun

**monstruoso** monstrous

**montaña** mountain

**montaje** *m.* setting (*of a jewel*)

**montar** to get in / on; to ride; to set (*a jewel*)

**monte** *m.* mountain

**montón** *n. m.* a lot; pile

**moraleja** *n.* moral

**morboso** unhealthy, sick; morbid

**morcilla** sausage

**mordedura** bite

**morder (ue)** to bite

**moreno** brown

**morir(se) (ue)** (*p.p.* **muerto**) to die

**mortificado** mortified

**mosca** fly

**mostrador** *m.* counter, display case (*in a store*)

**mostrar (ue)** to show; **mostrarse** to prove to be

**moteca** *m., f.* Moteca (*adversary of the Aztecs*)

**motivo** purpose; motive

**moto(cicleta)** motorcycle

**mover(se) (ue)** to move

**móvil** mobile

**movimiento** movement; motion

**mozo/a** young person

**muchacho/a** boy, girl

**muchachón, muchachona** large, coarse young person

**mucho** *adj.* much; a lot of; *pl.* many; *adv.* a lot, much; very much; *pl.* many

**mudanza** move (*change of residence*)

**mudarse** to move (*from one residence to another*)

**mudo** silent, mute

**muebles** *m. pl.* furniture

**muerte** *f.* death

**muerto** *n.* dead person; (*p.p. of* **morir**) *adj.* dead; **muerto de miedo** scared to death

**mujer** *f.* woman; wife

**multifacético** multifaceted

**mundial** *adj.* world

**mundo** world; **por nada del mundo** for nothing in the world

**municipal: biblioteca municipal** public library

**muñeca** wrist

**muralla** wall

**murciélago** bat (*animal*)

**murmurar** to murmur, whisper

**muro** wall

**museo** museum

**musitar** to mumble; to whisper

**muslo** thigh

**mutuo** mutual

**muy** very; **la Muy Alta** the Most High (*goddess*)

# N

**nacer (zc)** to be born; to originate, start

**nada** *n.* nothing; nothingness; **nada más** nothing else; only, just; **por nada del mundo** for nothing in the world; *adv.* not at all

**nadie** no one; not anyone

**nariz** *f.* (*pl.* **narices**) nose; nostril; **sonarse la nariz** to blow one's nose

**narrador (a)** narrator

**narrar** to narrate

**natal** native

**natural** natural; normal

**naturaleza** nature

**naufragio** shipwreck

**nave** *f.* ship, vessel

**navegar (gu)** to navigate

**necesario** necessary

**necesidad** need; necessity

**necesitar** to need

**negar (ie) (gu)** to deny; to refuse; **negarse a** + *inf.* to refuse to (*do something*)

**negocio** business

**negro** black; **pozo negro** cesspool, cesspit

**nervios: crisis** *f.* **de nervios** nervous breakdown

**ni** neither; nor, or; not even; **ni... ni** neither . . . nor; **ni siquiera** not even

**nicho** niche

**nieto/a** grandson, granddaughter; *pl.* grandchildren

**nieve** *f.* snow

**ningún, ninguno/a** *pron.* not any; no one; *adj.* no; not any; none, not one, neither

**niñez** *f.* childhood

**niño/a** child; **de niño** as a child

**nivel** *m.* level

**no obstante** nevertheless; **no poco** more than a little; **ya no** no longer

**noche** *f.* night; **de noche** at night; **de / por la noche** in the evening; at night; **mesa de noche** nightstand; **noche a tras noche** night after night

**nombrar** to name

**nombre** *m.* name; first name; **nombre propio** proper noun

**noreste** *m.* northeast

**norma** norm, standard; rule

**noroeste** *m.* northwest

**norte** *m.* north

**norteamericano** *adj.* (North) American

**nota** note; **bloc** (*m.*) **de notas** writing pad; **tomar nota** to jot down

**notar** to note, notice; to point out

**noticia** piece of news; information; *pl.* news

**novedad** change; innovation, new thing

**novelesco** fictional

novelista *m., f.* novelist
novio/a boyfriend, girlfriend; groom, bride; fiancé; *pl.* newlyweds; sweethearts
nube *f.* cloud
nuca nape
nuevamente again
nuevo new; de nuevo again
número number
numeroso numerous
nunca never; not ever; nunca más never again
nutrir to nourish, feed

# O

o or
obispado bishopric
obispo bishop
objetar to object, argue
objeto object
obligar (gu) to force; obligarse to bind oneself (*to do something*)
obra work; labor; work of art; obra maestra masterpiece
obraje *m.* workshop
obrar to work; obrar bien to do good works
obrero/a worker, laborer
obsequiar to give
obstante: no obstante nevertheless
obstar to be opposed to
obstinación stubbornness
obstinadamente stubbornly
obtener (*like* tener) to obtain
obvio obvious
occidental western
océano ocean
ocioso idle, lazy
ocultar to hide
oculto hidden
ocupar to occupy
ocurrir to occur; to happen
odiar to hate
odio hate, hatred
oeste *m.* west
oferta offer
oficina office
ofrecer (zc) to offer
oído ear; prestar oído to listen
oír *irreg.* to hear; oír decir to hear (*something*) said
ojeada glance; echar una ojeada a to glance at
ojo eye

ola wave
oleaje *m.* surf, breaking waves
oler (hue) to smell; oler a to smell like
oligarquía oligarchy
olla pot; kettle
olmo elm
olor *m.* smell
olvidar(se) to forget
olvido forgetfulness; oblivion
onda wave
onírico pertaining to dreams
opaco gloomy; dull
opalino iridescent
operación operation; sala de operaciones operating room
operarse to be operated on
opinar to think; to express an opinion
oponerse (*like* poner) (*p.p.* opuesto) a to oppose; to resist
oprobio shame, disgrace
optar to choose; optar por + *inf.* to decide in favor of (*something*)
opuesto (*p.p. of* oponer) opposed; opposite
oración sentence; prayer
orbe *m.* globe
orden *m.* order
ordenado tidy, orderly
ordenar to arrange, put in order; to command, order
oreja (outer) ear
orgullo pride
orgulloso proud
orificio hole, opening
origen *m.* origin
orilla (river) bank
oro gold
oscurecer (zc) to get dark; oscurecerse to turn dark
oscuridad darkness; en plena oscuridad in total darkness
oscuro dark
ostentoso ostentatious
otoñal *adj.* autumn, autumnal
otoño autumn
otorgado awarded
otredad otherness
otro/a *pron.* other (one); another (one); *adj.* other; another; al otro día the next day; al otro lado on the other side; otra vez again; por otro lado on the other hand; una y otra vez over and over

**ovillo** ball (of wool, silk, etc.)
**oyente** *m., f.* listener

## P

**pabellón** *m.* pavilion
**pábulo** food; *fig.* support
**pacotilla** *goods carried by sailors and officers free of freight charges*
**padecer (zc)** to suffer
**padre** *m.* father; priest; *pl.* parents; priests
**pagar (gu)** to pay (for)
**página** page
**pago** payment
**país** *m.* country
**paisaje** *m.* landscape
**pájaro** bird
**pajizo: tejado pajizo** thatched roof
**pala** oar
**palabra** word; promise; **palabra a palabra** word by word
**palacio** palace
**paladear** to savor, taste
**palear** to shovel; to paddle (*a boat*)
**palenque** *m.* hitching post
**palidecer (fc)** to turn plae:
**palidez** *f.* pallor, paleness
**pálido** pale
**palmear** to pat
**palo** stick; pole; mast; **palo mayor** mainmast
**palpar** to feel, touch, grope
**palpitar** to beat, throb
**palúdico** malarial; swampy
**pampa** *n.* plain
**pan** *m.* bread
**pánico** *n.* panic; *adj.* panicky
**pantalla** screen
**pantalón** *m. sing., pl.* pants
**pantano** swamp, marsh
**pantanoso** *adj.* swamp; swampy
**pantorrilla** calf (*of the leg*)
**pantufla** slipper
**pañoleta** neckerchief
**pañuelo** handkerchief
**papá** *m.* father; dad; **papá grande** grandfather
**Papa** *n.* Pope
**papa** potato
**papagayo** parrot
**papel** *m.* paper; role; **papel de estaño/plata** tinfoil
**papeleta** difficult matter, issue
**paquete** *m.* packet boat

**par** *m.* pair; **a la par** at the same time
**para** *prep.* for; in order to; towards; to; **como para** so as to; **para adentro** turned inward; **para cuando** when; **para que** *conj.* so that; **para siempre** forever
**parado** standing (up)
**paradoja** paradox
**paraguas** *m. sing., pl.* umbrella
**paraguayo** *adj.* Paraguayan
**parapetarse** to cover oneself, hide
**pararse** to stop; to stand up
**parecer (zc)** to seem; to appear; to look like; **al parecer** apparently; **parecerse** to resemble, look like
**parecido** *n.* likeness, resemblance; *adj.* similar, alike
**pared** *f.* wall
**pareja** couple; pair
**paria** *m., f.* outcast, pariah
**pariente** *m., f.* relative
**parpadear** to blink
**párpado** eyelid
**parque** *m.* park
**párrafo** paragraph
**parroquiano/a** customer
**parte** *f.* part; **de todas partes** from everywhere; **en su mayor parte** for the most part; **formar parte** to make up; **por parte de** + *person* on the *person's* side; **por su parte** as far as he / she is / was concerned; **por todas partes** everywhere
**particular** particular; special; private
**partida: al punto de partida** at the outset
**partido** *n.* (political) party; *adj.* split; cut
**partir: a partir de** as of (*this moment, that date*)
**pasadizo** passage, corridor
**pasado** *n., adj.* past
**pasajero/a** passenger
**pasar** to happen; to spend (*time*); to pass; to go by; to cross, go through; to elapse; to move, take; **pasar de** to go beyond; **pasar de largo** to go right past; **pasar por** to go past; to stop by
**pasear** to go for a walk, ride; **pasearse** to take it easy, laze around
**paseo** walk; ride; avenue; mall; **dar** (*irreg.*) **un paseo** to go for a walk, ride; **mandar a paseo** to send packing
**pasillo** passage; corridor, hall
**pasividad** passiveness

**paso** step; **abrirse** (*p.p.* **abierto**) **paso** to make headway; **dar** (*irreg.*) **paso a** to give way to; **dar** (*irreg.*) **un paso** to take a step
**pasta: sopa de pasta** noodle soup
**pasto** grass
**pastor(a)** shepherd, shepherdess
**patear** to kick
**patria** country, native land
**patriarca** *m.* patriarch
**patrón, patrona** employer, boss; owner
**pavimento** pavement
**pavita del mate** tea kettle
**paz** *f.* (*pl.* **paces**) peace
**pecar (qu)** to sin
**pecho** chest; **de pecho** face down
**pedazo** piece
**pedir (i, i)** to ask for; to request; to order (*food*); **pedir excusas** to apologize
**pedregoso** stony, rocky
**pegado** stuck
**pegajoso** sticky
**pegar(se) (gu) un tiro** to shoot (oneself)
**peinar** to comb; to fix (*hair*)
**pelaje** *m.* fur
**peldaño** front step
**pelea** fight
**pelear** to fight
**película** movie
**peligrar** to put in danger
**peligro** danger
**peligroso** dangerous
**pelo** hair; **pelo suelto** (*p.p. of* **soltar**) hair worn down
**pena** sorrow, grief; remorse
**pender** to hang
**pendiente** *f.* slope
**penoso** laborious; distressing
**pensamiento** thought
**pensar (ie)** to think; to consider; to believe; **pensar** + *inf.* to plan to (*do something*); **pensar en** to think about
**pensativo** pensive
**pensión: compañero/a de pensión** roommate
**penúltimo** next-to-last
**penumbra** semidarkness; shade
**peón** *m.* laborer, worker; **péon de chacra** farmhand
**peor** worse; worst
**pequeño** small, little
**percibir** to perceive
**perder (ie)** to lose; to waste (*time*); **perderse** to get lost

**perdido** lost
**perdiz** *f.* (*pl.* **perdices**) partridge
**perdurar** to persist
**peregrino/a** pilgrim
**perejil** *m.* parsley
**perfumado** fragrant
**periódico** newspaper
**periodismo** journalism
**periodista** *m., f.* journalist
**permanecer (zc)** to remain
**permear** permeate
**permitir** to allow, permit
**perno** hinge
**pero** but
**perpetuar (perpetúo)** to perpetuate
**perplejidad** perplexity, confusion
**perplejo** perplexed, confused
**perro/a** dog
**perseguidor(a)** persecutor
**perseguir (i, i) (g)** to pursue
**persistir** to continue; to persist
**persona** person
**personaje** *m.* character (*in a story*)
**personal** personal
**personalidad** personality
**pertenecer (zc)** to belong
**peruano** *adj.* Peruvian
**pesa** weight
**pesadilla** nightmare
**pesado** heavy
**pesar** to weigh; **a pesar de** in spite of
**pescado** fish
**pescador/a** fisherman, fisherwoman
**pésimo** dreadful
**peso** weight; peso (*unit of currency*)
**pez** *m.* (*pl.* **peces**) fish
**petaca** cigarette case
**picada** path; trail
**picana eléctrica** picana (*method of electric torture*)
**pícaro** roguish
**picotear** to peck
**pie** *m.* foot; **a pie** on foot; **al pie de** at the foot of; **de pie** standing; **ponerse** (*irreg.*) **de pie** to stand up
**piedra** stone; **piedra imán** lodestone, magnetic stone
**piel** *f.* skin
**pierna** leg
**pieza** room
**pileta** swimming pool
**piltrafa** rag
**pintar** to paint
**pintor(a)** artist, painter

**pintura** painting; paint
**pinzas** *pl.* tweeters
**pipa** pipe
**piramide** *f.* pyramid
**pisar** to step (on)
**piso** floor; apartment (*Sp.*)
**pista** hint
**placa** (photographic) plate
**placer** *m.* pleasure
**planeamiento** planning
**planear** to plan
**planeta** *m.* planet
**plantado** sole (*of a shoe*)
**plantear** to raise, pose (*a question*)
**plata** silver; money; **papel** (*m.*) **de plata** tinfoil
**plateado** silver-plated
**plato** plate, dish
**playa** beach
**plaza: coche** (*m.*) **de plaza** taxi
**plazo** period (*of time*)
**plegaria** prayer
**pleno** full, complete; **en plena oscuridad** in total darkness; **en pleno +** *n.* in the middle of
**pletórico** excessive
**pluma** feather
**plumero** feather duster
**población** population
**poblar** (**ue**) to populate
**pobre** *n. m., f.* poor person; *adj.* poor
**pobreza** poverty
**poco** *n.* a little bit; a short while; *adj.* little; not much; few; not many; *adv.* little; **a los pocos días** in a few days; **poco a poco** little by little; **poco después** shortly thereafter
**poder** *irreg.* to be able; can; may; *n. m.* power
**poderoso** powerful
**poema** *m.* poem; **poema épico** epic poem
**poesía** poetry
**polaco** *adj.* Polish
**polea** pulley
**policía** *m.* policeman; *f.* police
**policial** *adj.* police
**político** political
**polvo** dust; **sacar** (**qu**) **el polvo** to dust
**poner** *irreg.* (*p.p.* **puesto**) to put, place; **powner al tanto** to inform; **poner énfasis** *m.* to emphasize; **poner en libertad** to set free, release; **poner en marcha** to start (*an engine*); **poner la mesa** to set the table; **ponerse** to put on; to set

(sun); to place oneself; **ponerse +** *adj.* to become + (*adj.*); **ponerse a +** *inf.* to start (*to do something*); **ponerse de pie** to stand up; **ponerse en contacto** to put (oneself) in touch; **ponerse feo** to get serious, nasty
**poniente** *m.* west
**popa** poop, stern
**por** for; by; through; by way of; by means of; because of; **por ahí** around there; **por ahora** for the time being; **por aquí** around here; **por casualidad** by chance; **por completo** completely; **por delante** in front, ahead; **por ejemplo** for example; **por ello mismo** for that very reason; **por encima de** above, over; **por favor** please; **por fin** finally; **por eso** for that reason; **por la mañana** in the morning; **por lo menos** at least; **por lo tanto** therefore; **por lo visto** (*p.p. of* **ver**) apparently; **por medio de** by means of; **por momentos** continually; **por mucho tiempo** for a long time; **por nada del mundo** for nothing in the world; **por otro lado** on the other hand; **por parte de +** *person* on the *person's* side; **¿por qué?** why?; **por su cuenta** on one's own account; **por su parte** as far as he / she is / was concerned; **por suerte** luckily; **por supuesto** of course; **por todas partes** everywhere; **por ventura** by chance
**porfiado** persistent; stubborn
**pormenor** *m.* detail
**poroso** porous
**porque** *conj.* because
**por qué** *n. m.* why; whys and wherefores
**porquería** worthless thing; dirt, filth
**portador(a)** bearer, carrier
**portarse** to behave
**porteño/a** *person from Buenos Aires; adj.* port; *pertaining to Buenos Aires*
**portero/a** porter
**portugués, porfuguesa** *adj.* Portuguese
**porvenir** *m.* future
**posar** to rest
**poseer** (**y**) to possess, own; to hold
**posfranquista** *adj.* post-Franco
**posición** position; location; **hombre** *m.* **de posición** high official
**postergación** postponement
**postergar** (**gu**) to postpone; to hold back (*a promotion*)
**posterior** later, subsequent
**postura** position

**potencia** power
**potro** colt, foal
**pozo** well; pit; **pozo negro** cesspool, cesspit
**precipitarse** to rush headlong
**preciso** exact, precise
**predecir** (*like* **decir**) (*p.p.* **predicho**) to predict
**preferir (ie, i)** to prefer
**prefiguración** foreshadowing
**prefigurar** to foreshadow
**pregonar** to proclaim
**pregunta** question; **hacer** (*irreg.*) **una pregunta** to ask a question
**preguntar** to ask (*a question*); **preguntarse** to wonder
**preludio** prelude
**premio** award, prize
**prendedor** *m.* brooch, pin
**prender** to grasp, seize; to light **prender la luz** to turn on the light
**prendido** lit, turned on
**prensa** press
**preocupación** concern, worry
**preocupado** worried
**preocuparse** to worry
**presagio** foreboding
**presentar** to present; to introduce (*one person to another*)
**presentir** (*like* **sentir**) to have a permonition
**presión** pressure
**prestado: tomar prestado** to borrow
**prestar** to lend; to pay (*attention*) **prestar oído** to listen
**presuroso** *adj.* in a hurry
**pretender** to attempt, try; to aspire to
**pretendiente** *m., f.* suitor
**prevenir** (*like* **venir**) to prevent
**prever** (*like* **ver**) (*p.p.* **previsto**) to foresee
**previsión** foresight
**primavera** spring (*season*)
**primer, primero** first; **a primera vista** at first glance; **primera luz** first light; dawn; **primera hora** wee hours of the morning
**primeramente** primarily
**primo/a** cousin
**principal** main
**príncipe** *m.* prince
**principio** *n.* beginning; **a principios de** at the beginning of; **al principio** at first; in the beginning
**prisa** haste
**prisionero/a** prisoner

**privación** deprivation
**privilegiado** privileged
**privilegio** privilege
**proa** prow; **en proa** on deck
**probar (ue)** to test; to taste
**problema** *m.* problem
**procedente de** *adj.* coming from
**proceder** *v.* to proceed; *n. m.* behavior, conduct
**procrear** to procreate
**procurar** to try, endeavor
**pródigo** prodigal; extravagant
**producir** (*irreg.*) to produce; to cause, bring about; **producirse** to take place, happen
**profanar** to desecrate
**profundizar (c)** to look deeply
**prolífico**
**profundo** deep, profound
**profuso** profuse, plentiful
**prohibido** forbidden
**prolífico** prolific
**prolongar (gu)** to prolong, extend
**promesa** promise
**prometer** to promise
**promontorio** headland; promontory
**pronto** soon; **al pronto** at first; **de pronto** suddenly; **tan pronto como** as soon as
**pronunciar** to pronounce; to say
**propicio** suitable
**propietario/a** landlord
**propio** (one's) own; proper; suitable; **nombre** (*m.*) **propio** proper noun
**proponer** (*like* **poner**) (*p.p.* **propuesto**) to propose
**propósito** purpose; **a propósito** on purpose
**proseguir** (*like* **seguir**) to proceed, continue
**prosternarse** to prostrate oneself, throw oneself down on one's knees
**proteger (j)** to protect
**próximo** near; nearby; next
**proyección** projection
**proyecto** project
**prueba** proof; test
**psíquico** psychic
**psiquis** *f.* psyche
**publicar (qu)** to publish
**pudor** *m.* modesty; shyness
**pueblo** town; people
**puente** *m.* bridge
**puerro** leek
**puerta** door

**puerto** port
**pues** *int.* well
**puesto** (*p.p. of* **poner**) put; placed; on; *n.* stall (*in a market*)
**pulido** polished
**pulmón** *m.* lung
**pulmonar** pulmonary
**pulsera** bracelet; **reloj** (*m.*) **pulsera** wrist watch
**puntada** stabbing pain, stitch
**puntapié** (*m.*) kick; **dar** (*irreg.*) **un puntapié** to kick
**puntito** puncture wound
**punto** point; dot; **estar** (*irreg.*) **a punto de** + *inf.* to be about to (*do something*); **al punto de partida** at the outset; **punto de vista** point of view; **puntos suspensivos** ellipses
**puntual** punctual
**puntualidad: con puntualidad** on time
**punzada** stab, shooting pain
**punzo** bright red
**puñal** *m.* dagger; knife
**puño** fist
**pureza** purity
**purificarse** (**qu**) to become purified, cleansed
**puro** pure

## Q

**que** who, whom; that; which; what
**qué** what; which
**quebrar** (**ie**) to break
**quedar(se)** to stay; to remain; to be left; to be; to be situated; to fit; **quedar a bordo** to remain on board; **quedar varado** to run aground; **quedarse con** to keep; to take
**quedo** *adv.* softly, quietly
**queja** complaint
**quejarse** to complain
**quejido** moan; lament
**quejumbroso** complaining, whining
**quemadura** burn
**quemante** burning
**quemar(se)** to burn
**querer** *irreg.* to want; to love; **querer decir** to mean; **sin querer** unintentionally
**querido** dear
**quevedos** *pl.* pince-nez
**quicio** doorpost
**quien** who, whom
**quieto** still, calm
**quinta** farm house

**quinto** fifth
**quitar** to remove; to take away; to take off; **quitarse** to take off (*clothes*); to leave
**quizá(s)** perhaps, maybe

## R

**rabia: dar** (*irreg.*) **rabia** to make angry
**rabioso** furious, angry
**racha** streak, run (*of luck*)
**radicarse** (**qu**) to settle
**radio** *f.* radio; broadcasting (*medium*); **sala de radio** x-ray room
**radiografía** x-ray
**ráfaga** gust of wind
**raíz** *f.* (*pl.* **raíces**) root; **agente** *m., f.* **de fienes raíces** realtor
**ralo** thin
**rama** branch
**rapidez** *f.* speed; **con rapidez** quickly
**rápido** fast
**raro** rare; strange; **raras veces** seldom
**rasgar** (**gu**) to tear
**rasgo** trait, characteristic
**rasguño** scratch
**raso: cielo raso** ceiling
**raspar** to scrape
**rastro** trace, sign; track
**rato** while; short time; **a ratos** at times; **al rato** in / after a while; **un buen rato** a good while
**raya** stripe
**rayo** thunderbolt
**rayuela** hopscotch
**razón** *f.* reason; **tener** (*irreg.*) **razón** to be right
**razonable** reasonable
**razonar** to reason
**reaccionar** to react
**real** real; royal
**realizar** (**c**) to carry out, do
**reaundar** to resume, take up again
**rebaño** flock
**rebelarse** to rebel
**rebotar** to bounce, rebound
**recámara** bedroom
**recapitular** to summarize
**recargar** (**gu**) **en** to lean against
**receloso** suspicious
**rechazar** (**c**) to reject, refuse
**rechazo** rejection
**recibidor(a)** recipient
**recibir** to receive
**recién** *adv.* recently, newly; **recién casado/a** newlywed

**reciente** recent
**recinto** enclosure; space
**recitar** to recite; to read (*a list*)
**reclamar** to claim
**recoger (j)** to pick up
**reconocer** (*like* **conocer**) to recognize
**reconocimiento** recognition; medical examination
**reconstruir** (*like* **construir**) to reconstruct
**recordar (ue)** to remember
**recorrer** to travel; to traverse, cross, go through
**recorrido** tour; stroll
**recortar** to cut out; **recortarse** to be outlined
**recostarse (ue)** to lean; to recline; to lie down
**recova** market
**recreo** recess
**rector(a)** director; principal
**recuerdo** memory
**recuperar** to retrieve; **recuperarse** to recover
**recurrir (a)** to appeal (to); to resort (to)
**recurso** way, means; (literary) device
**red** *f.* net; network
**redentor** *m.* Redeemer (Jesus Christ)
**redimir** to redeem
**redondel** *m.* ring; arena
**redondo** round
**reducir (zc)** *irreg.* to wear down
**reelaboración** development
**reemplazar (c)** to replace
**referir (ie, i)** to relate, tell; to refer (to)
**reflejar** to reflect
**reflejo** reflection
**reflexionar** to reflect or meditate on
**refugiarse** to take refuge
**refugio** refuge
**regalo** gift
**régimen** *m.* regime
**registrar** to examine; to search; to register
**regresar** to return
**regreso** return
**regularidad: con regularidad** regularly
**rehacer** (*like* **hacer**) to do over; to repair
**rehuir** (*like* **huir**) to avoid; to flee from
**reina** queen
**reinar** to rule, reign
**reinstalarse** to settle oneself again
**reírse (i, i) (de)** to laugh (at)
**reivindicarse (qu)** to claim one's responsibility
**reja** (*window*) grille

**relación** relation, relationship; telling
**relacionar** to relate, connect, associate; **relacionarse** to be related
**relajamiento** relaxation
**relámpago** flash of lightning
**relampaguear** to gleam
**relampagueo** flashing; sparkling
**relatar** to tell
**relato** story; account; **relato marino** sea story
**releer** (*like* **leer**) to reread
**relieve** *m.* relief (*art*)
**reliquia** relic
**rellenar** to fill (up)
**reloj** *m.* clock; **reloj pulsera** wrist watch
**reluciente** shiny
**remar** to row
**rematar** to auction off
**remedio** solution, remedy; **no tener** (*irreg.*) **más remedio** to have no other choice
**rememorar** to recollect, remember
**remendar** to patch; to darn
**remero/a** rower
**remitir** to forgive, pardon
**remo** oar
**remojar** to soak
**remolino** vortex; whirlpool; *coll.* crowd
**rémora** *type of fish*
**renacer** (*like* **nacer**) to be reborn
**rencor** *m.* bitterness; resentment
**rendija** split, crack
**rendir (i, i)** to offer
**rengo** gimp
**renta** rent
**reojo: seguir (i, i) de reojo** to follow out the corner of one's eye
**reparar** to repair; to pay attention to
**repasar** to go through
**repaso** review
**repecho** short, steep incline
**repente: de repente** suddenly
**repentinamente** suddenly
**repertorio** repertoir
**repetir (i, i)** to repeat
**replicar (qu)** to reply
**reponerse** (*like* **poner**) (*p.p.* **repuesto**) to recover, recuperate; **reponerse del todo** to fully recover from (*an illness*)
**reportaje** *m.* article
**reportero/a** reporter
**reposición** replacement
**reprimir** to repress
**reprochar** to reproach
**requemado** burned, parched

**requerir** *irreg.* to require
**rescatado** rescued
**reseco** too dry
**resignarse** to resign oneself
**resolver (ue)** (*p.p.* **resuelto**) to resolve, decide
**respaldo** back (*of a chair*); headboard (*of a bed*)
**respecto: al respecto** about the matter; in regard to the matter; **con respecto a** with regard to
**respeto** *n.* respect
**respiración** breathing
**respirar** to breathe
**respiro** breath
**resplandecer (zc)** to shine
**resplandor** *m.* brilliance, shine
**responder** to answer
**responsabilidad** responsibility
**respuesta** *n.* answer
**restañar** to stanch
**restirado** very tight
**resto** rest; *pl.* remains
**restregar (gu)** to rub hard
**resuelto** (*p.p. of* **resolver**) decided
**resultado** result
**resultar** to turn out (to be); to prove to be; **resultar de** to result from
**resumir** to sum up, summarize
**retardado mental** mentally handicapped
**retener** (*like* **tener**) to retain; to hold
**retirado** remote, distant
**retirarse** to withdraw; to leave
**retomar** to retake
**retorcerse (ue) (z)** to twist; to writhe
**retornar** to come back
**retrasar** to delay
**retrato** portrait
**retroceder** to move back
**reunión** meeting
**reunir (reúno)** to gather, collect
**revelar** to reveal
**reventar** to burst
**revés** *m.* **de la mano** back of the hand
**revestido** dressed, adorned
**revisación** physical (medical) check-up
**revisar** to examine, check
**revista** magazine
**revocar** to whitewash
**revolucionar** to revolutionize
**revolver** (*like* **volver**) (*p.p.* **revuelto**) to return (*something*)
**revuelta** revolt
**rey** *m.* king

**rezar (c)** to pray
**rezongar (gu)** to grumble, gripe
**rezongon, rezongona** grumbler, griper
**rezumante** seeping
**ribera** bank; shore
**rico** rich
**riesgo** risk
**rincón** *m.* corner
**río** river; **río abajo** downriver; **río arriba** upriver
**ripio** padding (*in writing*)
**risa: llorar de risa** to laugh so hard one cries
**ristra** string
**ritmo** rhythm
**rito** rite
**robar** to steal, rob
**roble** *m.* oak
**robo** robbery
**roca** rock
**rocalloso** rocky, stony
**roce** *m.* rubbing
**rocío** dew
**rodar (ue)** to roll
**rodear** to surround
**rodeo** encircling
**rodilla** knee
**rogar (ue)** to beg
**rojizo** reddish
**rojo** red
**romano: corte** (*f.*) **romana** papal court
**rombo** rhombus, diamond
**romper** (*p.p.* **roto**) to break; to tear; **romper a** + *inf.* to start to (*do something*)
**ronco** hoarse
**ronronear** to purr
**ropa** *sing.* clothes; clothing; **ropa de cuerdo** street clothes
**rosa** *m., f. adj.* pink
**rosado** pink
**rostro** face
**roto** (*p.p. of* **romper**) broken; torn
**rozar (c)** to graze, brush
**rubio** blond
**rubricar (qu) la suerte** to seal the fate
**rudimental** rough, not fully developed
**rudo** coarse, rough
**rueda** wheel; **en rueda** in a ring; **camilla de ruedas** gurney
**rugir (j)** to roar, bellow
**rugoso** wrinkled
**ruido** noise
**ruidosamente** noisily
**rumbo** course, direction

**rumor** *m.* rustle; murmur
**rutina** routine, habit, custom

## S

**sábado** Saturday
**sábalo** worthless dead man
**sabana** savanna
**sábana** sheet
**saber** *irreg.* to know; to find out (about); **saber + inf.** to know how to (*do something*); **hacer** (*irreg.*) **saber** to make (*something*) known
**sabor** *m.* taste; flavor
**saborear** to savor; to taste
**sacar (qu)** to take out; to remove; to pull out; **sacar el polvo** to dust
**sacerdote** *m.* priest
**saco** sack, bag
**sacrificado/a** sacrificed person
**sacrificador(a)** sacrificer
**sacrificio** sacrifice
**sacrosanto** sacred, sacrosanct
**sacudir** to shake
**sacudón** *m.* jolt; shaking
**sagrado** sacred
**sal** *f.* salt
**sala** room; living room; **sala de grabación** recording studio; **sala de operaciones** operating room; **sala de radio** x-ray room
**salida** departure
**salir** *irreg.* to leave; to go out; to come out; **dejar salir** to release; **salir bien** to turn out well; **salir corriendo** to run away; to rush out; **salir volado** to leave quickly
**salón** *m.* room; drawing room
**salpicado** splattered; splashed
**saltar** to jump
**salto** *n.* jump; **levantarse de un salto** to jump up
**salud** *f.* health
**saludar** to greet
**salvaje** *adj.* savage
**salvar** to save, rescue
**salvo** *adj.*: **a salvo de** safe from; *adv.* except
**san, santo/a** *n.* saint; *adj.* holy; **Viernes Santo** Good Friday
**sanatorio** sanitarium
**sangrar** to bleed
**sangre** *f.* blood
**sano** healthy
**santuario** sanctuary, shrine
**sargazo** algae
**Satanás** Satan

**satisfacer** *irreg.* (*p.p.* **satisfecho**) to satisfy
**satisfecho** (*p.p. of* **satisfacer**) satisfied
**secarse (qu)** to get dry
**seco** dry
**sed** *f.* thirst; **sentir (ie, i) sed** to feel thirsty
**seguida: en seguida** right away
**seguir (i, i)** to continue; to follow; to remain; **seguir + gerund** to continue, keep on (*doing something*); **seguir de reojo** to follow out the corner of one's eye; **siga con Dios** *int.* go with God
**según** according to
**segundo** *n.* second (*time*); *adj.* second (*in order*)
**seguridad** safety; security; certainty
**seguro** sure; safe; confident
**seleccionar** to select
**sello** stamp
**selva** jungle
**semáforo** traffic light
**semana** week
**semblante** *n.* appearance, aspect
**sembrado** *n.* crop
**sembrar (ie)** to plant, sow
**semejante** similar; such a
**semejanza** similarity
**semilla** seed
**semitendido** half stretched-out
**sencillo** simple
**senda** path, road, way
**sendero** path
**seno** breast
**sensato** sensible, prudent
**sensible** sensitive
**sensorial** *adj.* sensory
**sensual** sexual
**sentarse (ie)** to sit down
**sentido** sense
**sentimental** emotional
**sentimiento** feeling
**sentir (ie, i)** to feel; to hear; to regret; **sentir sed** to feel thirsty; **sentirse** to feel, be; **sentirse culpable** to feel guilty
**seña** sign; *pl.* address; **hacer** (*irreg.*) **seña** to signal, gesture
**señal** *f.* signal, sign; **hacer** (*irreg.*) **una señal** to signal
**señalar** to point out, indicate
**señor** *m.* lord; Mr.; **Señor** Lord
**señora** lady; woman; ma'am
**señorita** young lady; Miss
**septicemia** blood poisoning
**septiembre** *m.* September

**sepulcral** pertaining to a tomb
**sepultado** buried
**sequedad** dryness
**sequía** drought
**ser** *irreg.* to be; to exist; **¡Bendito sea Dios!** Thanks be to God!; **es decir** that is to say; **llegar (gu) a ser** to become; **o sea** that is to say
**ser** *m.* being; **ser humano** human being
**serie** *f.* series
**seriedad** seriousness, gravity
**serio** serious; **en serio** seriously
**serpiente** *f.* snake
**servicial** obliging, willing
**servidumbre** *f.* servitude; obligation
**servir (i, i)** to serve; to be useful
**sestil** *m. shaded place where cattle can rest during a sunny day*
**seto** hedge
**sexo** *sing.* sex; genitals
**sí** *adv.* yes; *pron.* oneself; itself; himself; herself; themselves; yourself; yourselves; **volver en sí** to come to, regain consciousness
**si** if; whether
**siembra** *n.* sowing
**siempre** always; **de siempre** usual; **desde siempre** always; **para siempre** forever
**siesta** nap
**sietemesino/a** seven-month baby
**sigiloso** secretive; silent
**siglo** century
**significado** meaning
**significar (qu)** to mean
**signo** sign; signal
**siguiente** following, next; **al día siguiente** on the following day
**sílaba** syllable
**silbato** whistle
**silbido** whistle, whistling
**silencioso** silent
**silla** chair
**sillón** *m.* armchair
**silvestre** wild
**simpático** nice, pleasant
**simplificarse (gu)** to become easy
**simulacro** pretense
**sin** without; **sin aliento** breathless; **sin duda** without a doubt, doubtless; **sin embargo** nevertheless; **sin esfuerzo** effortlessly; **sin que** *conj.* without
**sindical** *adj.* union
**singular** exceptional, unique; singular (*grammatical number*)

**sino (que)** but; but rather
**síntoma** symptom
**siquiera: ni siquiera** not even; **no... siquiera** didn't even . . .
**sirena** siren, mermaid
**sirviente/a** servant
**sitio** place; location, site
**situar (sitúo)** to locate, set (*a scene*); **situarse** to be located
**soberbia** arrogance
**sobrado** left over
**sobrar** to be more than enough
**sobre** *n. m.* envelope; *prep.* about; on; over; **sobre todo** especially
**sobrellevar** to endure, bear
**sobrenatural** supernatural
**sobresaliente** outstanding
**sobrevenir** (*like* **venir**) to happen or occur suddenly
**sobrevivir** to survive
**sobrino/a** nephew, niece
**socorro** help, aide
**sofocado** suffocated
**soga** rope, cord
**sol** *m.* sun
**solamente** only
**soldado** soldier
**soledad** solitude; loneliness
**soler (ue)** to be accustomed to; to be in the habit of; to tend to
**solicitar** to ask for
**solicitud** care, diligence
**solidificar (qu)** to solidify
**solitario** *n.* solitaire diamond; *adj.* solitary, lone
**sollozar (c)** to sob
**sollozo** *n.* sob
**solo** *adj.* alone; only; single; **una sola vez** just once
**sólo** *adv.* only, solely
**soltar (ue)** (*p.p.* **suelto**) to let loose
**sombra** shadow
**sombreado** shaded
**sombrío** somber, dark; gloomy
**someter** to subject, cause to undergo
**somnolencia** drowsiness, sleepiness
**sonambulismo** sleepwalking
**sonar (ue)** to sound; **sonarse la nariz** to blow one's nose
**sonido** sound
**sonreír(se)** (*like* **reírse**) to smile
**sonrisa** smile
**soñador(a)** dreamer
**soñar (con)** to dream (about)

**soñoliento** sleepy, drowsy
**sopa** soup
**soplar** to blow
**sopor** *m.* sleepiness
**soportar** to stand, put up with
**sorber** to sip
**sorbo** sip; **dar** (*irreg.*) **un sorbo** to take a sip; **de un sorbo** in one gulp
**sórdido** filthy, sordid; indecent
**sordo** deaf; muffled
**sorprendente** surprising; extraordinary
**sorprender** to surprise
**sorpresa** surprise
**sosegado** quiet
**sospechar** to suspect
**sostener** (*like* **tener**) to sustain; to support
**sótano** basement
**suavemente** softly
**súbdito/a** subject (*of a king*)
**subir** to go up, climb, ascend; to take up, bring up, carry up; to lift, raise; to get in; **subir escaleras** to climb stairs
**súbito** sudden, unexpected
**submarino** underwater
**subrayar** to underline
**subterráneo** underground
**subvenir** (*like* **venir**) to provide for
**suceder** to happen, occur
**suceso** event, happening
**sucio** dirty
**sudado** sweaty
**sueco** *adj.* Swedish
**suelo** floor; ground
**suelto** (*p.p. of* **soltar**) loose
**sueño** dream; **tener** (*irreg.*) **sueño** to be sleepy
**suerte** *f.* luck; fate; **de suerte que** so that; **por suerte** luckily
**sufrir** to suffer
**sugerencia** suggestion
**sugerir (ie, i)** to suggest; to imply
**suicidante** *adj.* suicide
**suicidarse** to commit suicide
**suicidio** suicide
**suiza** Switzerland
**sujetar** to tie, fasten
**sumamente** highly, extremely
**sumirse** to sink
**superior** top; superior
**suplemento** something extra
**súplica** entreaty, plea
**suplicar (qu)** to plead, beg
**suponer** (*like* **poner**) (*p.p.* **supuesto**) to suppose

**supuesto: por supuesto** of course
**sur** *m.* south
**surgir (j)** to emerge; to arise
**suspensivo: puntos suspensivos** ellipsis
**suspicacia** mistrust
**suspicaz** (*pl.* **suspicaces**) suspicious, distrustful
**suspirar** to sigh
**suspiro** sigh
**sustancialmente** basically, essentially
**sustantivo** *gram.* noun
**susurrante** whispering, murmuring
**susurrar** to murmur; to whisper
**susurro** whisper; murmur
**sutil** subtle

# T

**taberna** tavern
**tabla** board, plank
**taburete** *m.* stool
**tal** such; **de tal forma** in such a way; **tal como** just as; **tal vez** perhaps, maybe; **un tal** a certain
**tallar** to rub (clothes) while washing (*Mex.*)
**tambalearse** to stagger, totter
**también** also
**tampoco** neither, (not) either
**tan** as; so; such (a); **tan... como** as . . . as; **tan pronto como** as soon as
**tanto** *adj.* so much; *pl.* as many; so many; *adv.* so much; **al tanto** up to date; **mientras tanto** meanwhile; **no tanto** not that much; **por lo tanto** therefore; **tanto... como...** both . . . and . . .; **tanto como** as much as; **tanto que** so much that
**tapar** to cover; to conceal; **taparse** to cover oneself
**taparrabos** *m. sing., pl.* loincloth
**tapia** mud or adobe wall
**tapón** *m.* plug
**tardar** to be long; to take a long time; **tardar +** *period of time* + **en** *inf.* to take (*period of time*) to (*do something*)
**tarde** *n. f.* afternoon; *adv.* late; **de la tarde** in the afternoon; **ya es tarde** it is late
**tarea** task; work
**tartamudear** to stutter
**taza** cup
**té** *m.* tea
**teatral** *adj.* theater
**teatralidad** showmanship, staginess

teatro: gemelos (*pl.*) de teatro opera glasses

techo ceiling

técnica technique

técnico/a technical expert

tecnología technology

tejado roof; tejado pajizo thatched roof

tejer to knit; aguja de tejer knitting needle

tejido cloth; knitting; knitted fabric

tele *f. short for* television

telón *m.* de fondo backdrop

tema *m.* subject; theme

temático thematic

tembladeral *m. type of wetland (Arg.)*

temblar (ie) to tremble

temblor *m.* tremor, trembling

tembloroso quivering

temeroso fearful

temer to fear

temor *m.* fear

tempestad storm

templo temple

temprano early

tenaz (*pl.* tenaces) tenacious

tender (ie) to cast; to lay; to extend, offer; tenderse to stretch out, to lie down

tener *irreg.* to have; no tener inconveniente not to mind; no tener más remedio to have no other choice; tener... años to be . . . years old; tener conciencia de to be aware of; tener confianza en to have confidence in; tener en cuenta to take into account; tener éxito to be successful tener ganas de + *inf.* to feel like (*doing something*); tener hambre to be hungry; tener la certeza to be quite sure; tener la culpa to be guilty; tener lástima to feel sorry; tener lugar to take place; tener miedo to be afraid; tener por to think, consider tener que + *inf.* to have to (*do something*); tener que ver con to have to do with; tener razón to be right; tener su atractivo to have its own appeal; tener sueño to be sleepy; tener valor *m.* to have the nerve

tenso tight, taut

tentativa attempt

tencer thin

tercer, tercero third

terciopelo velvet

terco stubborn

terminante conclusive, definite

terminar to finish; to end; terminar por + *inf.* to end up by (*doing something*)

término term, word; end

ternura tenderness

terrenal wordly, earthly

terreno land; plot of land

terroso dirty

terso smooth

tersura brilliance

testigo *m., f.* witness

tibio lukewarm

tiburón *m.* shark

tiempo weather; time; (verb) tense; al mismo tiempo at the same time; perder (ie) el tiempo to waste time; por mucho tiempo for a long time

tienda store

tientas: a tientas gropingly, feeling one's way

tierno *n.* tender

tierra land; earth; ground; country

tigre *m.* tiger

tinieblas *pl.* darkness

tinto: vino tinto red wine

tío/a uncle, aunt; *pl.* uncle(s) and aunt(s)

tipo type

tirante *n. m.* strap; *adj.* tight; forceful

tirar to pull; to throw; to throw away; tirarse to throw oneself (off, into)

tiro: pegar(se) (gu) un tiro to shoot (oneself)

tironear to haul; to pull, tug

titubeante hesitant

titulo title; name

tobillo ankle

tocar (qu) to touch; to knock

todavía yet; still

todo *n.* all, everything; *pl.* everybody; *adj.* all; whole; every; *adv.* wholly, entirely, completely; a toda costa at all costs ante todo above all; de todas maneras whatever happens; by all means; de todas partes from everywhere; en todo momento at all times; hacerlo todo to do everything; por todas partes everywhere; reponerse del todo to fully recover from (*an illness*); sobre todo especially; todas las cosas everything; todos los días every day toldo awning tomar to take; to eat; to drink; tomar de la mano to take by the hand; tomar en cuenta to take into account; tomar la decisión to make the decision; tomar nota to jot down; tomar una copa to have a drink; tomarse la molestia to bother, go to the trouble

**tomo** volume (*book*)
**tono** tone
**tonto/a** fool
**tormenta** storm
**tornar** to return
**toro** bull
**torpe** clumsy
**torre** *f.* tower
**tortuga** turtle; tortoise
**tortuoso** winding; torturous
**tos** *f.* cough
**toscamente** rudely, coarsely
**toser** to cough
**trabajador(a)** *n.* worker; *adj.* hardworking
**trabajar** to work
**trabajo** work; job; **costar (ue) trabajo** to be difficult; **dar** (*irreg.*) **trabajo** to take a lot of time
**traducción** translation
**traducir** (*irreg.*) to translate
**traductor(a)** translator
**traer** *irreg.* to bring
**tragar (gu)** to drink up
**trago** drink
**trajín** *m.* hustle and bustle
**trama** plot
**tramar** to plot
**tranquilo** calm
**transcurrir** to pass, elapse
**transeúnte** *m., f.* passerby
**transformarse en** to turn into
**trapiche** *m. sugarcane press*
**tras** behind; after
**trascendencia** importance, consequence
**trasfondo** background
**trasladarse** to move, change residence
**traslúcido** translucent
**traslucirse (zc)** to be evident, clear
**trasponer** (*like* **poner**) to cross
**trastabillar** to stumble, trip
**tratamiento** treatment
**tratar de** to deal with; to be about; **tratar de** + *inf.* to try to (*do something*); **tratarse de** to be a question of; be the matter discussed
**trato diario** daily contact
**través: a través de** through; throughout; **mirar de través** to look at out of the corner of one's eye
**travesaño** crosspiece, crossbar
**trayecto** journey, way
**trazar (c)** to plot, trace; outline
**trébol** *m.* clover
**trecho** stretch, period

**trémulo** shaking
**tren** *m.* train
**trinquete** *m.* foresail
**tripotar** to bring
**tripulación** crew
**triste** sad
**tristeza** sadness
**triunfar** to triumph
**tronchado** split off
**tronchar** to spoil
**tronco** trunk
**trono** throne
**tropezar (c)** to trip, stumble; **tropezar con** to trip over; to stumble against
**tropiezo** obstacle
**trozo** piece
**trueque: a trueque de** in exchange for
**tubo** pipe; tube
**tuétano: en los tuétanos** *coll.* through and through
**tumbar** to knock over
**turban** to disturb
**turbio** muddy, dirty; cloudy, hazy (*water, glass*)

## U

**ubicación** location
**ubicar (qu)** to locate, place
**ulterior** subsequent
**último** last; final; **a última hora** at the last minute; **en los últimos años** in the recent years
**ultraísta** *m., f.* ultraist (*member of a literary movement created around 1919 by Spanish and Latin American poets*)
**ultraje** *m.* outrage, insult
**umbral** *m.* threshold
**unánime** unanimous
**únicamente** only
**único/a** *n.* only one; *adj.* only, single, unique; **lo único** the only thing
**unido** united
**unificador** *adj.* unifying
**útil** useful
**utilizar (c)** to use; to utilize

## V

**vaciar (vacío)** to empty
**vacilación** hesitation
**vacío** *n.* emptiness; wasteland; *adj.* empty
**vagamente** vaguely; idly
**vagar (gu)** to wander about
**vago** lazy
**vagón** *m.* wagon

**vaivén** *m.* pacing back and forth
**valer** *irreg.* to be worth (something); to be of use; **valerse de** to make use of; **¡Válgame Dios!** God help me!
**validez** *f.* (*pl.* **valideces**) validity
**valija** suitcase
**valioso** valuable
**valor** *m.* value; **tener** (*irreg.*) **valor** to have the nerve
**valorizar (c)** to raise the value of
**vanamente** in vain
**vano** vain, futile; silly, frivolous
**vapor** *m.* steam; steamboat
**varado: quedar varado** to run aground
**varios** *pl.* several
**varón** *m.* male
**varonil** *adj.* manly
**vasco** *n.* Basque (*language*); *adj.* **País** *m.* **Vasco** Basque Country
**vaso** glass
**vecindario** neighborhood
**vecino/a** *n.* neighbor; *adj.* neighboring; **vecino/a de camarote** cabin mate
**vedar** to forbid, prohibit
**vejez** *f.* old age
**vela** sail; **barco a/de vela** sailboat; sailing ship; **vela cangreja** boom sail
**velada** watch, vigil; staying awake
**velado** *adj.* hidden, secret
**velador** *m.* lamp; night table
**veladora** lamp (*Arg.*)
**velar** to take care of; to keep watch; to stay awake
**velocidad** speed
**veloz** (*pl.* **veloces**) swift, rapid
**vencer (z)** to defeat
**vencido/a** defeated person
**vendado** bandaged; blindfolded
**vender** to sell
**veneno** poison
**venenoso** poisonous
**venerar** to workship, venerate
**venganza** revenge, vengeance
**vengar (gu)** to avenge; **vengarse** to take revenge
**venir** *irreg.* to come; to fit; **venir a memoria** to come to mind
**venta** sale
**ventaja** advantage
**ventajoso** advantageous, profitable
**ventana** window
**ventanal** *m.* large window
**ventear** to sniff
**ventura: por ventura** by chance

**venturo** upcoming
**ver** *irreg.* (*p.p.* **visto**) to see; **a ver** let's see; **tener** (*irreg.*) **que ver con** to have to do with
**veraneo** summer vacation
**verano** summer
**veras: de veras** really, truly
**verdad** truth; **a decir verdad** to tell the truth; **de verdad** real
**verdadero** *adj.* true, real
**verde** green
**vergüenza** shame
**verificar (qu)** to check, to verify
**verja** railing; fence
**veronal** *a barbiturate*
**verosímil** probable, likely
**vertiente** *f.* aspect
**vertiginoso** giddy, dizzy
**vestíbulo** hall, foyer; vestibule
**vestido** dress
**vestir (i, i)** to dress; **vestirse** to get dressed
**veteado** streaked
**vez** *f.* (*pl.* **veces**) time; **a la vez** at the same time; **a su vez** in turn; **a veces** sometimes; **alguna vez** sometimes; **cada vez más** more and more, increasingly; **cada vez mejor** better and better; **cada vez que** whenever, every time that; **cuántas veces** how often; **de una vez** at once; **de vez en cuando** once in a while; **en vez de** instead of; **otra vez** again; **raras veces** seldom; **tal vez** perhaps, maybe; **una sola vez** just once; **una vez** once; **una vez más** once again; **una vez que** once; **una y otra vez** over and over
**vía** road, path; railroad track; **vía férrea** railroad
**viajar** to travel
**viaje** *m.* trip
**víbora** snake
**vida** life; **ganarse la vida** to earn a living
**vidriera** glass window
**vidrio** glass
**viejo/a** *n.* old person; *adj.* old
**viento** wind
**vientre** *m.* belly
**viernes** *m. sing., pl.* Friday; **Viernes Santo** Good Friday
**vigilante** *m.* watchman, guard
**vigilia** vigil, watch
**villa** villa, country house; **villa miseria** shantytown
**vincha** hair band

**vinculado** linked
**vínculo** link
**vino tinto** red wine
**violeta** *m., f. adj.* purple
**virar** to turn
**Virgen** *f.* Virgin (Mary)
**viril** manly
**virtud** virtue
**viscoso** sticky
**visitante** *m., f.* visitor
**vislumbrar** to see vaguely, catch a glimpse of
**víspera** eve
**vista** view; **a primera vista** at first glance; **punto de vista** point of view
**visto** (*p.p. of* **ver**): **por lo visto** evidently
**vitrina** display window; display case
**vívido** vivid, lively
**vivir** to live
**vivo** alive, living; bright, intense
**volado: salir** (*irreg.*) **volado** to leave quickly
**volante** *m.* steering wheel
**volar (ue)** to fly
**volcarse (qu)** to overturn, turn over
**voltear** to turn over (*in the sense of a business*)
**voluntad** will
**volver (ue)** (*p.p.* **vuelto**) to return, go back; **volver a** + *inf.* to do (*something*) again; **volverse** to turn; to turn around; **volverse** + *adj.* to become + *adj.*

**voz** *f.* (*pl.* **voces**) voice; **en alta voz** loudly; **en voz baja** in a low voice; **voz de alarma** alarm call
**vuelo** flight
**vuelta** *n.* return; **de vuelta** back; **dar** (*irreg.*) **la vuelta** to turn around; **dar** (*irreg.*) **una vuelta** to take a walk / ride
**vulgar** common; coarse, vulgar

## Y

**y** and; **y medio/a** and a half; half past (*hour*)
**ya** still; already; **ya es tarde** it's late; **ya no** no longer; **ya que** *conj.* since
**yema** fingertip
**yerba mate** *m. type of tea*
**yermo** barren
**yeso** plaster cast

## Z

**zafarse de** to get out of, escape from
**zaguán** *m.* doorway
**zanja** ditch, gully
**zanjón** *m.* ditch
**zapato** shoe
**zarpar** to sail
**zend** Zend (*ancient Indo-European language*)
**zozobra** uneasiness
**zumbar** to buzz
**zumbido** buzzing